La dynamique des équipes

Éditions d'Organisation
1, rue Thénard
75240 Paris Cedex 05
Consultez notre site :
www.editions-organisation.com

ISBN : 2-7081-2412 - 9

Olivier Devillard

La dynamique des équipes

Troisième tirage 2001

Éditions d'Organisation

Mes remerciements et ma gratitude

à Marie-Pierre DEVILLARD pour son aide confiante
à Pascale, Mathilde, Thibault pour leur patience

et

à Jean BEAUJOUAN, François KLEIN, Dominique REY, pour leur relecture et leurs conseils.

Tout est détail dans le haut niveau,
ce sont des détails qui font gagner une finale.

Aimé JACQUET

Entraîneur de l'équipe de France de football
Le Monde, 18 juillet 1998.

Les groupes à haut potentiel sont des utopies vivantes.
Un modèle idéal de ce que devrait être toute organisation,
un peu comme une illustration de ce qu'il est possible de faire.

Warren BENNIS

Professeur honoraire à l'université de Californie du Sud,
Marshall School of Business.

SOMMAIRE

Deuxième chapitre

Troisième chapitre

Quatrième chapitre

Cinquième chapitre

Sixième chapitre

Septième chapitre

TABLE D'ORIENTATION

Entre deux entreprises à compétence professionnelle égale, la plus performante est celle qui utilise au mieux le potentiel de ses collaborateurs. Cette aptitude résulte de plusieurs orientations :

- ✔ l'organisation de la majeure partie de l'entreprise en équipes,
- ✔ l'importance donnée au développement continu des collaborateurs,
- ✔ le maintien du contact de ces derniers avec la réalité externe de l'entreprise (économie, marché, état de l'art) et sa réalité interne (objectifs, stratégie, politique, climat).

Le premier facteur favorise les effets dynamiques qui entretiennent une mobilisation permanente. Le second permet de stimuler les qualités individuelles liées à la coopération et à l'interdépendance. Enfin, le troisième focalise chacun sur l'objectif et renforce le tissu cohésif de l'entreprise.

Le fonctionnement en équipe est stimulant tant d'un point de vue de l'efficacité que de celui de l'engagement. Nous verrons tout au long de cet ouvrage que l'équipe est une configuration dont les avantages sont d'une double nature : à la fois humaine et opérationnelle. Et c'est à ce titre qu'elle doit sa capacité mobilisatrice.

Mais encore faut-il avoir une vision claire des conditions indispensables à son existence. En ce sens nous avons tenté, à partir de quelques questions, de mettre en évidence les ressorts qui la rendent performante.

CHAPITRE PREMIER

L'équipe est un système humain. Quelles spécificités présente-t-il ?

L'équipe est un système humain, c'est-à-dire un ensemble d'éléments en interaction pour l'atteinte d'un but. Afin d'y parvenir il articule ensemble des logiques humaines, opérationnelles, organisationnelles et managériales. Ce système, différent d'autres configurations telles qu'un comité ou un service, doit une grande partie de ses avantages au fait de satisfaire à la fois les hommes qui le composent et l'efficacité collective. Véritable organisme vivant, l'équipe répond à deux besoins qui se stimulent réciproquement : l'un de mobilisation, l'autre de production. Unité réalisée à partir de la diversité, elle s'attaque à des objectifs de grande dimension.

CHAPITRE DEUX

On entend beaucoup parler du management quand il s'agit de rechercher l'efficacité mais quelles qualités peut-on attendre d'un équipier ?

Le deuxième chapitre traite des qualités que doit développer le collaborateur pour devenir un acteur interdépendant au sein du mouvement collectif. C'est l'occasion de présenter les différents besoins de l'équipier (appartenance et différenciation) et de revenir sur la théorie de la motivation en y incluant des notions inédites sur les dimensions pulsionnelles (désir d'emprise ou désir de création). Ce chapitre débouche sur les rôles opératoires, les phénomènes dûs aux difficultés d'appartenance et sur les façons pour un collaborateur d'utiliser son énergie. Il décrit enfin les variations d'implication et de contribution.

CHAPITRE TROIS

Quelles pratiques cohésives font d'une équipe une entité coordonnée, efficace et réactive ?

Le troisième chapitre constitue une réflexion sur les deux versants de la cohésion : la cohésion humaine et la cohésion technique. Y sont abordées des notions d'attractivité, de réseaux internes, de cohérence, de style de commandement.

Les pratiques cohésives essentielles sont détaillées : corespon-sabilité, élaboration commune, rythme et synchronisation, etc. Dans cette perspective, nous présentons des phénomènes de groupes qui jouent dans le sens de la cohésion, comme la pression de conformité ou l'effet de polarisation, alors que d'autres par contre, comme le pré-consensus ou la pensée de groupe (*group think*) peuvent conduire à de graves inconvénients et à de mauvaises décisions.

CHAPITRE QUATRE

Entre l'autorité et la prise d'initiative, quels types de leader faut-il à l'équipe ?

Le quatrième chapitre aborde la notion de « chef » sous un angle inhabituel. Partant de l'équilibre autorité/initiative, et sans nier les impératifs de l'entreprise, il décrit le chef sous l'angle de la nécessité institutionnelle, identitaire et affective qu'en a le collaborateur : le chef le représente auprès de l'organisation, lui permet de s'intégrer dans une vision globale et de développer sa puissance d'acteur. L'équipier responsable ressent l'utilité de cette fonction de chef pour s'exprimer complètement dans sa propre fonction.
Ensuite vient la description des trois traits de caractère essentiels du leader : la volonté politique, l'aptitude à mobiliser et le sens de la maîtrise. Au travers de l'étude des différents types de pouvoirs (hiérarchique, personnel, collectif) nous montrons que leur utilisation combinée renforce l'effet mobilisateur. A l'issue de cette lecture, le manager aura perçu comment son mode d'encadrement agit directement sur les résultats de son équipe.

CHAPITRE CINQ

Comment connaître le degré de maturité d'une équipe ?

Dans le cinquième chapitre, nous énumérons des éléments de dynamique propres aux systèmes humains, à partir de leur fonctionnement, de leurs rituels, de leur culture, ou de leur degré de maturité. Plus le sens de l'initiative, la coresponsabilité ou l'utilisation réciproque des acteurs entre eux est développée, plus le degré de maturité est grand. La maturité est fonction du nombre de pôles d'initiative : une équipe à trois ou quatre pôles de pouvoir, est beaucoup plus riche qu'une équipe à configuration monopolaire. Dans sa conclusion, ce chapitre traite des quatre stades de développement des équipes, permettant au manager de s'y repérer.

CHAPITRE SIX

Pourquoi rencontre-t-on si peu de véritables équipes dans les entreprises ?

Les résistances à la mise en place d'équipes sont multiples. Il convient de les connaître pour les prévenir et les dépasser. Ce chapitre permet de comprendre les catégories et les causes des freins qui s'exercent à la mise en place de synergies. Ces freins peuvent être d'ordre individuel comme le « jeu personnel » ou d'ordre collectif comme l'opposition à un changement du rapport des forces. La connaissance de ces obstacles permet d'anticiper les difficultés que rencontre toute démarche qui vise un meilleur fonctionnement pluriel.

CHAPITRE SEPT

Quelles pratiques managériales favorisent l'action concertée ?

A la fin de l'ouvrage, nous mettons en perspective les pratiques liées à la concertation d'action. Y sont développés des items sur la déclinaison des objectifs, le séminaire d'équipe et le plan annuel, la réunion mensuelle, le sens de la responsabilité de l'entreprise et la mobilisation continue. Autant de moyens destinés à focaliser, fédérer et unifier.

Des éléments de méthodologie liés à de nouvelles pratiques comme celle du coaching d'équipe y sont également présentés.

Les repères de lecture

Ceux qui s'intéressent particulièrement aux expériences et travaux de chercheurs, ou aux exemples pris dans la vie de l'entreprise repéreront facilement ceux-ci grâce aux signalements :

Expérience et travaux ▶ et

Ceux qui veulent parcourir le livre avant de s'arrêter sur un point particulier pourront aller de repère en repère,

Repère ▶ ▶▶▶▶

ou aller directement à l'essentiel, en fin de chapitre grâce aux encadrés.

L'essentiel

Ceux qui veulent revenir aux implications des développements pour l'action managériale se repéreront facilement grâce au pictogramme.

Action

INTRODUCTION

Cet ouvrage s'adresse à ceux dont le but est d'entériner une pratique professionnelle du management. Il pose la question du management, non pas en exposant des recettes mais en décrivant les processus naturels des groupes humains. Partant de là, il tente de démontrer comment le fonctionnement en équipe constitue un formidable gisement de ressources et, par conséquent, comment la façon de la conduire peut tirer partie de ce gisement ou passer à côté.

Configuration à la fois humaine et opérationnelle, l'équipe est en soi un système subtil dont il faut connaître les lois dynamiques. Cette connaissance, en plus des satisfactions qu'elle procure, permet d'ajuster le pilotage pour optimiser le résultat. Les chapitres qui suivent offrent une description détaillée des mécanismes d'équipe pour permettre aux managers d'en connaître les ressorts et d'en déduire leur pratique.

Sachant que c'est davantage le goût que la recette qui fait le cuisinier, nous avons cherché à développer le goût du management par une description des flux et des interactions qui fondent l'équipe performante. Si l'on passe ici en revue une dizaine de phénomènes classiques dont les équipes sont le siège et avec lesquels les managers sont quotidiennement aux prises, parfois sans s'en rendre compte, c'est que ceux qui ont appris à les comprendre et à les utiliser ont perçu les avantages qu'ils peuvent en tirer pour atteindre leurs objectifs.

Prenons un exemple simple et courant dans la vie quotidienne des organisations. Dans certaines entreprises, les réunions sont désordonnées et inefficaces, parfois ennuyeuses et les participants cherchent à les éviter. Ce désordre ou cet ennui, tous deux démobilisants, résultent de causes parfaitement connues. Toutes les réunions brouillonnes fonctionnent sur les mêmes processus non maîtrisés qu'on pourrait éviter aux collaborateurs. Mais pour cela, il faut connaître les ressorts réels de la mobilisation ou de la démotivation et non se reposer sur l'idée qu'il suffirait d'appliquer quelques fausses recettes que d'ailleurs personne n'arrive jamais à suivre. Cette démarche qui vise à considérer les racines des causes, signifie que l'on arrête de manager comme si les systèmes humains fonctionnaient sur un modèle mécanique. Cela implique de comprendre que la dynamique ne peut être gérée selon des méthodes rigides et qu'il lui faut au contraire une forme de maîtrise souple, c'est-à-dire une méthode entre la maîtrise et la souplesse.

Se pose alors la question de savoir si un métier aussi subtil que le management peut être exercé par des experts venus de disciplines étrangères au management, dont l'objectif premier n'a jamais été la conduite des hommes. Faut-il continuer à confier, systématiquement, une équipe de développement à un ingénieur ou une équipe commerciale à un ancien vendeur qui, l'un et l'autre, n'ont rien appris du management ? Et qui ne manqueront pas, malgré leur bonne volonté, de perpétuer à chaque génération les méconnaissances de la précédente. Ces experts ne doivent-ils pas rester à une place d'expert au lieu de recevoir en gage de leurs services une équipe de collaborateurs qu'ils ne savent pas conduire ? On peut objecter qu'il existe la formation permanente pour réduire cette difficulté. Mais à quelle efficacité peut-elle vraiment prétendre tant qu'elle ne propose que quelques journées pour former au métier de manager, alors que la formation initiale de l'ingénieur, du juriste, de l'économiste, elle, a duré plusieurs années ? Quelle chance a-t-elle d'être véritablement mise en œuvre ? Certes, la plupart de ces managers avancent grâce à leur compréhension intuitive des faits, mais est-ce suffisant pour piloter professionnellement ? A considérer le management comme une fonction (parfois purement honorifique) et non comme un métier, le risque n'est-il pas de continuer à perdre près du tiers du potentiel de ressources ? Quand on mesure l'effet du coaching ou celui du *team-development* sur certaines équipes dans des entreprises qui ont décidé d'en faire un élément de leur politique de progrès, on demeure étonné de constater des augmentations de 10 % à 30 % du rendement.

Pourquoi les entreprises qui investissent largement dans l'entretien des machines, dépensent-elles si peu dans le maintien de l'état des équipes ? Les Japonais paraissent plus sages sur ce point, lorsqu'il s'agit de prendre une équipe en main. Sans doute davantage conscients de leur méconnaissance ou des difficultés subtiles que présente la conduite d'un groupe, ils y portent plus d'attention. Nous, nous donnons l'impression de croire qu'une équipe se gouverne par décret : c'est décrété, donc c'est fait !

Professionnaliser le management des hommes constitue une des plus importantes sources de rentabilité. Le management est un ensemble technique qui relève de sciences humaines qui ont fait leurs preuves, comme la sociologie, l'anthropologie, la psychologie, la pédagogie, la psycho-sociologie, etc. Depuis un siècle celles-ci, au travers d'expériences scientifiques, élaborent des concepts qui constituent autant de bases pour le management. Cependant il semble que nombre d'entreprises persévèrent à les ignorer. C'est ainsi qu'on voit certains principes de base, clairement établis depuis des décennies, continuer d'être méconnus. En revanche les entreprises qui comprennent qu'il y a là un gisement de ressources se donnent un avantage concurrentiel pour longtemps.

Lorsqu'on écoute le langage managérial, on reste stupéfait de sa pauvreté technique. Tous les managers connaissent les mots de délégation, motivation, procédures, relationnel, autorité, contrôle, objectifs, matriciel, opérationnel, structure, cohésion, gestion, anticipation, préparation. Mais sait-on décrire, voire nommer des pratiques plus élaborées comme l'attractivité, la focalisation, la polarisation, le soutien social ? Combien de dirigeants connaissent l'existence de phénomènes de groupe confirmés par des recherches scientifiques ? Que fait-on des conclusions d'Elton Mayo qui remontent aux années vingt ? Combien de responsables connaissent les causes essentielles des attitudes de passivité rencontrées continuellement dans certaines organisations ?

Peut-être faut-il s'interroger sur la persistance de cette méprise. Pourquoi la quasi-totalité des entreprises, bien que toutes soient en recherche d'efficacité, se refusent-elles à utiliser des professionnels pour le management des hommes ? Soit elles méconnaissent le problème, estimant qu'il est insoluble tant la complexité des systèmes humains est grande. Soit elles sont aux prises avec la crainte (voire le vertige) de la manipulation : une poignée d'hommes, rompus aux techniques du pilotage des groupes humains et des individus, risquerait de développer un pouvoir qui échapperait à l'entreprise elle-même. Cette crainte n'est pas plus fondée que celle, par exemple, de voir l'informatique prendre le pouvoir sur l'entreprise. Ce déficit d'utilisation du potentiel de la technique managériale continue de surprendre face au discours de la majorité des dirigeants qui proclament que les ressources humaines sont leurs principaux atouts, tout en manifestant très peu de volonté politique pour utiliser des techniques de conduite des hommes et des équipes.

Cette réticence des entreprises vis-à-vis d'un management professionnel est comparable aux craintes exprimées lorsqu'il s'agit d'accepter différentes sources de pouvoir dans une équipe et de les articuler entre elles. Nous mesurons souvent la tendance des institutions à limiter les pouvoirs internes, alors que le contraire serait souhaitable à condition d'une mise en place de véritables règles pour gérer l'interdépendance. Selon nous, c'est une erreur de limiter de cette façon l'expression de l'énergie. Le mouvement récent d'« *empowerment* » prouve l'intérêt qu'il y a à développer le sens de l'initiative et celui de la prise de risque. Une entreprise dynamique ne cherche pas à réduire les pouvoirs des uns et des autres, mais leur permet au contraire de se développer, tout en apprenant à mieux les articuler entre eux.

Ce phénomène de limitation se retrouve dans les équipes qui constituent en elles-mêmes un véritable pouvoir. Face à ce pouvoir du groupe et à celui des leaders d'opinion, il faut un chef capable d'assumer sa place sans craindre pour son autorité. C'est là que se pose la question de sa compétence managériale. S'il est compétent dans la conduite des hommes, le manager peut se permettre d'encourager le développement des autres pouvoirs internes à son équipe. Il en est de même à l'échelle de l'institution.

La motivation et la mobilisation subissent le même genre d'avatars. Les organisations réclament la motivation et la mobilisation de leurs collaborateurs et cependant certaines donnent l'impression de s'en défendre et n'ont de cesse de les réduire et de les limiter. Alors que d'autres, comme les « start-up », se construisent à partir de cette puissante mobilisation issue des élans de leurs membres et savent la conserver en grandissant.

Combien de fois entend-on dire : « Il faut motiver les gens » ? Manifestement, il y a là un contresens : la motivation est inhérente à l'individu ; il n'est nul besoin de la créer, elle existe. Mais il faut veiller à ne pas la laisser se dégrader. Le collaborateur qui arrive dans une entreprise ou qui prend un nouveau poste, est content et motivé sans que l'entreprise ait fait quelque chose pour cela. Comment alors l'organisation provoque-t-elle parfois sa démobilisation en quelques mois ? Pourquoi laisse-t-on des équipes dans un véritable état d'usure mentale, alors qu'un simple séminaire d'équipe bien préparé leur permettrait de retrouver leur éclat ?

Les responsables n'ont pas appris à gérer le hiatus provoqué par les frottements inévitables entre la logique institutionnelle et la logique individuelle, l'une rationnelle et réglementaire, l'autre sensitive et affinitaire. Mais cette différence entre deux logiques qu'il convient d'articuler ne suffit pas à tout expliquer. Il s'y ajoute un manque de pratiques d'« hygiène », pratiques qui permettraient dans de nombreux cas de purger certaines morosités ou de faciliter une re-mobilisation après une difficulté rencontrée, car sinon l'équipe s'use.

On pourrait penser que peu importe la motivation pourvu que le travail soit accompli et ajouter que l'entreprise n'est pas faite pour le confort mais pour la production. Certes. Mais ce serait oublier les différentes expériences, renouvelées depuis soixante-dix ans, sur le lien entre rendement et motivation. Comme nous le verrons, la motivation est comptable de la quantité d'énergie que le collaborateur investit dans son travail. Par conséquent, tout acte managérial se traduit en avantage ou en coût énergétique.

Dans une équipe, tout est interactif et participe de fait à la dynamique d'ensemble : les pouvoirs, les interactions, les processus, les élans motivationnels, le climat, le moral, la focalisation sur les objectifs, l'impact des styles managériaux etc. La liste n'est pas limitative. Si le manager n'a pas une conscience claire de ces forces et des manières dont elles se conjuguent, il n'a aucune chance de piloter son équipe efficacement et d'obtenir d'elle le meilleur. Le management de la dynamique s'élabore à partir de la gestion de flux qui constituent la dimension vivante de l'équipe : flux d'énergie, flux d'informations, flux d'influence. Si l'on comprend la façon dont ils jouent, s'amplifient ou se compensent, on ne peut plus se contenter d'un modèle de management autocratique. Ce mode-là, qui repose sur une vision personnelle et territoriale, en gênant les flux, empêche les synergies internes à l'équipe de se développer. Le management de la dynamique cherche au contraire à canaliser tous ces milliers de joules et à les orienter vers l'objectif.

Ce livre repose sur quelques concepts élaborés à partir d'une démarche de bon sens « révélé ».

Voici quelques-unes des idées forces qui le sous-tendent :

– Il faut manager des flux dynamiques et non des principes mécaniques.
– Une équipe repose sur une alchimie subtile que certains phénomènes font « tourner ».
– Certaines équipes doivent être dirigées par un manager professionnel ou assistées d'un coach.
– Les moyens pour exercer un pouvoir sont nombreux ; il convient de les articuler et de les susciter.
– La qualité de la cohésion technique a pour socle la qualité de la cohésion humaine.
– L'équipe favorise une « surmotivation » de ses membres.

Chapitre Premier

LES FONDEMENTS DE L'ÉQUIPE

1. Définition et portée

Surprenante, l'énergie dégagée par certaines équipes ! Qu'il s'agisse d'équipes sportives, d'équipes de direction ou de production, leurs membres déploient dans certaines situations une énergie extraordinaire. Le niveau d'organisation et de réactivité des coéquipiers dans les situations difficiles laisse admiratif : ils agissent comme si leur groupe pouvait s'adapter à tous les aléas, tous les changements de rythme, toutes les modifications de leur environnement.

C'est pourquoi nous cherchons à établir ici ce qui stimule autant des êtres humains lorsqu'ils se retrouvent en configuration d'équipe. Quels ressorts les font dépasser leur niveau de motivation habituel ? Pourquoi dégagent-ils cette impression de plaisir partagé alors que, bien souvent, l'effort à fournir est important ?

L'équipe dont nous parlons ici est un mode d'organisation spécifique, avec ses règles, ses rites et ses caractéristiques. L'utilisation actuelle du mot « équipe » dans les organisations tient souvent d'un effet de mode ou d'un désir magique que tout se mette à fonctionner à l'exemple de celles qui forcent l'admiration. Une équipe rassemble des personnes tendues vers un objectif commun et qui opèrent de manière parfaitement établie. Elle se définit comme un groupe d'individus, organisés ensemble, conduits par un leader et œuvrant, à l'intérieur d'un contexte, pour un même objectif. Cette formulation met en évidence quatre composants internes :

- un groupe d'équipiers,
- un chef (pilote, manager, responsable),
- un objectif,
- des pratiques d'action concertée.

Il n'y a pas d'équipe en l'absence d'un seul de ces éléments et c'est la présence des quatre qui confère à un groupe le statut d'équipe. La dénomination d'équipe est inadaptée s'agissant de groupes qui n'ont ni mission ni projet ou dont l'organisation demeure par trop informelle.

1.1. Un organisme vivant

Une équipe est comparable à un organisme vivant qui agit et produit à partir de forces en interaction. Des hommes, même réunis par hasard, ne restent pas inertes et développent naturellement des activités : ils s'organisent en fonction de la situation et suivent celui des membres qui se propose de les conduire. S'il est destiné à durer, le groupe traverse des phases d'évolution et génère sa propre histoire. Des réseaux internes d'affinités s'y font jour et une structure se constitue spontanément en fonction du contexte et de l'objectif.

Il est important de savoir manager, encadrer et orienter des forces aussi puissantes que celles qui peuvent être libérées par des groupes humains très mobilisés. Faute de quoi ces forces restent inemployées et peuvent dans certains cas se retourner ou fonctionner à contre-sens : cherchant à s'employer, elles le font éventuellement contre le pouvoir qui n'a pas su les prendre en compte. Certaines institutions se protègent contre un tel risque par des réglementations tatillonnes, une organisation rigide, ou le cloisonnement, exemple fréquent de frein à l'élan naturel des collaborateurs. Toute forme d'énergie collective s'y trouve alors morcellée et rendue impossible.

Le propos ne peut être ici de laisser croire qu'il suffirait de libérer les forces créatives pour que tout aille mieux, mais simplement de montrer qu'on peut les développer et les orienter plutôt que de s'en méfier. Manager ces forces, les utiliser comme le surfeur utilise la vague, ne requiert ni plus ni moins qu'une bonne compétence managériale.

Pourquoi certaines équipes arrivent-elles à un tel niveau d'engagement quand d'autres paraissent mornes et peu efficaces ? Un examen attentif montre qu'on retrouve, lorsqu'on est en équipe, la totalité des éléments constitutifs de la motivation humaine. L'équipe utilise absolument et à la fois l'ensemble des ressorts qui y concourent : les besoins de sécurité, d'appartenance ou de reconnaissance y trouvent tous une réponse ; de même que les désirs, la créativité, l'action ou l'exercice du pouvoir personnel. Cet état de « surmotivation » provient de la conjonction de facteurs individuels internes et de facteurs de pression externe. Représentante de l'entreprise, c'est pour elle que l'équipe est chargée d'atteindre le but qui lui a été fixé, mettant ainsi l'équipier au centre d'un ensemble d'attentes qui le stimulent.

1.2. Une organisation conçue pour répondre aux aléas

La tâche fixée à une équipe est fréquemment ambitieuse : non seulement elle dépasse ce que peut produire un individu seul mais elle surpasse aussi ce qu'on peut attendre d'un ensemble d'individus qui ne serait pas liés par un esprit d'équipe. Qu'il s'agisse de la difficulté d'une compétition, d'un danger, de la proximité d'une échéance ou de la complexité du travail à accomplir, la mission confiée à une équipe est immanquablement de l'ordre du challenge.

Dérivé du mot « équipage » qui signifie aussi bien l'équipement matériel que l'ensemble des personnes (équipage d'un bateau, d'un avion, moyens d'une armée en campagne), le mot équipe appartient initialement au domaine maritime (du germanique « skip », bateau). Equipage et équipe, avant d'être connotés par le sport, sont issus du voyage et de la lutte d'un groupe d'hommes contre les aléas naturels. Aussi n'est-il pas étonnant de retrouver, par extension, des équipes pour faire face à des aléas sociaux, économiques ou politiques : équipe d'éducateurs, patrouille de police, équipe ministérielle.

C'est un mode d'organisation conçu pour « l'aventure », une façon de répondre à des événements pas toujours prévisibles et qui requièrent une grande réactivité.

1.3. Les avantages dynamiques de l'équipe

L'équipe repose sur un double mode de fonctionnement, à la fois rigoureux et flexible. Soumis à l'événement, ce fonctionnement repose en même temps sur la division et le recouvrement des tâches. Partage des rôles, initiative et interdépendance y assurent à la fois réactivité et totale couverture du territoire. L'équipier répond à une situation qui se présente à lui selon deux systèmes d'action : il peut appliquer les bonnes règles qui définissent sa fonction tout comme il peut y déroger selon des scénarios connus. C'est ce double modèle de décision qui produit la valeur du fonctionnement en équipe. Dans une équipe sportive, tout se passe comme si la couverture du terrain était assurée deux fois : une fois par le titulaire de la fonction et une fois par le suppléant le plus proche. Lorsqu'un joueur ne peut saisir une passe, un autre joueur se précipite pour récupérer le ballon.

> Cette métaphore sportive a inspiré une équipe-projet, composée de plusieurs dizaines d'ingénieurs travaillant sur un ensemble de logiciels destinés à un sous-marin. Seule une parfaite cohésion opérationnelle pouvait lui garantir d'atteindre le niveau d'exigence élevé qui lui avait été fixé. Pour renforcer la fiabilité des contrôles, les coéquipiers ont institué entre eux un « devoir d'ingérence ». Chacun avait l'autorisation mais aussi le devoir de questionner un autre équipier sur une préoccupation qu'il pouvait avoir concernant le travail de ce dernier. C'était une méthode de contrôle réciproque par questionnement aléatoire, rendue possible par la grande qualité de cohésion.

1.4. La satisfaction personnelle de l'équipier

Si l'équipe garantit des avantages pour atteindre un objectif, elle n'en présente pas moins d'intérêt pour ses membres car la participation à une équipe élargit le « pouvoir personnel ». Elle offre à chacun une caisse de résonance pour son action. Par exemple, une bonne idée, trouvée par l'un et reprise par d'autres, procure à son auteur une satisfaction en rapport à l'influence qu'il a su ainsi exercer sur son environnement. L'esprit d'équipe ne se fonde pas sur un renoncement à des valeurs et à des satisfactions personnelles mais sur un moyen collectif pour arriver au but. Ce que l'on gagne à fonctionner à plusieurs vaut largement ce que l'on y perd et c'est une illusion de croire que le fonctionnement collectif demande de l'abnégation. Curieusement, cette configuration, si elle limite objectivement le champ d'indépendance, le fait non pas aux dépens de la personne mais à son avantage. Le jeu collectif est un moyen efficace pour trouver une satisfaction individuelle, ce qui ne constitue pas l'un des moindres paradoxes du fonctionnement en équipe. Dans les sports collectifs, ce sont souvent les meilleures équipes qui possèdent à la fois le jeu d'ensemble le plus efficace et les individualités les plus performantes.

Dans le processus individuel, la fierté naît de la réalisation personnelle, de l'expression de soi ou du dépassement. L'individu trouve dans cette réalisation dont il est entièrement l'auteur, une image satisfaisante de lui-même. Il l'a imaginée, il l'a concrétisée. Par contre dans le processus collectif, la logique est différente : la satisfaction provient du rôle tenu et de l'appartenance à l'entité. L'individu se pense comme un élément d'un ensemble plus grand auquel il apporte sa contribution. Il renonce à la personnalisation pour profiter du plaisir de l'unité. La satisfaction provient du degré d'accord entre les acteurs et de la capacité de jeu concerté. L'identification de l'équipier se déplace. Alors qu'elle provenait du résultat individuel, elle s'établit à partir de la puissance et de l'efficacité de l'ensemble. Dans un sport collectif, celui qui marque sait que le but marqué couronne une chaîne d'actions contributives. Sa satisfaction provient d'avoir à la fois marqué et réussi à conclure victorieusement la série d'actions grâce auxquelles il a pu aboutir. Au plaisir d'être un maillon fiable d'un ensemble performant, s'ajoute celui de la complicité.

> Prenons un autre exemple sportif avant de décliner ces avantages dans le cadre des équipes d'entreprise. Le volley-ball donne une bonne image de l'articulation entre le talent individuel et le fonctionnement collectif. Les six équipiers connaissent parfaitement les six fonctions et, par rotation, occupent chaque espace de jeu à tour de rôle.
>
> Cependant, les talents spécifiques et le style propre à chacun influent sur sa façon de tenir le poste. D'où une satisfaction supplémentaire de l'équipier, qui provient de la façon dont il utilise tactiquement ce qu'il connaît du talent des autres pour réussir. C'est une dimension qui n'appartient qu'à l'équipe.

1.5. L'équipier stimulé par ses pairs

Certains, peu désireux de travailler en équipe, craignant d'être fondus dans le groupe, de s'y perdre ou d'être transformés en numéro anonyme, en mouton ou en fourmi, se méfient de toute approche collective. Pour accepter l'interdépendance avec autrui, pour ne pas se sentir étouffé par le fonctionnement à plusieurs, il faut une bonne confiance en soi. L'appartenance à un groupe ne présente pas de difficultés pour ceux qui, ayant conscience de leur capacité sociale, utilisent le collectif comme une opportunité de croissance ou comme levier pour leur action. L'interdépendance leur apparaît comme un moyen supérieur de développement personnel, par opposition à une conception de l'autonomie qui ne reposerait que sur la protection jalouse d'une indépendance autarcique.

> Cette vision de la portée individuelle de l'équipe, nous l'avons développée dans le fonctionnement des équipes de vente d'une entreprise réputée pour sa capacité commerciale. Il s'agissait de stimuler, par un management d'équipe, la dimension trop individualiste des commerciaux. Ce n'était paradoxal qu'en apparence. Les skieurs de l'équipe de France ou les joueurs de tennis qui pratiquent eux aussi un sport individuel, s'entraînent cependant ensemble et se stimulent réciproquement. Ils profitent des autres pour développer leur performance propre dans le cadre d'un sport qui reste individuel. Dans cette entreprise commerciale, la rémunération comme le processus de vente étaient strictement personnels : chaque vendeur travaillait pour lui-même. Cependant le management, lui, avait été construit selon les principes du management d'équipe. Il s'agissait d'utiliser les ressorts motivationnels de la vie d'équipe et d'entretenir un tonus élevé chez tous. L'objectif commun de l'équipe a donc été formulé par addition des objectifs individuels et l'organisation de challenge nationaux. Résultat : une véritable ambiance de compétition sportive. Une communication mensuelle par cassettes vidéo stimulait l'ensemble, maintenait les enjeux et récompensait l'obtention des résultats. Les chefs de vente recevaient parallèlement une formation continue au management des équipes, à laquelle s'ajoutaient des projets spécifiques d'amélioration des processus commerciaux ou de conquête de marchés nouveaux.
>
> Toute cette animation managériale était conçue en utilisant les effets mobilisateurs des équipes, de façon à stimuler chacun par la mobilisation de son environnement.

Repère ▶ Nous venons de décrire, de façon générale, ce que l'on peut observer de vraies équipes, de leur dynamique et de la manière dont elles agissent sur l'individu en lui procurant un surcroît de motivation. Voyons maintenant l'aspect systémique de l'équipe, puisque c'est de lui qu'elle tire ses effets de synergie. ▶▶▶▶

2. Le système « équipes »

Les travaux réalisés depuis une cinquantaine d'années par des chercheurs en sciences humaines[1] ont largement développé la réflexion sur l'aspect systémique des groupes humains. Ces travaux ouvrent la voie à l'élaboration d'un management qui intégrerait la dynamique des systèmes en s'appuyant dessus.

Repère ▶ Pour cela il faut revenir sur l'analyse systémique et comprendre en quoi elle remet en question la vision analytique, qui reste encore pour une large part à la base des conduites managériales. ▶▶▶▶

2.1. La vision analytique

En management, la vision analytique repose sur une explication linéaire : une cause produit un effet. Ce mode de pensée a sa valeur et son utilité pour analyser et comprendre un certain nombre de phénomènes et se situe à l'origine du développement de la science. Il s'applique aisément lorsqu'on a la maîtrise des principaux facteurs ou qu'un certain nombre de variables peuvent être maintenues fixes pour en étudier d'autres. Mais l'approche analytique ne rend pas compte des complexités liées aux systèmes humains ou

1. (Mental Research Institute de Palo Alto), des praticiens en conduite de groupe (Université du Québec), des psychothérapeutes (PNL et Analyse systémique) et des sociologues (Michel Crozier, Erhard Friedberg, J.-C. Fauvet).

biologiques pour lesquels le tout et la partie interagissent. Elle opère sur une réalité segmentée, peu interactive et indépendante des éléments de contexte. Elle s'applique à étudier des composants stables, des forces, des comportements mesurables, et ne tient pour scientifique que ce que l'on sait reproduire. Appliquée au management, la pensée analytique débouche sur des analogies qui relèvent de la mécanique ou des arts et techniques traditionnels : transmission de mouvements, pression, démultiplication, verrouillage, filtrage, compartimentation, structure rigide...

Sans remettre en question ces modes de pensée fondamentaux, nécessaires pour une compréhension élémentaire, il paraît utile, pour une technique telle que le management qui agit sur les personnes et les groupes humains, d'en introduire de nouveaux qui rendent mieux compte de la complexité. Von Bertalanffy, l'inventeur de l'analyse systémique, rappelle que le biologiste et philosophe allemand Hans Driesch estimait, dès 1905, que les phénomènes vitaux ne pourraient être expliqués de façon analytique. Il fondait cette opinion sur ses expériences sur les embryons d'oursin. « Le même résultat final, un oursin normal, s'obtient à partir d'un œuf complet, à partir de chaque moitié d'un œuf coupé, ou à partir du produit obtenu par fusion de deux œufs entiers. Ce qui ne peut s'expliquer par les lois élémentaires de la physique. » (1)

2.2. La vision systémique

L'analyse systémique trouve sa source dans le brassage d'idées des années quarante à soixante au célèbre MIT (Massachusetts Institute of Technology).[1]

1. Où se cotoyaient notamment le mathématicien Norbert Wiener, le neurophysiologue Warren McCulloch, l'anthropologue Margaret Mead, l'économiste Oscar Morgensten. Par ailleurs, pour comprendre les processus globaux à l'œuvre dans les systèmes complexes, le biologiste Ludwig von Bertalanffy rassemble autour de lui en 1954 mathématiciens, économistes et biophysiciens dans la Society for General Systems Research.

La théorie des systèmes voit ainsi le jour à partir d'une science qui se développe pendant la Seconde Guerre mondiale : la cybernétique. Le mathématicien américain Norbert Wiener, étudiant les régulations chez les êtres vivants et les machines, démontre, à partir d'un travail sur les tirs d'armes comme la DCA, la nécessité de mettre en place un processus de feed-back (information sur le résultat) : l'information doit fonctionner en boucle pour corriger les comportements de la machine. Pour que l'objectif soit atteint, il ne suffit pas de mettre en place une série de canons qui tirent en rafales, il faut également que l'information sur le tir précédent retourne à la source et modifie les données de visée. Il s'agit donc pour les systémiciens de travailler sur les phénomènes à feed-back.

L'histoire de la deuxième partie du XXe siècle est marquée par des recherches comparatives entre ce qui se passe dans différents domaines tels que la neurophysiologie, l'électronique, l'économie, et montre que des processus globaux, systémiques, sont généralisables dans les sciences les plus diverses. Des phénomènes identiques, ou relevant du même type d'analyse, s'observent dans des branches complètement distinctes. Des lois mathématiques s'appliquent à des domaines qui n'ont rien de commun entre eux. La loi de croissance exponentielle, par exemple, s'applique à différents systèmes tels que les cellules, les populations de bactéries, les êtres humains, les progrès technologiques ou l'évolution d'un marché, etc. L'analyse systèmique naît ainsi des passerelles établies entre différents univers scientifiques.

2.3. Les systèmes humains

L'analyse systémique ne constitue pas une nouvelle discipline mais une nouvelle façon d'appréhender des ensembles à partir des liens qui les composent. Bien que la réflexion sur la dynamique d'équipe s'inspire des travaux de chercheurs américains tels que Kurt Lewin et des systémiciens de l'Ecole de Palo Alto, il nous semble intéressant de citer un passage du livre d'Akio Morita (Made in Japan, R. Laffont), dirigeant emblématique du groupe Sony, passage qui illustre à sa façon la différence de vision analytique et systémique. Cette citation montre l'étonnement manifesté par Peter Drucker, une des plus grandes sommités mondiales en terme de management, lorsque ensemble au restaurant à New York, ce dernier déclare : « *Lorsque je discute avec des chefs d'entreprise japonais, j'ai toujours l'impression que leur façon de réfléchir et même de parler n'est pas rationnelle. Le plus étrange dans tout cela, c'est qu'ils en tirent des conclusions très justes. Comment est-ce possible ?* » Dans ce passage de son livre, Akio Morita expose la façon dont les Japonais développent leur sens de l'intuition et s'en servent pour conduire leurs affaires. Pour comparer cette attitude avec notre démarche habituelle, il utilise une image : « *J'ai souvent comparé les entreprises américaines à des constructions de brique et les japonaises à des édifices de pierre. L'organisation et le fonctionnement des sociétés américaines se font selon des plans préétablis dans lesquels toutes les tâches sont clairement définies. Il suffit, pour s'en convaincre, de jeter un coup d'œil sur les pages d'offres d'emplois des journaux. Les employeurs établissent, pour chaque emploi proposé, le profil du candidat idéal : tous ceux qui n'y correspondront pas, soit parce qu'ils ne sont pas assez bien ou au contraire parce qu'ils sont trop bien, seront systématiquement écartés. Voilà pourquoi je compare les entreprises américaines à une construction de brique, chaque élément y est choisi sur mesure pour concourir au parfait assemblage de l'ensemble.* »

« *Au Japon, on engage d'abord et, ensuite seulement, on s'efforce d'harmoniser candidats et emplois. Si, dans notre pays, les travailleurs sont tous très diplômés et hautement qualifiés, ils ont des personnalités différentes. C'est le rôle du chef d'entreprise de prendre la mesure exacte de ces pierres dissemblables et de les ajuster entre elles pour édifier des murs sans défauts. Il y a toutes sortes de pierres, des rondes, des carrées, des longues, des grosses, des petites ; le maître maçon saura comment les disposer pour bâtir les murailles du château.* »

Envisageant la globalité, le tout à partir d'éléments et de flux, l'analyse systémique cherche à rendre compte des interactions et de la pluridisciplinarité. C'est ce qui en fait une approche essentielle pour saisir la multiplicité des processus d'équipe. Dans son livre *Théorie générale des systèmes,* Ludwig von Bertalanffy donne des systèmes la définition suivante : « ensemble(s) d'éléments en interaction telle que toute modification de l'un entraîne une modification des autres ». Il distingue deux classes de systèmes : les systèmes ouverts et les systèmes fermés. Un système fermé échange peu avec son environnement, il est inanimé ou mécanique : l'état final y est déterminé par les conditions initiales. En revanche un organisme vivant, exemple typique de système ouvert, échange continuellement avec son environnement : énergie, information, matière.[1]

Dans son approche systémique des relations humaines, Edmond Marc (2) donne comme exemple de système la cellule biologique. La cellule « constitue une totalité qui obéit à des règles précises ; elle maintient son organisation interne en dépit du flux d'énergie et de matériaux qui la traversent. Pour assurer la permanence de sa structure et de ses fonctions, elle fait appel à des agents de transformation, les enzymes, qui sont des catalyseurs contrôlant l'activité cellulaire, et à des acides nucléiques, qui renferment les informations nécessaires à l'assemblage des protéines et des enzymes et à la reproduction de la cellule. Elle comporte aussi des molécules signaux qui permettent les communications. Une membrane assure le filtrage de la communication avec l'extérieur et contrôle les entrées et sorties d'énergie et d'information. »

Ce modèle met en évidence à la fois l'unité globale de ce système qu'est la cellule et sa complexité, qui offre des ressemblances avec l'équipe : structure, mission, transformation d'énergie, autorégulation, traitement des informations et des flux, boucles de rétroactions, échanges avec le contexte.

---

1. Pour Jean Ladrière (3), un système est un objet complexe, formé de composés distincts reliés entre eux par un certain nombre de relations. Les composants sont considérés comme des sous-systèmes d'ordre inférieur et ainsi de suite jusqu'à un niveau de système réduit à un seul élément.
Jean-Louis Lemoigne (4) énumère six catégories de systèmes : physiques, chimiques, vivants, artificiels, sociaux, systèmes d'idées. A titre d'exemple et pour indiquer la hiérarchie existant entre les systèmes, il suffit de comparer un système mécanique comme celui de l'horloge, avec le système du thermostat qui introduit la régulation à partir d'informations reçues de son contexte. Ou de comparer la cellule biologique, premier niveau de système ouvert auto-entretenu, avec celui de l'humain qui y ajoute la conscience de soi et l'intelligence. Au-dessus existent des systèmes encore plus complexes : les systèmes sociaux. L'équipe est de ceux-là. Ces différents exemples illustrent la distinction entre les systèmes qui « transforment une succession d'entrées en succession de sorties », et ceux qui contrôlent, ceux qui apprennent en utilisant une mémoire, et les systèmes à décideurs multiples.

2.4. Les composants de l'équipe

L'équipe est un système vivant, complexe comme la cellule. Elle intègre des logiques diverses, comme la sociologie des groupes, la psychologie de la motivation, la physiologie, l'énergie, ou les règles professionnelles, logiques qui interagissent entre elles.

Le système « équipe » se compose de quatre éléments de base : le chef, le groupe des équipiers, l'objectif et les pratiques communes.

- ✔ L'élément « Chef » ou « Pilote » est la tête du système. Il concerne le management, la direction, le style du responsable, la relation avec le contexte.
- ✔ L'élément « Groupe des équipiers » est de nature relationnelle et fonctionnelle. Il intègre la dimension individuelle, les liens relationnels et le niveau groupal.
- ✔ L'élément « Objectif » représente la cible à atteindre, la mission, le projet.
- ✔ Le composant « Systèmes d'actions et Pratiques communes » regroupe les aspects spécifiques à la tâche ou au métier ainsi que les pratiques d'équipe.

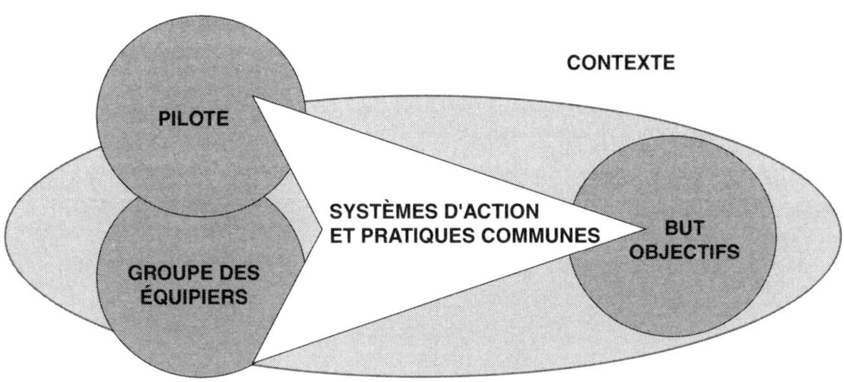

LES QUATRE COMPOSANTS DU « SYSTÈME ÉQUIPE »

Chacun de ces quatre composants est nécessaire à l'existence d'une équipe. Sans objectif, elle n'a pas de raison d'être. Sans pratiques communes, l'action se disperse. Sans chef, il n'y a pas de représentant de l'équipe ni de la direction.

2.5. Les relations entre les composants de l'équipe

Repère ▶ Entre les quatre éléments qui composent l'équipe, existent des interactions à partir desquelles le système développe ses spécificités pour conduire au résultat. Elles sont en fait multiples mais trois d'entre elles présentent une importance majeure :

– la cohésion humaine qui relie les hommes,
– la cohésion technique qui règle l'action concertée,
– les différents niveaux d'identification de l'équipier au chef, au groupe et à l'enjeu. ▶▶▶▶

Le lien entre les équipiers est à la base de la cohésion. Il a une fonction de facilitation et constitue un aspect de la trame qui fait la communauté. Il permet d'établir la confiance, de faciliter les échanges, de coopérer sans arrière-pensée. Il se constitue par l'attraction qu'exercent les membres et les relations qu'ils développent entre eux. Il est entretenu par des comportements solidaires : interdépendance, coresponsabilité, contrôle réciproque, soutien ou gratifications en sont des exemples.

La cohésion technique, deuxième forme de relation entre les éléments qui constituent l'équipe, concourt à la recherche de l'unité opérationnelle. Elle se traduit par la synchronisation, la coordination, les passages de relais, la planification, les réunions.

Enfin, l'identification constitue avec le lien et la cohésion la troisième qualité qui peut définir une équipe. C'est un processus mental et affectif par lequel un individu se reconnaît au travers d'un autre ou des valeurs de cet autre au point que cela devienne un élément de son identité. Ce processus d'identification se développe aussi autour d'aspects matériels comme les outils ou le bureau, ou vis-à-vis d'entités comme l'entreprise ou la profession. Il fonctionne particulièrement bien dans une équipe puisqu'il peut se porter sur chacun des composants : un équipier peut s'identifier au chef, aux autres, à sa part de contribution, aux moyens mis en œuvre ou à l'objectif. L'estime pour le pilote en est un des exemples les plus fréquents, au point d'entendre parfois : « C'est l'équipe d'Untel », exprimant bien la relation forte qui existe entre « Untel » et ses équipiers. Ces sources d'identification multiples concourent à souder l'équipe au plus profond d'elle-même, provoquant un sentiment d'identité commune qui résulte de choix identiques faits par des équipiers différents.

Dans les faits, il est rare que les équipes d'entreprise utilisent tout le potentiel que renferment les mécanismes d'identification. Cependant ces ressorts sont disponibles et lorsqu'un chef décide de les utiliser, ses collaborateurs en conservent longtemps le souvenir. Nous reviendrons dans les chapitres suivants sur ces différents aspects.

Cette énumération sur les composants et leurs interactions ne serait pas complète si on ne rappelait l'influence importante qu'exerce le contexte sur l'équipe. Elle est largement surdéterminée par lui : c'est pour répondre aux besoins du marché, selon des directives de la hiérarchie, dans le cadre d'une politique d'entreprise, que l'on met en place telle équipe-projet. Ce contexte de l'équipe comprend la hiérarchie, le reste de l'entreprise et le marché, y compris les fournisseurs et les clients. Il représente l'enjeu essentiel de l'objectif et c'est pour l'atteindre que l'équipe a été créée.

3. Les principes d'équipe

Repère ► Les équipes répondent à trois grands principes : l'unicité, l'individualité, la finalité. Selon le principe d'unicité, l'équipe est une entité composée d'éléments qui se combinent au mieux pour ne faire qu'« un ». Selon le second principe, l'équipe tire sa substance d'individualités qu'il convient de préserver. Enfin, selon le principe de finalité, une équipe n'existe que face à un objectif à réaliser. ►►►►

3.1. Le principe d'unicité

Le principe d'unicité signifie qu'en tous points l'équipe est unité. Elle est un tout, une entité tendue vers un objectif, avec son chef et des pratiques communes qui fondent son unité. A maturité, elle se conduit comme le corps humain de façon complètement intégrée, avec son système d'information et de coordination interne (système nerveux), son chef comme élément central d'analyse et de commandement (cerveau), ses modes de régulation de la cohésion (système hormonal). Cette coordination aboutit alors à un jeu collectif aussi harmonieux qu'un jeu individuel. Pour cela, il est nécesaire que chaque équipier, comme membre de ce corps, comprenne sa place et sa mission, ses rôles opérationnels et son espace d'initiative, en relation avec les autres.

Le principe d'unicité articule également ensemble l'objectif et la composition : c'est l'objectif qui commande la composition. La sélection dans les équipes de sports collectifs en est une bonne illustration, même si elle n'est pas transposable. Le sélectionneur fait son choix et compose spécifiquement l'équipe en fonction du match à jouer, de l'objectif à atteindre, des adversaires et de la forme physique des joueurs. Créée pour un objectif, l'équipe sélectionnée pour le match disparaît avec la fin de celui-ci. Elle ne dure qu'un temps, celui du projet. Si un équipier change, c'est tout le fonctionnement collectif qui évolue. Dans les équipes d'entreprise, les équilibres sont différents. Certaines sont plus stables, comme celles qui constituent un service fonctionnel ou une agence locale ; d'autres sont évolutives dans le temps, comme les équipes-projet. Dans les deux cas le principe d'unicité demeure et doit être utilisé par le management : une équipe est organisée en fonction d'un objectif.

3.2. Le principe de diversité

Reposant sur la valeur de ses hommes et sur leur volonté d'agir ensemble, l'équipe tire sa substance des divers individus qui la composent et de la diversité des situations auxquelles elle doit répondre. C'est une entité mais c'est une entité composée d'autres entités, individuelles celles-là et qui doivent se sentir considérées comme telles pour accepter de s'engager. Pour se hisser à un niveau d'efficacité collective, l'équipe doit permettre que s'articulent à la fois les individus entre eux et la reconnaissance de chacun personnellement : un équipier qui se croit traité comme un pion parmi d'autres, ne cherche jamais à se dépasser. Une division d'armée ou une grande entreprise peuvent fonctionner sans prendre en considération la spécificité individuelle de chaque soldat ou collaborateur qui la compose, pas un commando ni une équipe. C'est un des fondements de la double logique qui anime les équipes : logique d'unité et logique de diversité.

Poser un principe de diversité peut surprendre s'agissant d'une équipe tant y est habituellement mis en avant la nécessité unitaire. Cependant l'observation des grandes équipes montre qu'au contraire il existe un parallélisme étroit entre l'aptitude à l'action collective et la conscience de sa propre individualité : l'équipe n'est pas une négation de l'individu mais constitue pour lui un espace de réalisation plus large.

C'est dans l'équilibre entre ces deux principes que se produit l'effet d'équipe : l'unité pour développer l'action concertée et la diversité pour maintenir l'initiative et la réactivité.

3.3. Le principe de finalité

Toute configuration humaine a un but. Une équipe a non seulement un but mais également un objectif. L'objectif d'une équipe représente un enjeu réel qui focalise les énergies et génère un état de stress positif à l'approche de l'échéance. Unique, limité dans le temps et concret, il oblige à concevoir l'organisation du groupe dans sa seule perspective. L'objectif devient un organisateur de l'équipe, un point de départ en fonction duquel elle s'organise puis se concentre, et un point d'arrivée à l'issue duquel elle se défait. Eventuellement pour se reconstituer différemment en vue d'un autre objectif. C'est pourquoi, dans certaines entreprises, l'organisation est assez peu figée et dépend essentiellement des projets.

On pourrait définir une équipe comme un groupe d'hommes qui concourent à l'exercice d'une « unité de responsabilité tactique ».

Cette définition met en évidence la finalité, l'unité indivisible et l'impact sur le résultat de l'entreprise.

4. Les fondements dynamiques

Repère ► Les aspects qui concourent à la dynamique d'équipe sont nombreux et variés. Motivation, focalisation, espace d'expression et de développement, dynamique de groupe, unité, diversité, puissance, tous se conjuguent et s'allient pour produire l'effet d'équipe. Ces effets sont d'autant plus déconcertants que l'on a le sentiment de ne pas savoir comment les reproduire ni comment s'attaquer à une telle complexité. Cependant les sciences humaines dégagent peu à peu, souvent à partir d'expériences en entreprises, un ensemble de connaissances qui conduisent à pouvoir rechercher ces conjugaisons d'effets.

Deux concepts simples apparaissent comme des facteurs particulièrement stimulants lorsque des hommes travaillent ensemble. La coaction, d'une part, et l'influence réciproque des aspects humains et opérationnels, d'autre part. Nous mesurerons ici et dans la suite de l'ouvrage à quel point ils présentent une grande importance pour les résultats. ►►►►

4.1. La coaction

La coaction est une action à plusieurs. A la base de l'équipe, elle suscite depuis des années l'intérêt de chercheurs en psychologie sociale. Chacun a pu observer, face à une tâche, cette impression d'être stimulé par la présence d'autrui ou, au contraire, inhibé. Cette stimulation par autrui est tout à fait repérable dans certains groupes de travail, comme en brainstorming ou dans des associations de deux ou trois personnes. On perçoit que l'action à deux – ou coaction –, dans certaines conditions, y augmente le degré de mobilisation de chacun. Certains auteurs tels que G. Le Cardinal, décrivent ainsi le phénomène : « Réunion de deux personnalités différentes qui ont réussi à s'accorder, de deux intelligences qui se complètent : la paire ainsi formée a dégagé progressivement une puissance étonnante de travail, de réflexion et d'imagination. Les deux potentiels ont réussi à s'exprimer et à produire. L'un lançait des perches, des défis que l'autre saisissait et relevait, l'un ouvrait une piste que l'autre explorait plus avant. Chacun se sentait alors plus intelligent, plus créatif, plus entreprenant grâce à la présence et au regard positif de l'autre. » (5)

Dans cette configuration, chaque participant développe son action plus rapidement que s'il était seul. Aux premiers résultats de l'un s'ajoutent les premiers résultats de l'autre, procurant un sentiment de puissance accrue. Chacun, dans un désir d'être reconnu pour sa contribution, agit en ce sens : son excitation est la réponse fournie à l'attente et aux gratifications de l'autre.

Expérience et travaux

La coaction a certainement d'autres causes plus profondes et plus instinctives puisque des expérimentateurs l'ont mesurée chez des fourmis, des blattes, des oiseaux ou des poissons.

R.B. Zajonc rapporte que Chen, en 1937, à l'Université nationale de Pékin, fit une expérience sur trente-six fourmis qui construisaient des nids, activité qui leur est naturelle. Après les avoir mises dans des bocaux remplis de terre pendant six heures, il mesurait au bout de combien de temps elles se mettaient à construire un nid et quelle quantité de terre elles extrayaient. Il fit à plusieurs jours d'intervalle la même expérience en les mettant seules, par deux ou par trois, puis à nouveau seules. Voici ses résultats : isolées, elles mettent 192 minutes en moyenne pour commencer à construire, à deux 28 minutes, à trois 33 minutes. A nouveau seules, elles mettent 160 minutes. Pendant ces six heures elles extraient 232 grammes de terre en situation solitaire, 765 grammes chacune lorsqu'elles sont à deux et 728 grammes à trois. Elles reviennent à 182 grammes lorsqu'elles sont remises seules. Cette expérience, renouvelée plusieurs fois, illustre le formidable impact de la coaction à deux ou trois individus.

	Seules	Par deux	Par trois	De nouveau seules
Temps pour se mettre au travail	192 min.	28 min.	33 min.	160 min.
Terre extraite par fourmi	232 gr.	765 gr.	728 gr.	182 gr.

Dans le même esprit, F. H. Allport, en 1920, avait fait avec des sujets humains des expériences sur six séries de tâches, en situation individuelle d'abord et à plusieurs ensuite. Pour les différentes tâches, la performance était plus élevée en situation de groupe, sauf dans le cas d'une résolution de problèmes. Pour lui, les actes d'un individu sont facilités par la présence d'individus qui exécutent les mêmes tâches.

D'autres études ont montré en revanche que la coaction peut aussi déboucher sur une relative inhibition dans les situations d'apprentissage et qu'elle n'est stimulante que dans des réalisations de tâches connues et pour une durée déterminée. A cette occasion, on a pu mesurer que l'apprentissage est plus rapide pour le second partenaire lorsque le premier sait, car il sert de modèle. Ce qui a fait dire à R.B. Zajonc (6) psycho-sociologue américain : « La coaction, comme la présence d'un public, augmente la performance et entrave l'apprentissage. »

Action

Ces découvertes sont utiles pour le manager, qui dispose avec la coaction d'un outil démultipliant le résultat (dans certaines conditions) tout en améliorant la cohésion par les effets de l'action elle-même. C'est un moyen qui, dans un temps déterminé et sur des objectifs à court terme, permet une stimulation réciproque des partenaires. Elle ne doit cependant pas être utilisée en l'absence d'une pression externe ou d'une bonne mobilisation car elle peut présenter à terme un effet inverse de diminution de la contribution individuelle.

4.2. L'intérêt pour la tâche et l'intérêt pour le groupe

Les groupes humains se constituent pour raison d'affinités ou pour mener des actions en commun. Afin d'imager la différence, prenons l'exemple d'un groupe d'amis et d'un conseil de copropriété. L'intérêt d'un groupe d'amis se porte sur lui-même, sur ses membres. Les activités y sont de nature à entretenir la relation, à se procurer du plaisir ou de la reconnaissance et à se porter assistance. Ce type de groupe est centré sur lui-même avec comme but de développer de la convivialité et de préserver son existence. Un conseil de copropriétaires en revanche est centré sur une tâche précise. Les relations entre les personnes y sont essentiellement limitées à la finalité : gérer le patrimoine commun. Toute la vie de ce regroupement est réglée par les obligations de la tâche : assemblée générale, commission de surveillance, obligations légales et réglementaires.

Ces deux exemples mettent en évidence deux catégories de groupes, selon qu'ils sont centrés sur la tâche ou sur le groupe. En général, les groupes humains fonctionnent soit sur l'un, soit sur l'autre. Ce n'est pas le cas des équipes qui, elles, ont la particularité d'articuler à la fois l'un et l'autre et de les lier de façon étroite. Sans aller jusqu'à partager leur vie privée, les membres d'une équipe ont un mode de relation qui repose réellement sur les dimensions personnelles. Pour atteindre leurs objectifs et se concentrer ensemble sur la tâche, les équipes ont besoin de cultiver une forme de proximité entre leurs membres et de s'intéresser à la vie du groupe. C'est cette conjugaison de deux modes de fonctionnement qui fait leur spécificité et produit leur dynamisme.

4.3. L'effet dynamique

Repère ▶ De ce qui précède, il ressort qu'une équipe, pour bien fonctionner, doit être managée sur deux plans. Nous allons voir qu'il y a un effet de synergie entre les deux.

▶▶▶▶

Dans toute situation humaine, qu'il s'agisse d'un groupe ou d'une relation, coexistent toujours deux niveaux qui correspondent aux deux centrations possibles évoquées précédemment. La tâche procède d'un aspect objectif, facilement constatable. C'est une action matérielle, mesurable et définie, tel le contenu d'un entretien, l'ordre du jour d'une réunion ou la décision à prendre. C'est le « processus objectif ».

EFFET DYNAMIQUE = PROCESSUS OBJECTIF X PROCESSUS SUBJECTIF

	PROCESSUS OBJECTIF ↕	PROCESSUS SUBJECTIF ↕
	Tâche à effectuer Objectif explicite Communication verbale	Ambiance, climat Mode de relations Réactions affectives Influence du contexte Communication non verbale

SCHÉMA DE L'EFFET DYNAMIQUE

L'effet dynamique articule deux niveaux, celui du processus objectif et celui du processus subjectif

L'autre centration, celle qui se porte sur le groupe et les personnes qui le composent, appartient au « processus subjectif ». Plus subtil, il recouvre les sentiments, les relations personnelles et l'influence du contexte. Il consiste en un ensemble de phénomènes affectifs qui influent sur l'action elle-même, mais de façon non rationnelle. C'est l'aspect subjectif, celui qui concerne le niveau des personnes et du groupe. Par exemple, les participants à une réunion se sentent encouragés, sont contents de se retrouver, ou bien les communications sont mal préparées et ils ont l'impression de perdre leur temps, etc.

Ces deux courants, l'objectif et le subjectif, constituent « l'effet dynamique ». Dans une réunion portant sur la qualité de la fabrication (processus objectif), plusieurs collaborateurs d'un service en réorganisation sont inquiets, sans le dire, sur leur avenir (processus subjectif). La réunion porte sur un sujet clair et précis mais les participants ont la tête ailleurs. Si le manager ne prend pas en compte ce niveau subjectif, dû au contexte, il aura les plus grandes difficultés à mobiliser son équipe sur l'ordre du jour.

Expérience et travaux

Cette partition en deux niveaux a fréquemment été évoquée. A la suite des travaux de Thomas en 1923, le psychanalyste anglais W.R. Bion avait mis cette différence en évidence en 1961, à partir de ses travaux de réadaptation d'anciens prisonniers de guerre. « Tout groupe qui se réunit pour accomplir une tâche, manifeste une activité de travail, c'est-à-dire un fonctionnement mental destiné à faire progresser cette tâche. Les recherches montrent qu'il est parfois gêné, parfois aidé dans ses intentions par des forces affectives... » (7). De leur côté R. Blake et J. Mouton (8) ont élaboré leur théorie du management à partir de cette dualité. Dans un tout autre domaine, celui de la communication interpersonnelle, l'analyse systémique a mis en évidence deux catégories de message dans toute transaction interpersonnelle : ce qui est dit d'une part[1] et ce qui est communiqué d'autre part[2].

Nous émettons en effet nos messages à deux niveaux, celui des mots, de la construction sémantique, et celui du corps, des intonations, des comportements et des attitudes. Les messages émis par chacun de ces deux niveaux peuvent être complémentaires, contradictoires ou symétriques.

Lorsqu'un manager, par exemple, salue son collaborateur, il peut avec le même discours de salutation, avec les mêmes phrases, avoir trois attitudes :

- serrer la main en échangeant un regard. Il a une attitude symétrique à son message explicite.
- serrer la main chaleureusement en échangeant un regard. Il renforce son discours par une attitude complémentaire signifiant son réel plaisir et son estime.
- serrer la main en regardant ailleurs. Il démontre une attitude différente de son discours et émet un autre message, contradictoire.

1. Processus objectif.
2. Processus subjectif

> On perçoit à travers ces exemples l'importance du processus subjectif, qui donne autant d'indications sinon plus que le contenu « Comment ça va ? » dans la perception qu'a le destinataire.

La variété des éléments qui composent le « processus subjectif » est beaucoup plus vaste que celle du « processus objectif ». Le contexte extérieur, l'ambiance, la mobilisation des participants, le style de management, le type de participation ou la relation entre les personnes sont quelques-uns seulement des éléments qui relèvent de la logique subjective. En fait, le processus subjectif regroupe deux catégories de réactions, les unes liées aux sensations et aux sentiments des individus ou du groupe et les autres au contexte. La première catégorie tient aux besoins ou désirs des participants et aux relations internes :

- motivation individuelle des participants,
- relation entre les personnes, degré de proximité,
- état physique, besoins physiologiques,
- réactions à l'attitude de la personne dominante,
- perception du sens de l'action.

Le second type de réactions se fait jour en fonction du cadre de l'action et de son contexte général :

- la préparation,
- l'organisation et la logistique,
- la qualité de l'espace,
- le niveau de « fédération » (sentiment d'appartenance à l'entreprise),
- les habitudes « maison ».

Dans une réunion, le processus subjectif est particulièrement perceptible. Il peut rendre la réunion monotone ou vivante, laborieuse ou productive, inutile ou utile.

Chaque collaborateur fonctionne, consciemment ou non, selon le processus subjectif. Si celui-ci n'est pas pris en compte, le collaborateur ne se sent pas considéré. La méconnaissance par le manager de la dimension subjective joue directement sur le degré d'engagement des équipiers et peut réduire de moitié l'efficacité d'une équipe en déclenchant passivité ou rébellion. Nombre de comportements d'opposition, d'individualisme ou de rétention n'ont comme objectif que de compenser cette absence de « lien » dans l'entreprise.

Le management de « l'effet dynamique » développe la productivité et l'efficacité de l'action, parce qu'il s'attache continuellement à l'état de la mobilisation des équipiers. L'animation d'une équipe au travers du processus subjectif est, paradoxalement, un principe de performance.

L'essentiel

A) L'équipe est une configuration spécifique, distincte dans ses objectifs et ses modes de fonctionnement d'un service, d'un comité ou d'une commission. Elle est utilisée pour des enjeux importants et conçue pour réagir à des aléas. A la fois unique et diversifiée dans sa constitution, elle répond à des enjeux ambitieux. Efficace pour atteindre un objectif, elle constitue également un espace exceptionnel pour le développement de la compétence personnelle de ses membres.

B) C'est un système à décideurs multiples, c'est-à-dire un ensemble composé d'éléments en interaction, de telle façon que toute action de l'un agit sur l'ensemble des autres. Ses éléments sont au nombre de quatre : le chef, le groupe d'équipiers, les pratiques communes et l'objectif.

C) Elle est caractérisée par des flux qui interagissent entre ses différents éléments. Ce sont :
- la cohésion humaine,
- la cohésion technique,
- les influences de pouvoir et les compétences,
- les informations.

.../...

.../...

D) Elle répond à trois principes :
- le principe d'unicité : unité de projet, unité de pratiques, unité d'appartenance,
- le principe de diversité : constituée d'éléments diversifiés elle est organisée pour répondre à des situations diverses et aléatoires,
- le principe de finalité : elle vise toujours un objectif.

E) L'effet dynamique est le propre d'une équipe. Il résulte de ce qu'elle est centrée à la fois sur la tâche et sur le groupe des équipiers. Cet effet dynamique provient de la conjonction de plusieurs facteurs qui renforcent réciproquement leur action. Ils ressortent du processus subjectif (lié au climat) et du processus objectif (lié aux aspects pratiques et concrets).

F) Enfin l'équipe est par excellence le lieu de la coaction, action à plusieurs dénommée effet Chen, qui, dans certaines circonstances, démultiplie l'efficacité.

Deuxième chapitre

Collaborateur ou équipier ?

Il y a autant de façons d'être équipier que d'équipiers. Cependant, comme nombre de collaborateurs n'ont jamais demandé à le devenir, ils n'en cultivent pas tous les qualités. C'est alors au manager de les faire devenir acteurs du développement de l'esprit d'équipe.

La coexistence d'une communauté de personnes et la nécessité d'un fonctionnement unitaire posent plusieurs questions de management : à quelles conditions un individu accepte-t-il de se fondre dans un tout ? Quels facteurs déclenchent son engagement ? Quelles qualités lui sont nécessaires pour collaborer efficacement ?

Repère ▶ Une partie de notre propos est de démontrer que c'est la dynamique qui constitue l'équipe. Un vrai manager d'équipe sait trouver les moyens d'inclure un collaborateur, quelles que soient ses qualités, dans un mode de fonctionnement pluriel. Pour cela, il s'appuie sur des concepts managériaux qui touchent à la motivation et à l'énergie, au partage des rôles et à la concertation.

Ce chapitre traite des besoins de l'équipier, de sa motivation, de ses qualités et des différents rôles. C'est ensuite l'occasion d'étudier les phénomènes liés à l'appartenance. ▶▶▶▶

1. Les qualités d'équipier

Il n'est pas indispensable pour être équipier d'avoir des qualités charismatiques particulières, mais il serait inconcevable de ne pouvoir accepter d'autres façons de faire que la sienne ou de ne pas se rendre suffisamment coopératif.

Un équipier doit avoir à la fois le sens de l'autre et celui de l'efficacité collective. Le sens de l'autre, c'est savoir l'écouter, le gratifier et lui offrir du support ; tolérant et assuré, l'équipier se montre proche et il fonctionne dans une attitude ouverte bien que non dépourvue d'exigence. Il a compris l'utilité des règles. Membre de l'équipe, il connaît le rôle de chacun et en tient compte pour informer, se coordonner et décider.

QUALITÉS DE L'ÉQUIPIER

AUTONOMIE :

Tenir sa place
Garder le sens de la responsabilité individuelle

ACCEPTATION D'AUTRUI :

Développer sa compétence sociale (responsabilité humaine vis-à-vis d'autrui)
Rester tolérant face aux limites des autres

SENS DE LA COOPÉRATION :

Exercer la coresponsabilité
Oser une attitude gagnant-gagnant

RECONNAISSANCE DES AUTRES POUVOIRS :

Allégeance continue à autrui (humilité)
Respect des règles communes

SENS DE L'OBJECTIF :

Maintenir continuellement un comportement focalisé sur l'objectif

Ce portrait idéal pourrait dispenser le manager de tout savoir-faire managérial ! Comme ce n'est pas le cas général, il lui appartient de cerner les ressorts de l'intégration, de la mobilisation et de la concertation.

2. Attitudes et rôles opératoires

La qualité d'une équipe est fonction des compétences professionnelles de ses membres et de leur « compétence sociale », c'est-à-dire leur aptitude à opérer avec les autres.

Professionnelles ou sociales, ces compétences sont des conditions nécessaires mais non suffisantes pour « faire équipe ». Il faut y promouvoir la cohésion. On ne peut pas faire équipe passivement. Cette volonté implique deux conditions : se sentir sûr de soi et avoir vis-à-vis des autres des attitudes de confiance.

Nous avons vu précédemment que, dans l'effet dynamique, le processus subjectif surdétermine le processus objectif. Il en est de même pour l'équipier : ses attitudes profondes influent sur la mise en œuvre de ses rôles.

Pour décrire la chaîne de conséquences, qui se décline des sentiments aux rôles en passant par les attitudes et les comportements, il faut repréciser rapidemment ces notions. Le rôle est un comportement attendu, lié à la fonction, à la situation ou au statut. Mais le comportement n'est pas que la mise en œuvre d'un rôle, il résulte aussi d'une attitude interne de la personne, attitude dictée par ses sentiments et ses opinions. Dans une réunion de l'équipe de direction, on attend du directeur financier (fonction) qu'il pense les décisions prises en termes économiques (rôle) ; il le fait (comportement) à partir d'une attitude... (traduisant des sentiments et opinions). Voyons comment attitudes et rôles s'articulent.

2.1. Les attitudes d'équipiers

Les sentiments qu'il porte aux autres influencent les attitudes internes de l'équipier et surdéterminent ses comportements selon un axe qui va de la coopération à l'opposition. Ces attitudes personnelles sont l'expression de ce qu'il ressent vis-à-vis des autres et de lui-même. On distingue, de façon très schématique, deux catégories de sentiments. Soit un individu est dans de bonnes dispositions et a une bonne opinion de lui ; ou bien il est dans un état d'esprit négatif, se dévalorise et se sent réservé, voire hostile. Dans le premier cas, il se sentira bien intégré à l'équipe, aura de l'estime pour ses coéquipiers et souhaitera coopération et partage ; dans le second cas il éprouvera un sentiment d'infériorité et adoptera une attitude distante.

Le tableau suivant, à l'exemple des positions de vie en Analyse Transactionnelle, illustre la façon dont les comportements et les rôles résultent de la valeur d'estime attribuée par l'équipier à lui-même, à son chef et aux autres.

Estime de Soi	Estime pour l'équipe	Estime pour le leader	Attitudes résultantes
+	+	+	Mobilisation et coopération optimale.
+	-	+	Forte mobilisation personnelle et recherche de la préférence du chef.
+	-	-	Fonctionnement individualiste. Pas d'intérêt pour la cohésion.
+	+	-	Recherche de l'exercice du pouvoir sur l'équipe. Renforce la cohésion.
-	-	+	A besoin d'être soutenu. Ne coopère pas. Agit par sens du devoir.
-	+	+	Position personnelle dépressive. Besoin continuel de stimulations.
-	-	-	Forte passivité, ou comportements rebelles d'entrave.

TABLEAU DES ATTITUDES D'ÉQUIPIERS

Ce tableau ne mentionne que les cas les plus fréquemment rencontrés.

Il permet une analyse du positionnement des équipiers mais ne constitue qu'une indication : il doit être utilisé avec discernement car ces différentes attitudes peuvent n'être que passagères ou circonstancielles.

Soulignons que le facteur d'estime de soi est déterminant. Il est à la base du positionnement interne de la personne. S'il fait défaut, les autres valeurs d'estime s'en trouvent affaiblies.

2.2. Les rôles opératoires

Plusieurs auteurs ont mis en évidence les différences de comportements des individus dans des groupes. En 1950, Bales décrivait douze catégories de comportements en réunion.

Bien que remises en question par lui-même depuis, elles se révèlent utiles pour se donner des repères[1].

1. A partir des comportements observables dans les groupes de réunion-discussion, Bales a catégorisé douze types d'interactions possibles.

Zone socio-affective positive	1	Fait preuve de solidarité, valorise.
	2	Détend l'atmosphère, fait rire.
	3	Approuve, comprend.
Zone des tâches opératoires	4	Donne des directives.
	5	Donne son opinion.
	6	Clarifie, résume.
	7	Demande information ou confirmation.
	8	Demande une opinion.
	9	Demande des directives.
Zone socio-affective négative	10	Refuse, désapprouve.
	11	Manifeste une tension, se retire.
	12	Montre de l'agressivité, s'oppose.

Ces rôles sont classés en trois zones. Deux d'entre elles sont de l'ordre des sentiments, positifs pour l'une et négatifs pour l'autre. Une troisième zone d'attitude concerne la tâche. Le tableau ci-dessus classe des catégories de rôles et de comportements observables dans un groupe, avec comme objectif de faciliter à l'animateur leur identification. Sans figer des personnes dans des comportements habituels (une même personne peut passer de l'un à l'autre), il s'agit de saisir les grandes tendances qui opèrent dans une réunion.

Expérience et travaux

Christophe Midler, dans son livre *L'auto qui n'existait pas* (1) relate l'expérience de l'équipe qui, chez Renault, a développé la Twingo. Voici comment il parle des rôles : « L'une des difficultés (...), c'est de maintenir l'équilibre entre le volontarisme mobilisateur et le réalisme vigilant. Lors des réunions de suivi, il s'était établi entre nous assez naturellement une division des rôles en fonction de nos aptitudes mutuelles à les tenir : je jouais le plus souvent le volontariste, et le chef de projet études était là pour s'assurer que la précision et le réalisme des débats n'en souffraient pas trop ».

Les rôles opératoires qu'il cite établissent un équilibre de fonctionnement et confèrent à l'équipe une sorte de « personnalité ». On voit dans cet exemple comment s'établit une complémentarité entre des participants.

Chaque manager sait profiter de telles complémentarités lorsqu'elles opèrent sous ses yeux. Mais comment les faire jouer pour s'assurer d'une équipe équilibrée et vivante ? Si on ne manque jamais d'organiser son équipe à partir des rôles fonctionnels, en revanche on oublie souvent de la composer à partir des exigences de la performance et des nécessités de la qualité de vie d'équipe. Il est dans certains cas plus important d'avoir un brain trust qui soit un véritable support du directeur plutôt qu'un groupe de représentants de chaque fonction. D'où l'intérêt de dégager des « modes opératoires » qui concourent à constituer et à faire vivre l'équipe.

Un rôle opératoire est une façon préférentielle pour aborder la réalité. Face à une situation, chacun a ses réflexes habituels. D'aucuns penchent systématiquement pour l'aspect humain, d'autres envisagent plus volontiers l'aspect technique. D'autres prennent en considération la gestion, la conservation, d'autres encore appréhenderont l'organisation ou l'innovation. Ces préférences les conduisent à des rôles opératoires dans l'équipe permettant ainsi une complémentarité. Ces rôles sont à distinguer des styles personnels, comme actif, introverti, créatif, analytique, etc., qui sont des caractéristiques de la

1. Voir note ci-contre page 39.

personne, des façons dont elle tient ses rôles. Ces différents styles peuvent s'exercer sur différents rôles opératoires. Par exemple un rôle opératoire de contrôle peut être tenu selon un style flexible ou rigide[1].

Ces rôles opératoires sont encore distincts des rôles opérationnels ou fonctionnels des membres, tels que le marketing, le commercial, la qualité ou tout autre spécialisation liée aux métiers. Les rôles opératoires sont nombreux. On peut citer la promotion, la relation, la conservation, l'organisation, le contrôle, le pragmatisme, l'analyse, l'innovation, etc... Une équipe doit être construite à la fois en fonction de ces rôles opératoires et des nécessités de l'objectif.

Pour s'exercer, ces modes opératoires se fondent sur des qualités individuelles de quelques équipiers ou sur des pratiques communes. Ainsi le mode opératoire « Innovation » peut être détenu par une personne dont la qualité créative lui fait assumer ce rôle dans l'équipe, ou bien il peut être exercé par tous par le biais d'une pratique de brainstorming.

---

1. C. Margerison et D. McCann, à la suite des travaux de C. Jung et de ceux de Myers-Briggs (2), ont établit huit rôles préférentiels. Ils ont été dégagés, à la fois, de quatre domaines principaux qui constituent la base des comportements professionnels (explorer, contrôler, organiser, conseiller) et autour de quatre axes d'attitudes préférentielles des individus (extraverti ou introverti, pratique ou créatif, analytique ou intuitif, structuré ou flexible). Cela permet d'analyser la capacité et l'équilibre d'une équipe, non pas à partir des personnes elles-mêmes mais à partir d'aptitudes clés qui pourraient la composer : innovation, promotion, développement, organisation, production, inspection, maintien, conseil, innovation et coordination.
   1. l'explorateur-promoteur, qui « excelle à faire surgir les idées et à déclencher l'enthousiasme de ses interlocuteurs » ;
   2. L'évaluateur-développeur, qui « se consacre à la recherche des moyens qui permettront de mettre en pratique une idée » ;
   3. le propulseur-organisateur, qui « assure la réalisation des choses » ;
   4. le finalisateur-producteur, qui « met sa fierté à fournir un produit ou un service conforme à une norme » ;
   5. le contrôleur-inspecteur, qui « aime exécuter des travaux détaillés et vérifier que les faits et les chiffres soient tous corrects » ;
   6. le supporter-mainteneur, qui « apporte la stabilité et a des convictions très fermes sur la façon dont les choses doivent être faites » ;
   7. l'informateur-conseiller, qui « est habile à générer l'information et à la rassembler de telle sorte qu'elle soit compréhensible » ;
   8. le créateur-innovateur, qui « regorge d'idées propres à bouleverser et remettre en cause les procédures existantes ».

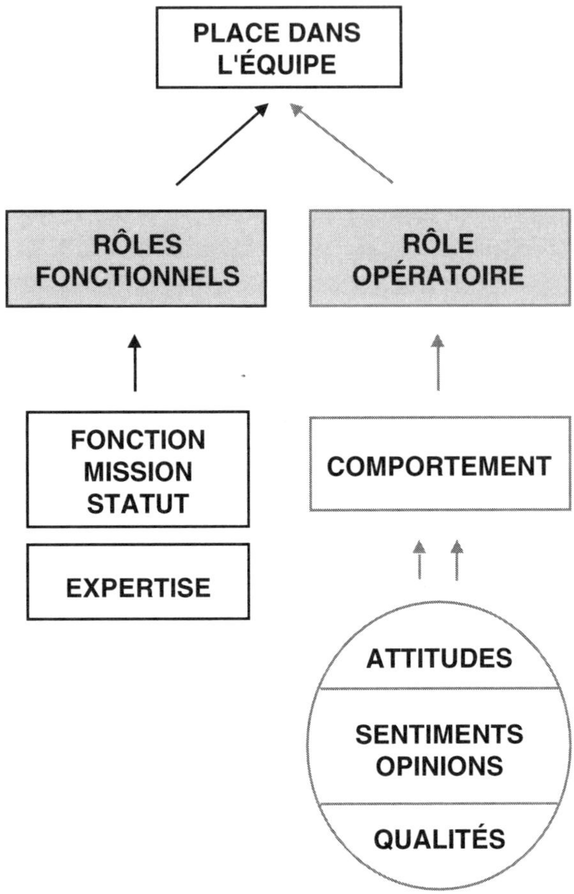

LES DÉTERMINANTS DES DIFFÉRENTS TYPES DE RÔLES

Chaque équipier, en tant que personne, a des préférences, des qualités sociales et des attitudes dues à ses sentiments et opinions. Ces derniers provoquent des comportements qui entraînent une façon de tenir ses rôles opérationnels et opératoires selon sa fonction, sa mission ou son statut.

3. L'appartenance et la différenciation

3.1. Le désir d'appartenance

L'appartenance sociale est une aspiration essentielle de l'homme. Elle lui procure un effet de reconnaissance et constitue un élément de son identité : « Je suis ingénieur de telle école, membre de l'équipe de direction de telle entreprise et président du club de tennis, j'ai deux enfants, etc. » L'appartenance est le signe d'un lien humain et d'une place parmi les autres. L'intégration dans une équipe répond à ce désir.

Plus l'équipier se sent intégré, plus l'équipe contribue à son identité. De nombreux auteurs qui ont étudié les équipes d'entreprise soulignent la nécessité de constituer autour d'elles une forme d'enveloppe qui matérialise leur existence et distingue le « hors-équipe » et « l'intra-équipe », de façon à opérer une différence entre ceux qui en sont membres et ceux qui n'en sont pas. Pour qu'il y ait effet d'équipe, il faut qu'il y ait une certitude d'intégration à l'équipe. L'appartenance à une même équipe doit se manifester concrètement. Les équipes soudées développent d'elles-mêmes des signes qui marquent leur communauté et leur unité : rites, ressemblance vestimentaire, code de langage, similitudes de comportements, etc.

Il faut à l'équipe un espace à elle, une place qui la représente physiquement comme entité. Cela peut être une salle ou un espace spécial, même limité, l'agencement des bureaux ou un panneau.

> Dans certaines usines du groupe Philips, les équipes semi-autonomes de production disposent chacune d'un espace de réunion en bout de ligne, aménagé par elles-mêmes. Il symbolise l'équipe et manifeste concrètement la nécessité de se réunir pour assurer la réflexion sur la qualité, la production et la coordination du travail. L'un de ces espaces était particulièrement bien agencé par de grands dessins, expressifs et vivants, qui créaient une sorte de décor. En interrogeant les équipiers sur la raison de tant de décoration, on a découvert que l'un des membres, un peu à l'écart parce que sourd et muet, était l'auteur des dessins. Ceux-ci étaient devenus pour le groupe un élément de leur identité collective et pour l'équipier sourd-muet le signe incontestable de son appartenance !

Comme tout ce qui concerne l'équipe, l'appartenance se joue à deux niveaux : l'un affectif et relationnel, qui ressort du processus subjectif, et l'autre fonctionnel. Un équipier reconnu comme quelqu'un avec qui « on se sent bien » tient une place auprès des autres, place distincte de son rôle professionnel. Ainsi il joue son appartenance sur deux tableaux : d'une part il a une place opérationnelle spécifique, d'autre part il marque la vie et l'ambiance de l'équipe de son style. Si le sentiment d'appartenance est fort, les espaces d'interdépendance seront mieux acceptés. Si ce sentiment est faible, la place opérationnelle devra être plus marquée pour que la part d'identification qui ne passe pas au niveau humain passe au niveau opérationnel.

3.2. Le besoin de différenciation

L'appartenance a ses limites ! Jusqu'où un individu accepte-t-il de se fondre dans un groupe sans craindre de s'y perdre ou de devenir anonyme ? La réponse est simple et paradoxale : il s'intègre à condition de rester « différencié ». Dans une équipe, on accepte les obligations consécutives à l'appartenance d'autant plus aisément que la différenciation de soi par rapport aux autres y est préservée.

Pour y parvenir, l'individu utilise tous les facteurs qui peuvent contribuer à le démarquer : le statut, la place, l'objectif individuel, le niveau de responsabilité, l'influence personnelle, l'expertise... tous ces éléments concourent à cette indispensable différenciation. Comme dans une famille où le patronyme signe l'appartenance et le prénom la différenciation.

Deux facteurs poussent l'équipier à compenser sa participation au groupe par l'affirmation de son identité. D'une part l'immersion dans une équipe a tendance à décentrer l'individu de lui-même pour le concentrer sur les autres, d'autre part la pression du collectif tend à lisser les comportements émergents. Il y a donc une forme de nécessité à renforcer ses points d'ancrage personnels pour faire contrepoids aux contraintes de l'interdépendance, du rythme collectif ou de la subordination. L'affirmation de son identité représente un premier moyen pour satisfaire par soi-même le besoin de différenciation. Le statut en est un second. Il en est d'autres, sociaux ou matériels comme la taille et l'emplacement du bureau, le niveau de salaire, la sophistication du matériel utilisé. Ces moyens de différenciation sont nombreux au sein de l'équipe : les rôles, les postes et les talents constituent aussi des moyens naturels pour se positionner différemment des autres. Si, dans des équipes métiers où les tâches sont analogues de l'un à l'autre, les équipiers ne trouvent pas de discrimination suffisante, la personnalité de chacun y pourvoit en devenant ce facteur d'individuation : l'un est joueur, l'autre est chaleureux, un troisième persévérant dans l'action, etc. Autant de caractéristiques personnelles qui permettent d'exister aux yeux des autres.

On entend souvent dire qu'il est important pour le fonctionnement en équipe que chacun connaisse bien sa mission. C'est autant pour une raison de coordination que parce que le rôle tenu présente l'avantage de distinguer et d'inclure à la fois. En fait, la plupart des situations de la vie sont utilisées pour satisfaire ces deux besoins. Dans une équipe de football, celui qui marque un but, en même temps qu'il se distingue, voit son appartenance renforcée par la reconnaissance qu'il reçoit des autres. Son action lui a donné l'occasion de se distinguer, de « sortir du lot », en même temps qu'elle a renforcé la manifestation de son appartenance à l'équipe.

C'est un des grands avantages de l'équipe que de fournir cette combinaison du « je » qui différencie et du « nous » qui réunit. Ainsi elle répond à la contradiction qu'elle pose entre le désir d'appartenir et le besoin d'individualité. Pour se rendre attrayante, elle concilie ces deux pôles en les satisfaisant l'un et l'autre. Ce paradoxe est profond puisque, plus curieusement encore, l'engagement tend à augmenter proportionnellement au niveau de différenciation.

Action

Le manager qui veut hisser son équipe à un niveau de haute performance doit savoir nommer les différences, les talents et les avantages que chacun présente pour tous.

Voici un exemple de ce dont était capable en terme de différenciation Aimé Jacquet, entraîneur de l'équipe de France de football, (3) : « Lizarazu... le type même de l'arrière moderne, intraitable dans son rôle défensif où sa puissance et sa vitesse font la loi, mais aussi jaillissant, toujours en mouvement, prêt à aller de l'avant, à créer le surnombre... » « Dessailly, ce grand solitaire, sert le collectif sans se l'imposer. Naturellement. (...) Ses analyses du jeu sont d'une justesse et d'une pertinence rare. » « Deschamps, au départ il n'a pas d'atouts exceptionnels. Mais il est né pour le jeu, pour la compétition. Comme un aimant qui attire, qui rassemble, qui mobilise les énergies.

> Sa maturité dans le jeu, son génie du placement et de la récupération, son abattage... » « Barthez, il vole, il plane comme un extraterrestre (...) ; sa seule présence dans la cage suffit à mettre les attaquants adverses en position d'infériorité... »
>
> Bel exemple d'une capacité de différenciation motivante pour les membres d'une équipe.

3.3. Les phénomènes d'équipe liés aux besoins d'appartenance et de différenciation

Désir d'appartenance et besoin de différenciation ont une telle prégnance qu'ils donnent lieu à des phénomènes d'équipe qu'il convient de connaître pour les prévenir ou les déjouer. Ils ne sont pas l'apanage des équipes, mais c'est en leur sein qu'ils ont le plus d'impact sur le groupe.

Le besoin de différenciation est d'une telle nécessité pour certains que les contorsions pour l'obtenir peuvent parfois aller jusqu'à nuire à la qualité de la cohésion. Ces phénomènes de recherche d'attention, de lutte pour la préférence ou de compétition intra-équipe sont mus soit par des raisons psychologiques personnelles, soit par compensation d'une déficience managériale.

a) La recherche d'attention

Le souhait de recevoir d'autrui un minimum d'attention est constant chez chacun. Pour obtenir ces instants d'attention, pour « se faire remarquer », les procédés sont innombrables : prendre la parole ou le leadership, occuper le centre, favoriser l'harmonie, apporter des informations nouvelles, ou encore régler les problèmes matériels, provoquer, faire rire, etc. Chacun s'arrange avec ce qu'il a pour devenir à l'occasion le « centre d'attention ». Par des voies positives souvent, négatives parfois. Les premières font progresser vers le résultat mais pas les secondes. « Tout comportement individuel positif par rapport au succès commun procure à son auteur une approbation groupale et un ralliement général qui est source de satisfaction intime », écrit R. Mucchielli (4). Les secondes sont négatives par rapport au résultat mais répondent au même besoin d'attention : s'opposer, transgresser, engendrer un conflit poursuivent tous trois cet objectif personnel d'attention.

Lorsque dans l'équipe il n'y a pas assez de feed-back ou de gratification, le besoin de reconnaissance, incontournable, emprunte des voies détournées pour obtenir satisfaction. Si le manager ne présente pas cette qualité de présence à ses collaborateurs, les comportements de recherche d'attention vont augmenter dans un premier temps puis seront ensuite remplacés par des comportements compensatoires permettant à l'individu de gérer sa frustration en allant s'investir ailleurs ou en « ne faisant que le minimum ».

b) La lutte pour la préférence

La lutte pour la préférence est un mode spécifique du précédent phénomène. Elle consiste à tenter d'être préferé du chef. Ce comportement se fait aux dépens des autres et ne manque pas d'induire une forme de jalousie qui, pour être discrète, n'en est pas moins dévastatrice pour l'esprit d'équipe.
Cette lutte pour la préférence peut aussi résulter d'une pratique managériale lorsque le manager cherche à asseoir son pouvoir sur une division de l'équipe, pensant provoquer une émulation. Il introduit en fait une compétition interne qui atteint la structure affective de l'équipe. Ainsi encouragées, les concurrences individuelles empêchent toute véritable cohésion.

c) L'effet *primus inter pares* (P.I.P.)

L'effet P.I.P. *primus inter pares* (le premier parmi les égaux), mis en évidence par J.-P. Codol (5), est un moyen particulièrement astucieux pour manifester sa différence en conciliant la conformité aux normes de l'équipe et la manifestation de son individualité. Il s'agit de se démarquer par le haut en étant le plus conforme aux normes de l'équipe, en étant le meilleur. L'équipier « P.I.P. » obtient de cette façon la reconnaissance par ses pairs et par son chef tout en maîtrisant sa différenciation par occupation d'une place unique et en vue. « Le conflit qui résulte du désir de plaire et de la détermination de protéger sa singularité peut pousser l'individu vers la recherche simultanée du conformisme et de la différence. Il manifestera une conformité supérieure (...), qui consiste à se valoriser par rapport aux normes en vigueur dans un ensemble social, en s'attribuant les caractéristiques valorisées positivement et en se décrivant comme plus conforme aux normes requises. (...) La conformité supérieure de soi pour le punk est de considérer sa crête plus " destroy " que celle des autres membres de sa bande, l'homme de publicité fera preuve d'une imagination plus débordante que celle de ses collègues, le mannequin se percevra comme ayant le petit plus nécessaire pour bien représenter les couleurs de sa maison de couture. » Dans une équipe, ce comportement peut apparaître utile pour le manager mais se révèle en fait dangereux pour la cohésion du groupe. Cette forme de la recherche d'attention, plus subtile que les précédentes, révèle également un manque de valorisation des équipiers en même temps qu'elle implique des rivalités internes sourdes qu'il est préférable de traiter.

d) Les comportements compensatoires

Dans certaines équipes dont le management est très contraignant et le manager peu attentif aux collaborateurs, la recherche de différenciation se poursuit sur un mode négatif ou passif. Des comportements de compensation, destinés à restituer à l'équipier le sentiment de son autonomie, s'y développent. Il cherche à contrebalancer ainsi une conformisation trop forte par renforcement de son individualité. Les comportements compensatoires sont des réactions à une situation subie et mal ressentie. Leur nature est oppositionnelle. Issus d'attitudes contre-dépendantes, les comportements compensatoires sont nombreux : antagonisme, moindre mobilisation, préservation de ses degrés de liberté, prise de distance, recherche d'appartenance externe, etc. Cette réponse à une emprise sans contrepartie correspond à ce que Michel Crozier appelle un comportement stratégique. Celui-ci se construit à partir de l'espace personnel, qu'aucune institution ne peut pénétrer. « Une situation organisationnelle donnée ne contraint jamais totalement un acteur. Celui-ci garde toujours une marge de liberté et de négociation », écrit-il.

e) L'effet Ringelman

1 + 1 = 3 ou 1 + 1 = 1 ?

L'effet Ringelman, l'un des plus importants pour l'efficacité du travail en groupe, traduit un phénomène constaté : la diminution de la contribution individuelle lorsque la taille d'un groupe augmente.

Il est courant de penser qu'une équipe déploie de fait plus d'énergie qu'un groupe de travail réunissant des personnes qui n'ont que peu de lien entre elles.

Expérience et travaux

Un psychologue du travail allemand, Ringelman, fit en 1935 l'expérience suivante : il proposa à des volontaires de tirer sur une corde, d'abord seuls, puis à deux, puis à trois, etc. Lui mesurait les tractions exercées. En voici les résultats. Une personne tirait une charge moyenne de 63 kg ; à deux elles tiraient 118 kg (soit 59 kg par personne), à trois 160 kg (soit 53 kg par personne). Un groupe de huit personnes aurait dû tirer 504 kg (par addition des résultats individuels) mais n'en tirait en fait que 248 kg (soit 31 kg par personne). En poursuivant cette expérience, il mesura que la contribution baissait chaque fois qu'il ajoutait une personne et cela jusqu'à un plancher de 31 kg.

La production était donc au total plus importante mais la contribution individuelle baissait. Après analyse de l'expérience, on s'aperçoit que cette baisse est due à deux phénomènes qui combinent leurs effets : la difficulté de coordonner les efforts d'un plus grand nombre de personnes et la déperdition d'investissement de chacun lorsque croît le nombre de participants. Cette diminution de l'effort individuel, également appelé « social loafing », ou paresse sociale, a été mise en évidence dans une expérience de B. Latane. Celui-ci mesurait le niveau d'applaudissement par rapport à la taille des groupes de spectateurs. L'intensité d'applaudissement par individu baisse jusqu'à un plancher en fonction de l'accroissement du nombre des spectateurs (6).

D. Anzieu et J.-Y. Martin relatent (7) une expérience dans laquelle un rythme de groupe s'instaure de lui-même. Ils citent l'expérience de Coch et French, qui ont comparé les performances d'ouvrières de confection selon qu'elles travaillent en groupe ou seules.

> Lorsqu'elles travaillent en groupe, le nombre d'unités produites est de 46 à 56 selon les jours. Individuellement, elles produisent de 83 à 92 pièces, soit 80 % de plus qu'en groupe ! Le rythme collectif et la pression de conformité pèsent sur la cadence individuelle !

D'autres chercheurs comme A. G. Ingham en 1974, en reprenant l'expérience de Ringelman, ont montré que cette déperdition d'énergie était notamment due à la motivation. Les groupes qui servaient pour ces expériences n'étaient en rien des équipes mobilisées. On peut faire l'hypothèse qu'une partie de l'effet Ringelman provient du manque de cohésion du groupe et d'une motivation décroissante au fur et à mesure que la possibilité de différenciation individuelle décroît.

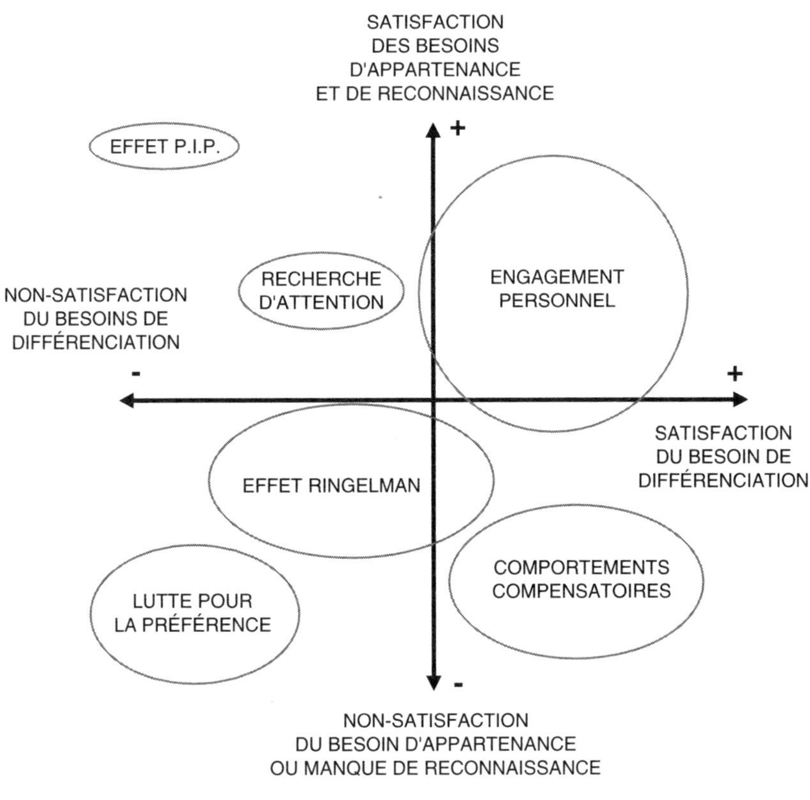

TABLEAU DES PHÉNOMÈNES DE GROUPE LIÉS À L'APPARTENANCE

Action

Dans une équipe animée, la mobilisation génère une production d'énergie qui contrecarre l'effet Ringelman. Si elle n'est pas animée, c'est le contraire !

4. Motivation et surmotivation dans l'équipe

Repère ▶ On ne peut parler d'équipe sans aborder la motivation. Elle y est souvent plus manifeste qu'ailleurs. L'équipe renforce les effets motivationnels, comme nous allons l'expliquer avec le concept de surmotivation. Auparavant il faut revenir sur certaines conceptions de la motivation qui ne rendent pas compte d'élans pulsionnels profonds. ▶▶▶▶

La motivation résulte de l'anticipation d'une satisfaction ; elle provient du sens que l'on peut donner à un acte, de l'avantage que l'on imagine en retirer. C'est un moteur qui conduit à la résolution d'un besoin ou à celle d'un désir. A l'image de l'inspire et de l'expire, suivis chacun d'un temps de suspension, le processus motivationnel évolue selon un cycle besoin-action-satisfaction-détente.

Les travaux de Maslow, en 1954 (8), ont mis en évidence cinq niveaux de motivation répondant à des besoins physiologiques, de sécurité, sociaux, de reconnaissance et de réalisation. Cette représentation de la motivation reposant sur la satisfaction des besoins ne rend pas assez compte d'autres phénomènes qui sont de puissants motivateurs, comme le désir, le plaisir ou la sublimation[1]. Ce concept ne fait pas une place suffisante à la dynamique pulsion-

1. A. Maslow a élaboré une théorie de la motivation qui repose sur une pyramide de besoins. Celle-ci s'étage en besoins physiologiques, besoins de sécurité, besoins sociaux, besoins de considération, de réalisation et enfin besoins spirituels. Pour Maslow, les besoins d'un niveau doivent être satisfaits pour que la personne accède au niveau supérieur de motivation. L'avantage essentiel que l'on peut retirer de cette analyse est la nécessité de répondre à des besoins minimaux (salaires, conditions de travail, sécurité) pour pouvoir envisager une motivation de nature supérieure.
Les critiques habituellement faites à ce concept ont trait à sa présentation universaliste : comment croire que chacun structurerait sa motivation selon la même hiérarchie de valeurs et de besoins ? La deuxième catégorie de critique vise la difficulté à expliquer les phénomènes de démotivation d'après cette représentation puisqu'il est peu imaginable que la démotivation soit le résultat d'une disparition des besoins.

nelle, si souvent à l'œuvre dans la vie professionnelle ou dans la démarche créative. Ce n'est pas la nécessité de satisfaire un besoin de sécurité ou de réalisation qui fait courir certains commerciaux mais bien plus un désir de « prendre » une affaire, de « casser » un concurrent ou de « conquérir » un marché. Pareillement c'est bien plus par désir que par besoin qu'un ingénieur fait de la recherche ou un créatif des maquettes.

Que l'on considère la motivation selon la définition de Maslow ou qu'on y ajoute la dimension du désir, on constate qu'il n'est jamais nécessaire de motiver des collaborateurs : sans motivation personnelle ils ne vivraient pas. Les affirmations maintes fois entendues sur la nécessité de créer la motivation chez les collaborateurs reposent sur un défaut d'analyse.

On ne peut pas motiver, on ne peut que mobiliser ou démobiliser. Pourquoi faudrait-il « motiver » puisque la motivation existe naturellement, qu'elle est inhérente à l'individu et que sans elle il n'y aurait ni vie ni création ? Dans son livre *Peut-on gérer la motivation*, Sandra Michel (9) observe que la motivation existe toujours chez quiconque ; si elle rentre dans un état latent, c'est plus du fait de maladresse managériale que par disparition ou usure. Il est donc important, dans une réflexion sur le management de la motivation, de prendre en compte les phénomènes de frein et de démotivation qui s'opposent à elle et la dissimulent. Il faut distinguer plus nettement motivation et mobilisation, puisque c'est sur ce seul deuxième aspect que l'entreprise peut vraiment agir. Comme l'affirment M. Crozier et H. Sérieyx : « Le leader ne doit plus motiver mais mobiliser. (...) La motivation est un concept infantilisant qui n'a plus aucune prise sur des gens hautement scolarisés. S'ils sont mobilisés, les employés se motivent d'eux-mêmes » (10).

La question n'est donc plus « comment motiver ? », mais « comment ne pas démobiliser ? ».

Certains modes manageriaux empèchent, par leur autocentrisme excessif (centration du chef sur lui plutôt que sur son équipe), que les forces de vie soient mises au service de l'entreprise. S'il n'est nul besoin de motiver, si la motivation est une donnée d'entrée, le premier devoir du manager est de conserver cet élan. Or on voit fréquemment des entreprises tenter de mobiliser (stimulations, communication d'entreprise, etc.) alors qu'elles ne contrôlent ni ne gèrent des causes très simples de démobilisation.

Nous n'avons pas la prétention d'expliquer la totalité du fonctionnement motivationnel (plusieurs dizaines de chercheurs s'y sont penchés sans jamais dégager une vision complètement satisfaisante) mais simplement de remettre en question une conception trop limitative et de rechercher une représentation de la motivation qui puisse concourir aux processus de mobilisation. Notre souhait est de proposer un concept simple et réaliste qui rassemble l'essentiel des éléments moteurs rencontrés aujourd'hui sur les lieux de travail.

A partir de l'observation d'une soixantaine d'équipes de vente, d'après-vente et de direction d'une entreprise de bureautique, nous avons mesuré que certains actes, manifestement très motivés, dépassaient le cadre de la réponse à un besoin. Ils ne répondaient pas aux concepts les plus répandus. La pyramide des besoins de Maslow, les résultats d'Herzberg[1] sur les facteurs liés à la valorisa-

1. D'une certaine façon, les travaux de F. Herzberg (11) apportent des éléments de réponse aux questions précédentes. Par une enquête où il demande à des salariés d'exposer des situations importantes de leur vie professionnelle, il montre que certains facteurs suscitent de la satisfaction ou de l'insatisfaction et que d'autres provoquent seulement de l'insatisfaction. Certains facteurs doivent être satisfaits pour éviter toute démotivation sans toutefois provoquer de motivation s'ils sont satisfaits : ce sont les « facteurs d'hygiène ». D'autres en revanche agissent dans les deux sens et sont appelés par lui « facteurs de motivation ». Ils recouvrent la nature du travail, les responsabilités, la reconnaissance et l'avancement, la réalisation de ses capacités. A la suite de cette découverte, F. Herzberg donne des préconisations visant à faciliter la motivation par enrichissement des tâches :
– substituer des auto-contrôles à des contrôles externes ;
– augmenter les possibilités d'initiatives ;
– limiter la parcellisation du travail et confier des unités entières de réalisation ;
– laisser plus de pouvoirs et de liberté aux collaborateurs ;
– donner des informations régulières sur la situation ;
– introduire des tâches plus difficiles ou nouvelles ;
– développer la responsabilité et la possibilité d'avoir une expertise.

Par ailleurs, F. Herzberg a mis en évidence une différence de facteurs liés à la motivation par laquelle il distingue les facteurs intrinsèques de motivation et les facteurs extrinsèques. Les premiers concernent des aspects internes à l'individu, comme la satisfaction qu'il peut tirer de son travail et de la façon de le faire. Les seconds sont liés à des dimentions externes qui résultent du travail, comme la rénumération ou la gratification reçue de son entourage.

tion et à l'ambiance et ceux de Vroom sur les attentes[1] ne rendent pas suffisamment compte de certains aspects plus instinctifs et plus basiques de la vie quotidienne. Le plaisir, le désir, l'envie de posséder, l'excitation créatrice, l'aspiration à la pérennité, la séduction, la rage de vaincre, la fierté sont autant de moteurs qui, objectivement, font agir les hommes d'aujourd'hui. Parler, par exemple comme le fait Maslow, de « besoin de sécurité » est une formulation générique juste mais moins précise et moins évocatrice pour le manager que de parler d'agressivité naturelle, de territoire, ou de réflexe.

Repère ► Nous cherchons ici des repères managériaux pour expliquer les agissements des hommes aussi bien dans leurs conduites de coopération, d'autorité, d'exploration ou de conquête que dans leurs conduites vindicatives, d'opposition, leurs comportements stratégiques ou leur démobilisation. Une théorie de la motivation qui n'intégrerait pas ces versants contradictoires apparaîtrait comme trop partielle et ne permettrait pas la mise en place d'outils de management assez fiables. C'est la raison qui nous pousse à élargir aux phénomènes de pulsion une approche de la motivation fondée trop exclusivement sur la satisfaction des besoins, les facteurs d'ambiance ou les attentes ; et qui de ce fait ne suffit pas pour faire évoluer les méthodes managériales courantes. ►►►►

1. V. Vroom en 1964 (12) s'attache aux attentes qui sont celles de l'individu : il en distingue trois sortes : l'expectation, qui désigne ce que l'on se pense capable de réaliser et les efforts que l'on est prêt à faire pour cela ; l'instrumentalité propre à ce qu'on pense recevoir comme récompense de l'effort ; enfin la valence qui est la valeur accordée aux avantages obtenus. Pour exister, la motivation signifie donc que l'on se sente capable d'agir (expectation), que l'on en attende un retour (instrumentalité) et que celui-ci ait de la valeur à nos yeux.

4.1. Le fondement pulsionnel de la motivation

Pour se représenter ces autres aspects de la motivation, il est important de distinguer chez l'humain deux niveaux : l'un, primaire, physiologique, et l'autre, secondaire, cultivé, élaboré. Le niveau primaire est celui de l'assise biologique de la motivation. Il comprend tous les besoins de survie et de vie que l'on retrouve dans le monde animal : la faim, la peur, la capture, le territoire, le plaisir, la reproduction. Le niveau secondaire est lié à l'intelligence, à la culture et à la relation à autrui : c'est la capacité à réfléchir, à raisonner en termes symboliques, à sublimer et à avoir une conduite socialisée.

Expérience et travaux ►

Le psychologue Paul Diel, auteur de la *Psychologie de la motivation* (13), distingue trois pulsions de base sur lesquelles d'autres s'étayent : la nutrition, la propagation et la poussée évolutive. Pour établir cette distinction, il part des trois organes qui poussent l'organisme à rechercher satisfaction : l'estomac, le sexe et le cerveau. Pour lui, de ces pulsions élémentaires découlent des pulsions secondaires : la pulsion de nutrition s'étend en pulsion sociale, la pulsion de propagation s'élargit en pulsion sexuelle, la poussée évolutive se transforme en symbolisation.

Les deux niveaux, primaire et secondaire, auraient donc une même source pulsionnelle (estomac, sexe ou cerveau), même si leur mode diffère. La psychanalyse a une vision plus large du fonctionnement pulsionnel. Elle définit la pulsion comme un processus dynamique consistant en une poussée motrice qui fait tendre l'organisme vers un but (14). Elle distingue les pulsions de vie (auto-conservation, développement du Moi), les pulsions de mort (agression, destruction), et les pulsions sexuelles (séduction, amour).

4.2. Besoins, désirs et pulsions dans la motivation

Pour comprendre les ressorts de la motivation, il faut préciser les notions de besoins, de désirs et de pulsions. La pulsion, débarrassée de sa connotation négative, est une racine primaire de la motivation et doit être mise en évidence comme telle. La motivation – attente d'un résultat escompté – prend son énergie dans la pulsion, même si elle est parfois présentée de façon plus... présentable. Le terme de pulsion a deux sens qu'il convient de distinguer :

- D'abord il désigne un comportement irrépressible, un élan pulsionnel qui pousse à agir au-delà de toute rationalisation pour répondre à un désir inconscient. Le langage courant l'évoque par des formules telles que « je ne sais pas ce qui m'a pris » ou « c'est plus fort que moi » ou encore « je ne pouvais plus m'arrêter ». Un des exemples les plus frappants réside en des prises de paroles intempestives.
- le deuxième sens désigne un désir conscient qui s'impose fortement. Courant, on en parle comme d'une « envie ». D'origine physiologique ou psychologique (voire les deux à la fois), d'intensité variable, il est orienté vers le plaisir.

Entre les deux, la différence est plus une différence de degré que de nature.

Il est utile de différencier également les besoins d'un collaborateur de ses désirs. Un besoin est lié à la vie, à la survie ou à la sécurité et il n'est pas possible de ne pas y répondre. Ce n'est pas le cas d'un désir, qui vise, lui, le plaisir. Pour Sandra Michel, le terme désir est « le plus simple pour exprimer ce que l'on ressent comme étant de l'énergie, du dynamisme irrationnel... il est le noyau dur de la sensation d'exister... associé d'emblée à la notion de plaisir... il met en relation l'individu et l'ensemble de son environnement ».

Le terme de désir est plus adéquat que celui de « besoin » pour évoquer des motivations telles que « étendre ses parts de marché », « développer son expertise », « prendre un client », « créer un produit », « gagner du terrain », « diffuser une idée » qui évoquent tous une volonté de propagation, de création ou de conquête. Les désirs visent des cibles similaires à celles des besoins primaires : ce ne sont que les types de nourriture ou de territoires qui changent. Les aliments s'appellent soif d'apprendre (!), désir de développement personnel, gratification, savoir, etc. ; et les territoires visés par ces désirs ou besoins supérieurs sont la science, l'histoire, les cercles d'amis, les idées nouvelles, les collections d'objets, la fortune, la première place, etc. En résumé, la même pulsion peut être au service de besoins primaires ou de désirs.

Pour expliquer le fondement instinctuel de la motivation, nous proposons de retenir deux types de pulsions (ou modes pulsionnels) qui commandent initialement tous nos comportements : la « pulsion d'emprise » et la « pulsion créatrice »[1]. Toutes deux se constatent aisément dans des comportements animaux ou humains : certains actes de capture (pulsion d'emprise) n'ont d'autre motif que le plaisir et peuvent être parfois sans rapport avec la faim. Le chat ou le chien qui court attraper une balle en est un exemple. La chasse, qui passionne un grand nombre, présente une excitation sans lien avec le besoin de se nourrir ; d'où sans doute sa survivance en dehors de tout besoin alimentaire. Attraper, atteindre une cible, saisir, comprendre, procurent du plaisir de l'ordre de l'emprise, voire de la capture. Un grand nombre de jeux sont conçus à partir de cette excitation. De nombreux actes de vente sont de cette nature, tout comme certaines conduites de séduction ou de recherche assidue. Dans tous ces cas, il s'agit de parvenir à un but dans un contexte tel que l'atteinte du résultat ne présente pas une valeur de survie pour son auteur, mais constitue une réelle satisfaction.

A côté de cette pulsion d'emprise, il en existe une autre qui vise autant le désir de création que le besoin de procréation. C'est la « pulsion créatrice ». Elle fait partie de l'univers quotidien : projets et produits nouveaux, publicité et communication, recherche, élaboration de procédés, etc.

1. Cette intuition de deux formes de pulsions nous est venue par la connaissance de travaux de W. Reich, médecin et psychanalyste américain, qui est à l'origine des techniques bio-énergétiques développées ensuite par deux autres médecins, A. Lowen et J. Pierrakos. Ces derniers, à partir de l'observation du corps humain, montrent que ses deux faces, ventrale et dorsale, sont d'une part de nature et de structure très différentes et d'autre part à l'origine de sentiments ou de comportements opposés. La face ventrale, lieu privilégié des sentiments tendres, est plus fragile et comporte les organes d'expression, d'intégration et de sensation. La face dorsale, elle, plus dure, est comparable à une carapace protectrice et à l'origine des mouvements plus agressifs dans leur nature et transmis par les membres (raidissements, coups de pieds, coup de reins, mouvements pour attraper ou lancer) (15).

4.3. La pulsion d'emprise

Il n'y aurait pas de survie sans un minimum d'agressivité vitale. La capture et l'emprise, qui sont deux formes de cette agressivité, sont à la base de la capacité à se nourrir et à se protéger. Elles visent à recharger le corps en substances nutritives et à maintenir le potentiel énergétique. Un être sans agressivité ne pourrait même pas faire l'effort nécessaire pour se procurer de la nourriture. La sélection naturelle est une expression de cette loi et la chaîne alimentaire, qui établit un système de prédation des espèces entre elles, constitue un équilibre où la vie de certains passe par la mort d'autres. A certains égards, l'existence et la survie des entreprises n'échappent pas à ce modèle.

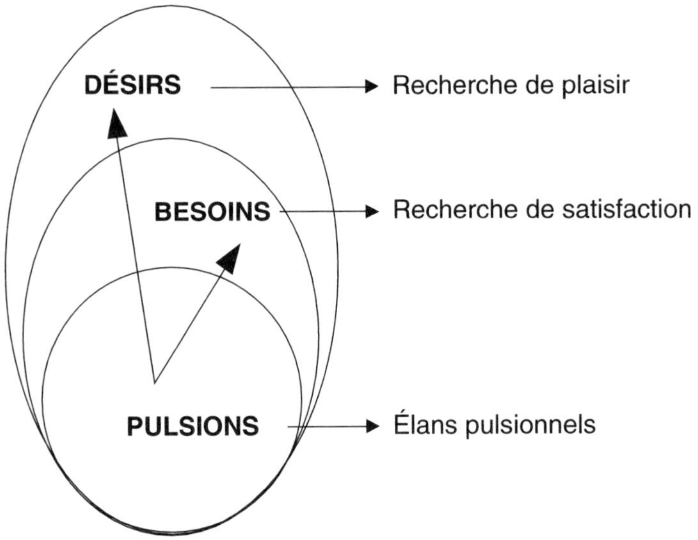

DIAGRAMME DE LA MOTIVATION

Les deux types de pulsion (pulsion d'emprise et pulsion créatrice) impulsent l'énergie pour satisfaire des besoins, des désirs et des élans pulsionnels.

Mais la pulsion d'emprise ne répond pas seulement au besoin alimentaire, elle est liée aussi à d'autres facteurs de la survie, tels que le territoire et l'autoconservation. Le territoire constitue une forme d'extension de notre propre être. Elément de sécurité, son périmètre détermine la limite entre ce qui est sien, ce qui appartient, et ce qui est extérieur, étranger et dangereux. Il est à la fois appartenance et rejet à l'extérieur de ce qui n'appartient pas. C'est le lieu où s'exercent les instincts de conservation et la pérennité.

Moyen de s'alimenter, de se mettre en sécurité ou de se procurer l'excitation, la pulsion d'emprise protège aussi des autres : elle est une réponse à la peur du concurrent. Par l'agressivité nécessaire qu'elle développe, elle tient l'autre à distance pour assurer la sécurité du sujet et la conservation de l'acquis.

4.4. La pulsion créatrice

La deuxième pulsion de base est la pulsion créatrice. Issue d'un instinct de reproduction, d'une pulsion de propagation, selon Paul Diel, elle se développe à un niveau secondaire en désir de créer, de réaliser, de répandre. C'est d'abord la création sous ses formes primaires : procréation, régénération, activité agraire, construction, fabrication ; puis sous des formes plus élaborées : expression personnelle, art, analyse, réalisation intellectuelle, élaboration, conception. Enfin la pulsion créatrice est à la base de la relation avec autrui. Sur elle se fondent les actions de recherche, de développement, d'innovation.

Comme pour la précédente, c'est le plaisir qui est recherché. La fierté est la même pour celui qui s'est appliqué à atteindre, à « attraper », que pour celui qui a accompli un ouvrage. Tous deux se sont exprimés dans une réalisation. En fait les deux pulsions sont l'avers et l'envers d'un même mouvement d'énergie.

4.5. La pulsion d'emprise et la pulsion créatrice dans l'entreprise

Nombre d'activités professionnelles reposent sur les deux éléments pulsionnels à la fois. Le travail de recherche tient autant d'un désir d'emprise, de découverte du réel, que d'une motivation créatrice. Un acte de management comme la conduite de projet, est investi par les deux aspects pulsionnels : l'emprise sur la situation et les démarches innovantes pour y arriver. Un acte commercial peut aussi se décomposer, en motivation d'emprise et de propagation. Tel commercial est plus motivé par le désir de prendre une commande, tel autre par la dimension de propagation : mettre en œuvre son savoir-faire, développer la relation avec le client.

Ces deux moteurs pulsionnels se retrouvent dans toutes les dimensions de la vie des organisations, même si les aspects institutionnels y apportent des corrections sensibles. Le travail, pour l'homme, représente beaucoup plus que la seule possibilité d'assurer sa subsistance. Contrairement à une opinion répandue, on ne travaille pas que pour de l'argent mais pour satisfaire des besoins grâce à lui. La vie professionnelle constitue un lieu d'intégration sociale, de développement personnel, d'expression et de pouvoir. Même si ils sont assez rares, ceux qui ont la chance de pouvoir développer toutes ces opportunités. Pour les autres, la stratégie individuelle interfère pour maintenir un équilibre acceptable.

La connaissance de ces deux bases motivationnelles doit permettre au management de fonder sa démarche de mobilisation sur les ressorts de ses collaborateurs. Dans la mesure où elles constituent un aspect moteur essentiel, il est indispensable de les connaître pour les entretenir et éviter des baisses d'énergie.

5. La mobilisation et l'énergie

Il faut positionner la mobilisation en perspective de la motivation. L'une et l'autre se renforcent mais l'une sans l'autre ne mène nulle part, et en tout cas pas à la performance. Rien ne dit qu'un collaborateur motivé soit pour autant mobilisé vers l'objectif. La mobilisation d'un collaborateur est le résultat de sa décision individuelle d'investir une quantité d'énergie donnée dans son travail en fonction de l'enjeu que lui propose l'entreprise. On peut être motivé par son travail et assez peu mobilisé pour l'objectif. Etre mobilisé, c'est être en mouvement. La mobilisation provient de l'investissement d'énergie dans la motivation.

La décision d'investir de l'énergie est fonction de faits générateurs internes ou externes à l'individu. Les faits générateurs internes sont des besoins et désirs de l'équipier. Les faits générateurs externes sont liés à ceux de l'entreprise : prise de parts de marché, sortie d'un nouveau produit, nécessité de réduire des coûts, etc.

5.1. Énergie disponible et énergie latente

La quantité d'énergie fournie par l'équipier varie selon ses préoccupations personnelles et l'environnement dans lequel il se trouve. Chaque individu dispose d'une quantité d'énergie disponible qui obéit à des règles physiologiques. Ce potentiel énergétique est géré en fonction de sa motivation. Or cette énergie disponible peut être libérée ou non, entravée ou stimulée. Pour faire comprendre cette notion nous prendrons appui sur un concept expliqué par D. Anzieu et J.-Y. Martin (16).

L'énergie disponible globale d'un individu se répartit entre plusieurs fonctions pour répondre à différents buts. Au départ, on distingue deux catégories d'énergie ; l'une est utilisée et l'autre non. L'énergie non utilisée, dite énergie latente, demeure une ressource économisée qui pourrait être mobilisée, selon le niveau d'engagement de la personne ou le degré de nécessité de la situation. C'est elle qui se trouve mobilisée ou non, selon la qualité du management. Lorsque la personne est très motivée, son énergie disponible est largement mobilisée et il y a peu d'énergie latente. Si par son savoir-faire, le manager est capable d'aller chercher ces ressources, il libère une partie de cette énergie latente qui s'ajoute alors à l'énergie utilisée pour en augmenter la quantité.

Ce potentiel peut être important et fait la différence d'une équipe à l'autre. « Monsieur, cela fait vingt-cinq ans que je travaille ici et c'est la première fois que l'on me demande mon avis ! » nous disait un contremaître d'une grande entreprise. Par cette réflexion, il exprimait combien il se sentait peu considéré par son entreprise mais il signifiait de même que celle-ci n'utilisait pas ses idées sur l'organisation du travail. On imagine aisément que, dans ces conditions, son énergie disponible n'était utilisée que dans les limites de ce qui lui était demandé, laissant une large fraction à l'énergie latente. C'est ce potentiel que le manager averti exploite en s'appuyant sur les talents de chaque collaborateur de manière à satisfaire à la fois les exigences de la production et les désirs de la personne.

5.2. Énergie d'entretien et énergie de production

L'énergie utilisée, quant à elle, se partage aussi pour assurer deux fonctions : une partie pour l'entretien, une autre pour la production. L'énergie de production est la quantité de forces physiques ou mentales utilisées pour réaliser une tâche. L'énergie d'entretien est la quantité de forces utilisées pour se maintenir en état de vivre et de produire.

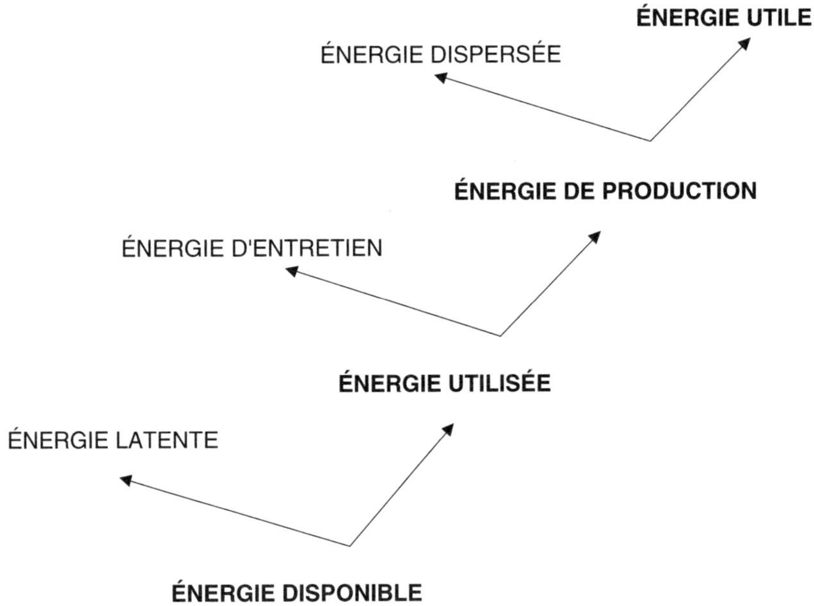

LES TYPES D'ENGAGEMENT DE L'ÉNERGIE

Les facteurs d'ambiance évoqués par F. Herzberg – qualité de vie professionnelle, relations entre collègues, ambiance, reconnaissance, expérience retirée – participent de l'énergie d'entretien. C'est celle qui sert à garder son équilibre, à se protéger psychologiquement ou à lutter contre des manœuvres ou des conflits.

Pour assurer son autoprotection vis-à-vis de contingences quotidiennes, il faut une quantité d'énergie qui est plus ou moins grande selon les circonstances. « On me demande de faire des propositions pour améliorer la productivité, mais regardez la chaise sur laquelle on me laisse travailler toute la journée, j'en ai mal au dos », nous confiait une opératrice sur une ligne de production. Dans une ambiance de travail dégradée, le collaborateur doit fournir un effort supplémentaire pour maintenir l'équilibre mental lui permettant de continuer à produire. L'énergie utilisée à garder cet équilibre, à relativiser les difficultés ou à les résoudre, est directement puisée dans l'énergie de production, la réduisant d'autant. Si en revanche le manager fait en sorte que ses collaborateurs dépensent le moins possible d'énergie d'entretien, ils peuvent en mettre davantage au service de la production.

Quand on mesure l'énergie fournie par un collaborateur à son entreprise, le rapport entre celle d'un individu performant et celle d'un autre, désabusé, donne des différences de un à deux, voire beaucoup plus. C'est dire toute l'importance économique du management de la mobilisation.

Action

Un management qui prend largement en charge l'énergie d'entretien des personnes et stimule l'énergie latente, exploite au mieux les ressources. Si le manager se concentre bien sur les flux d'énergie au sein de l'équipe, ceux-ci sont entièrement disponibles pour l'objectif.

Ces propos peuvent sembler un peu théoriques ou naïfs au manager qui se trouverait aux prises avec tel ou tel collaborateur et pour lequel il a tout essayé, en vain. L'ensemble des concepts énoncés dans cet ouvrage sont peu applicables si on les prend isolément. C'est le maillage des uns et des autres qui, produisant l'esprit d'équipe, entraîne chacun des équipiers dans le mouvement, comme nous le décrirons dans le chapitre sept.

5.3. La surmotivation

Les travaux d'Herzberg, déjà cités, ont mis en évidence des facteurs d'ambiance sur le lieu de travail et de valorisation des personnes. Lors d'enquêtes réalisées auprès de salariés sur leurs motifs de satisfaction ou d'insatisfaction dans le travail, il découvre que les conditions de variation de la motivation ne sont pas identiques : certaines conditions génèrent de la satisfaction ou de l'insatisfaction sans pouvoir susciter de motivation, telles les conditions de travail, tandis que d'autres, comme la reconnaissance des compétences, jouent dans les deux sens d'accroissement ou de dégradation de la motivation.

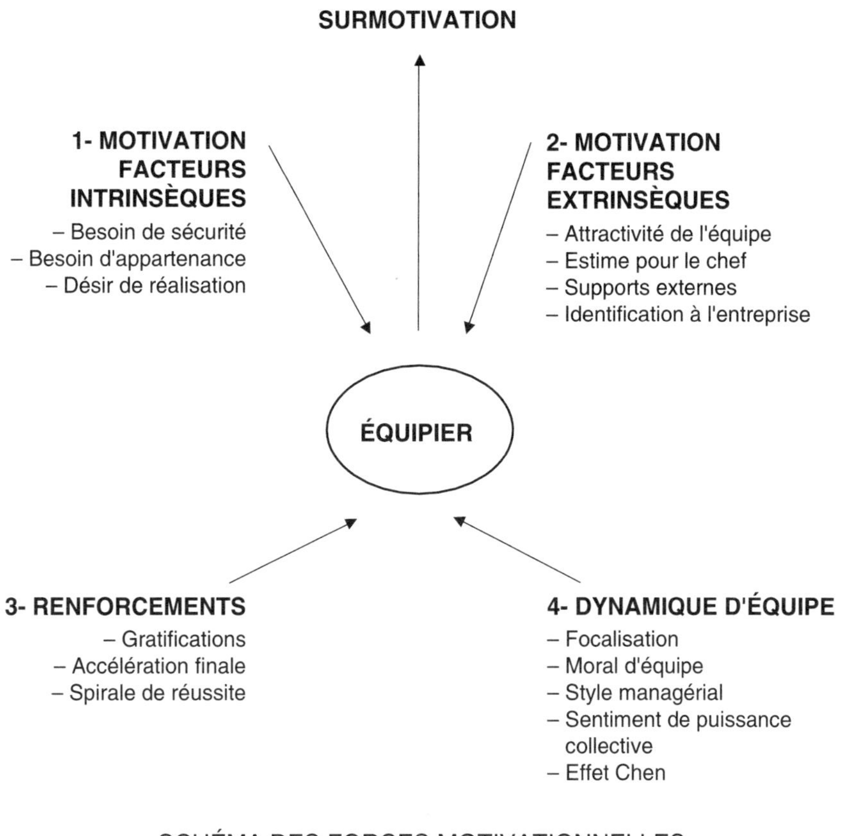

SCHÉMA DES FORCES MOTIVATIONNELLES
QUI S'EXERCENT SUR UN ÉQUIPIER

Les facteurs intrinsèques dépendent de la personne elle-même.
Les facteurs extrinsèques proviennent de l'environnement de la personne.
Les renforcements adviennent après les premiers résultats
et renforcent la détermination.

Il en conclut à l'existence de deux natures de facteurs : les facteurs d'ambiance pour les premiers et les facteurs de motivation pour les seconds. A l'issue de ses travaux, il formule des conseils propres à améliorer la motivation, qui portent sur la responsabilisation, l'initiative, l'autonomie, le reporting et l'autocontrôle.

En s'inspirant de ces travaux et en considérant la motivation comme un phénomène personnel, nous qualifions de « surmotivation » l'état collectif qui survient au sein d'équipes dont l'ensemble des membres est engagé dans une spirale de succès. Elle représente un degré supérieur de la motivation et provient du renforcement de celle-ci selon trois sources : la multiplicité des facteurs motivateurs en présence dans l'équipe (intrinsèques et extrinsèques), la forte focalisation et les résultats obtenus. Au total, dans une véritable équipe, chaque équipier est motivé par des raisons personnelles, stimulé par autrui et mobilisé par l'objectif. L'état de surmotivation résulte donc non seulement de la présence de tous les aspects essentiels de la motivation individuelle mais aussi des renforcements que procurent la dimension collective et le succès.

Pour que cet effet de surmotivation ne reste pas aléatoire et puisse être reproduit, il convient d'en connaître les ressorts et de les établir comme outils de management.

5.4. Les renforcements individuels à l'origine de la surmotivation

Repère ▶ Les stimulations qui renforcent la détermination d'action d'un équipier, qu'il soit seul ou avec d'autres, proviennent de trois facteurs :

- l'attente de son entourage, (satisfaction des supporters)
- les boucles de réussite,
- le rapprochement de l'objectif.

Comment ces renforçateurs exercent-ils leurs effets sur les équipiers ? ▶▶▶▶

a) La satisfaction des supporters

L'attente d'autrui constitue un important stimulant ; ne pas décevoir les autres est un enjeu en soi et les satisfaire plus encore. Cette aspiration des supporters tire l'acteur vers le résultat car il souhaite répondre à leur confiance.

> Dans une grande entreprise de vente de matériel bureautique, nous avions suggéré la mise en place de pratiques de support des équipes de vente par les services administratifs et financiers. Au travers de ces services, c'était l'entreprise tout entière qui manifestait aux commerciaux l'importance de leur responsabilité. De plus, impliquer de cette manière des services qui se sentaient isolés et mal aimés présentait un autre avantage : leur rôle de soutien aux commerciaux les valorisait en retour.

Il n'y a pas plus d'équipe sans objectif que d'équipe sans support, y compris dans les organisations. L'enjeu d'une équipe est toujours partagé par d'autres : une équipe de marketing a pour support l'entreprise et plus spécifiquement le commercial ou le développement, elle a aussi pour enjeu la réussite sur le marché. Une équipe de foot a comme contexte ses managers, son club, ses supporters et la ville qui la subventionne. La satisfaction des supporters devient alors un but de chaque membre de l'équipe. Dans le « on a gagné » bien connu, le « on » représente chacun de ceux qui se sont associés au challenge. Et il est facile de mettre en place au travers de la communication interne, de la DRH ou de la direction générale des manières d'encouragements et de supports pour les équipes importantes. La satisfaction du supporter n'est pas le seul renforcement qui concourt à la surmotivation. Il y a aussi le succès lui-même et l'approche de l'échéance.

b) Les boucles de réussite

Les renforcements de la motivation proviennent de ce qu'un individu a tendance à répéter ce qui lui a valu un résultat apprécié. Lorsqu'un effort a donné satisfaction, il est reconduit pour obtenir de nouveau la satisfaction. Cela est vrai également pour un début d'action dont l'avancement encourage la poursuite. La volonté de persévérer dans l'action se trouve renforcée par le premier résultat. D'où cette notion de boucle de réussite qui représente une étape et qui, avec d'autres, conduit à l'objectif final. Cette notion de boucle de réussite nécessite que l'on segmente les différentes étapes pour qu'elles constituent à leur tour des boucles qui vont stimuler les actions ultérieures. Si l'on prend une discussion dont l'objectif recherché est la décision, on peut décomposer le cheminement du groupe en différentes phases : phase de présentation, phase d'ouverture, puis la phase de discussion et enfin celle de décision. On a établi quatre boucles distinctes, donnant chacune satisfaction et stimulant la suivante. S'il faut suspendre la discussion, la suspension se fera sur un succès d'étape.

La capacité d'un manager à mesurer de petits progrès est une clé de la mobilistion de son équipe dans les phases de lancement – lorsque les premiers résultats opérationnels ne sont pas là – ou dans les phases d'adversité. Mesurés et appréciés, ces petits pas (« *small is beautiful* ») procurent de l'assurance et confortent le moral pour l'action suivante.

Dans la spirale de succès chaque boucle renforce l'engagement pour la suivante. On a coutume de dire que ce sont les résultats qui font le moral d'une équipe. Ils ont, c'est vrai, une influence primordiale sur la cohésion et le moral ; c'est pourquoi le manager doit découper l'ensemble de l'action en boucles de réussite facilement atteignables de façon à provoquer l'effet mobilisateur.

c) L'accélération finale

A l'aspiration que provoque l'attente des supporters, aux boucles de réussite qui marquent l'avancement, s'ajoute un autre phénomène instinctuel : l'accélération finale. Au fur et à mesure que l'action se rapproche du but se produit une accélération. Comparable à celle qui fait rentrer le cheval plus vite à son écurie. L'accélération finale, renforcement de la dernière heure, polarise la concentration et démultiplie l'utilisation des ressources jusqu'à ce que le but soit atteint. Cette forme d'excitation est la conséquence du rapprochement de la satisfaction. Même fatigué, l'individu qui approche du but déploie une énergie nouvelle pour l'atteindre au plus vite.

Action

Ce phénomène, qui se produit lors de chaque échéance, peut être mis à profit par le management en découpant les objectifs en segments courts, de façon à profiter plus fréquemment de l'accélération finale. Un objectif annuel ne procure cet effet qu'une fois par an, un objectif mensuel le provoque douze fois.

5.5. Les renforcements de la surmotivation

Dans l'équipe, tout agit sur tout. Tout est cause et conséquence à la fois. Si nous abordons ici des aspects qui pourraient l'être dans d'autres chapitres, comme l'organisation par exemple, c'est qu'il a paru important de les présenter sous l'angle de leurs effets dynamiques et mobilisateurs. Nous présentons donc maintenant des facteurs de renforcement collectif qui, émanant du groupe, agissent sur l'équipier dans le sens de la surmotivation. Ce sont :

- la pression collective et la rétro-stimulation,
- le climat,
- le moral,
- l'organisation,
- la polarisation.

a) La pression collective et la rétro-stimulation

La coresponsabilité rend les équipiers redevables de leurs actes et de leurs résultats les uns devant les autres. Ce phénomène exerce une pression collective sur le niveau d'exigence et impose à chacun de rester continuellement digne de sa participation. Dans une équipe de haute performance, chacun doit des comptes à tous, alors qu'habituellement le contrôle est un rôle qui n'est dévolu qu'au manager. Cette exigence réciproque est un stimulateur puissant et un bon exemple d'un des transferts de rôle qui s'opère dans une équipe, de la responsabilité du manager vers celle des équipiers.

La rétro-stimulation est la conséquence de cette exigence réciproque. A la fin d'une action et avant de s'engager dans la suivante, l'acteur a besoin d'une réaction sur la façon dont il l'a conduite. Ce support se présente sous plusieurs modes : le soutien, le quitus, le feed-back, la confrontation ou la gratification. Contrairement à la culture américaine, dans laquelle la rétro-stimulation est une pratique courante, elle est souvent limitée à sa plus simple expression chez nous, alors que le potentiel de ressourcement est important pour qui la reçoit. C'est une attente légitime que celle de recevoir un retour pour ce que l'on a réalisé. C'est de plus un excellent stimulant.

b) Le climat

Le climat de l'équipe, fruit de la proximité interpersonnelle est déterminant pour son moral. On ne peut obtenir de l'équipier une bonne concentration sur l'action si de mauvaises relations avec les autres l'empêchent de faire corps avec eux. Tous les auteurs qui se sont penchés sur les caractéristiques des équipes soulignent l'importance du climat. Selon R. Chapuis, « c'est bien la richesse des liens affectifs qui constitue le fondement réel de l'efficacité opérationnelle ». Aimé Jacquet[1], décrivant la préparation à long terme (un an avant la Coupe du monde), montre comment il compose un effet de trame : « Peu à peu, nous tissons une toile d'araignée à la fois professionnelle et amicale qui, le moment venu enveloppera nos deux mois d'existence commune. » Deux autres citations du même entraîneur montrent encore le soin apporté au climat et à la façon dont chaque acteur est protégé de tout ce qui pourrait détourner son énergie. Parlant des précautions prises pour que l'équipe ne soit pas tiraillée par des influences non contrôlées, il écrit : « Contre les agressions extérieures, délibérées ou accidentelles, bienveillantes ou non, (...) nous commençons à édifier ce qui sera notre bulle. » Enfin, pour montrer l'attention portée à l'encadrement de chacun par une équipe support de neuf personnes : « Chaque joueur s'est senti encadré, jour après jour, comme si son cas était le plus important. »

Cette attention mise au service du climat des équipes se retrouve dans quelques entreprises. Cependant, il est rare que l'on considère cet élément comme une clé de la réussite, alors que, en plus de la disponibilité mentale que cette attention leur procure, elle est perçue par les collaborateurs comme un signe de l'importance de leur mission.

1. Coach de l'équipe de France de football lors de la Coupe du monde de 1998.

c) Le moral

Le moral, à la fois confiance d'arriver et détermination à y parvenir, est une force tonique, un stade supérieur de la confiance. Il survient à la conjonction de plusieurs facteurs : la cohésion dont il naît, la confiance dans l'aptitude de l'équipe tout entière à atteindre le résultat et les premiers résultats. Certains explorateurs ou aventuriers ne doivent leur survie dans des conditions désespérées qu'à la force de leur moral. Nous avons vu des équipes commerciales, données à dix contre un, remporter des contrats auxquels leurs entreprises elles-mêmes avaient renoncés. Face à l'adversité persistante, le moral se maintient malgré des réussites partielles, des progrès minimes, et parvient à résister au temps. Une fois installé dans la spirale de succès, il porte littéralement l'équipe.

Offrant un vrai sentiment de puissance collective, il donne à l'équipier le sentiment qu'il est l'équipe ! Tout ce qui arrive à l'équipe lui arrive à lui. Toute action de l'un ou de l'autre des équipiers s'ajoute à la sienne et le rapproche du but. Il y a dans cette identification de chacun à l'ensemble de l'action des autres, un effet de résonance qui provoque une réaction en chaîne. Une bonne passe du ballon pousse à en faire une autre qui renforce le processus jusqu'à une suivante qui conduit finalement à marquer le point. Cette excitation conduit à une accélération du rythme, au développement de solutions créatives et à la rapidité d'enchaînement des interactions.

La surmotivation est la conséquence de la conjonction de tous les facteurs motivationnels dans une équipe. A cette surmotivation s'ajoute la mobilisation : tous les acteurs sont solidairement actifs. Puis s'ajoute encore la focalisation vis-à-vis de l'objectif, qui rend l'action plus efficace. Au bout du compte, cela conduit à une véritable polarisation : l'équipe va plus loin que ce qu'aurait produit l'addition des individus. Cette polarisation constitue le summum de ce qu'on peut attendre d'un groupe de professionnels et l'action du manager consiste essentiellement alors à contrôler le maintien de cet état : le moral d'équipe.

L'essentiel

A) La qualité d'une équipe est fonction :
- des attitudes profondes des équipiers (attrait pour l'équipe, estime pour le leader, acceptation de l'interdépendance, intérêt pour l'objectif, estime de soi),
- de la répartition des rôles opératoires (élaboration, organisation, créativité, contrôle, information, coordination, stimulation, pragmatisme, promotion),
- de la répartition des rôles opérationnels (liés au métiers ou à la mission).

B) Pour optimiser sa participation, l'équipier doit développer cinq qualités : le sens de l'objectif commun, l'autonomie, la reconnaissance d'autrui, le sens de la coopération, l'acceptation du pouvoir des autres.

C) L'engagement d'un équipier est fonction des facteurs de différenciation qui lui permettent d'être distingué au sein du collectif.

Le besoin d'appartenance et le besoin de différenciation sont à l'origine de phénomènes qui visent à répondre par soi-même à ces besoins lorsqu'ils ne sont pas satisfaits par le management. Cette satisfaction de substitution est obtenue aux dépens de la performance et conduit à des comportements compensatoires passifs ou rebelles (recherche d'attention, lutte pour la préférence, effet « *primus inter pares* »).

D) L'effet Ringelman est le résultat d'une baisse de la contribution individuelle liée à l'augmentation du nombre de membres dans un groupe non constitué en équipe ou insuffisamment managé.

E) La motivation résulte de l'anticipation de la satisfaction d'un besoin ou d'un désir. Elle peut aussi provenir d'une pulsion d'emprise (désir de conquête) ou d'une pulsion de création.

.../...

.../...

F) L'équipe tire son efficacité de ce qu'elle favorise l'expression de l'énergie de production par stimulation de l'énergie latente, diminution des besoins d'énergie d'entretien et limitation de l'énergie dispersée.

G) L'équipe performante provoque un état de « surmotivation » qui provient de six renforcements :
- la satisfaction des personnes-supports,
- la spirale de réussite,
- le phénomène d'accélération finale,
- la pression collective interne à l'équipe,
- le climat,
- la polarisation (augmentation de la prise de risque).

Troisième chapitre

La cohésion

Comment définir la cohésion ? La notion est complexe et a fait l'objet de nombreux travaux de psychosociologues. Festinguer et Schachter (1) considèrent qu'elle est le résultat « des forces d'attraction exercées par le groupe à l'égard de ses membres et tendant à le faire résister aux forces de désintégration ». D'autres auteurs y ajoutent l'attrait pour la tâche, la solidarité d'intérêt ou le rassemblement autour d'un chef prestigieux. Pour R. Chappuis et R. Thomas (2), la cohésion dans une équipe sportive est liée à des processus socio-affectifs et opérationnels, au comportement managérial de l'entraîneur et à l'homogénéité du groupe des joueurs.

Dans *Le management est-il un art japonais ?,* R.T. Pascale et A.G. Athos (3) montrent l'importance accordée par les Japonais à la cohésion. « Le travail de groupe est la pierre angulaire des entreprises japonaises... Dans le groupe de travail, comme dans le couple occidental, les rôles ne sont pas clairement définis, une remise en question permanente est nécessaire ainsi que l'investissement d'un important capital émotionnel. (...) En Occident, les leaders de groupe ont tendance à mettre l'accent sur le travail à faire et souvent négligent les activités de maintenance du groupe. (...) Les Japonais ont tout à fait conscience, en constituant un groupe, de créer une source de difficultés potentielles. Ils savent que l'équilibre d'un groupe est fragile et en connaissent les exigences. De ce fait ils traitent les groupes avec beaucoup de soins, autant de soins que met un manager américain à atteindre ses prévisions de bénéfice en fin d'année. »

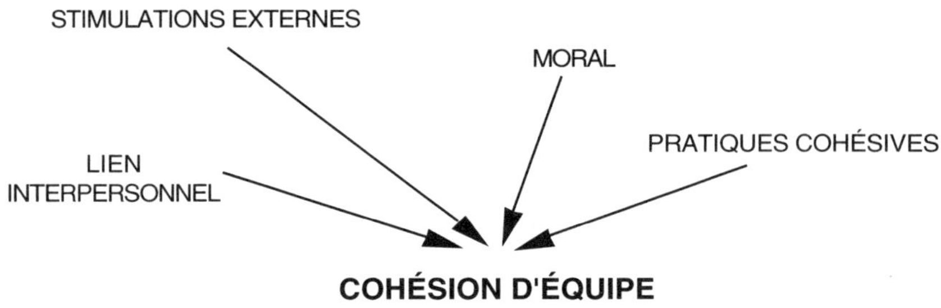

Ces différents travaux nous amènent à définir la cohésion comme un « ensemble de liens fonctionnels et socio-affectifs qui concourent à l'unité d'action ». Cette définition sous-entend deux niveaux : l'un humain, l'autre technique. La cohésion humaine rassemble des hommes à partir de leurs relations et la cohésion technique facilite la coordination de l'œuvre commune.

La subtilité de la cohésion provient de son caractère systémique: effets et causes interagissant les uns sur les autres et se renforcent mutuellement pour l'engendrer : le moral d'une équipe est facteur de succès et le succès renforce le moral.

1. Les trois degrés de cohésion

Repère ▶ La cohésion est importante pour comprendre la dynamique, car les résultats de l'équipe sont liés à son degré de cohésion. Plus il est grand plus l'unité d'action est assurée et plus le management dispose d'un bon rapport « effort-production » : à un minimum d'effort (consommation en énergie) correspond un maximum de production.

Cela conduit à distinguer trois degrés de cohésion :

a) La cohésion fonctionnelle s'établit d'elle-même, sans être managée. Elle résulte de la répartition des tâches et des relations naturelles entre les personnes.
b) La cohésion explicite, résultat d'une volonté managériale, est pressentie comme une des conditions nécessaires pour l'atteinte de l'objectif. Elle est entretenue explicitement pour faciliter la vie de l'équipe.
c) La cohésion dynamique, troisième degré de la cohésion, constitue le niveau supérieur : elle sert de fondement à la performance collective. Utilisée et renforcée dans ses deux dimensions, elle devient l'un des moyens essentiels de la communauté d'action. ►►►►

La différence entre les trois niveaux provient de l'importance donnée au processus objectif par rapport au processus subjectif (voir chapitre 1). Dans la cohésion fonctionnelle, la prise en considération du processus subjectif est faible car le management repose exclusivement sur des facteurs objectifs. Dans la « cohésion explicite », le processus subjectif est intégré au sein de la conception du management, qui prend en compte la motivation, la participation et une vision systémique de l'équipe. Au troisième stade, le processus subjectif devient le levier essentiel de la conduite managériale : la cohésion humaine sert non seulement de point d'appui au progrès de la cohésion technique mais devient un élément du développement de pratiques communes innovantes.

1.1. La cohésion fonctionnelle

La cohésion fonctionnelle est la plus courante. Tournée vers la tâche, elle repose en grande partie sur la structure, le partage des fonctions et les prérogatives de chacun. Elle vise l'objectif, sans recherche de complicité ou de synergie interpersonnelle. Elle s'attache aux besoins de l'institution et tient à distance les aspects socio-affectifs. Les relations demeurent à un niveau rationnel et neutre. Les aspects humains transparaissent de façon marginale.

Cette forme de cohésion, uniquement centrée sur la production, est peu mobilisatrice et peu créative. Elle engendre une déperdition d'énergie due à la compartimentation qu'elle maintient. C'est une cohésion sans enjeu, une cohésion qui ne permet pas de vrais challenges. Elle se rencontre dans un certain nombre de comités ou de groupes qui travaillent ensemble sous la tutelle d'un dirigeant au management pyramidal et dont l'attitude coupe court à toute transaction personnelle. « On ne se dit rien mais on s'entend bien ! » comme nous l'a une fois confié un cadre dirigeant ! En fait ce type de cohésion ne permet pas le développement d'une vie d'équipe.

1.2. La cohésion explicite

La « cohésion explicite », en revanche, est clairement recherchée comme moyen d'amélioration du rendement par les organisations et les managers soucieux de progrès. Elle est non seulement technique mais également humaine. C'est une cohésion humaniste, affichée et assumée. Intégrant réellement la dimension de la personne, elle repose sur la densité des relations et la communauté de vision. Elle élève le niveau de motivation par renforcement du plaisir d'appartenance et la multiplication des signes de reconnaissance entre équipiers. Ce sont des équipes où la coresponsabilité est revendiquée et la synergie réelle. A ce niveau de cohésion, l'identification de chacun se développe à partir de tous les aspects de l'équipe (estime pour le chef et les équipiers, enjeu de l'objectif, qualité des pratiques communes). Favorisant les attitudes de coopération, ce type de cohésion génère une réelle qualité d'énergie au service de la tâche.

1.3. La cohésion dynamique

La cohésion dynamique va plus loin encore. Si la précédente est un socle, celle-ci est un levier. A ce stade, il y a coopération comme précédemment, mais elle change de registre. Activement recherchée, elle devient pro-active parce que tous ont compris qu'elle permet de nouvelles stratégies d'action. Plus qu'une simple coordination des rôles, c'est l'exercice de la complémentarité et la recherche de synergies à tous les niveaux qui la caractérise. Elle repose sur une délégation latérale et partagée entre coéquipiers. Rien à voir avec le comportement d'un coéquipier qui, n'ayant confiance qu'en lui-même, est partout et sur tous les coups, sans aucun sens du « jeu collectif ». Au contraire, la cohésion dynamique nécessite une véritable confiance dans le fonctionnement pluriel. Elle suppose une bonne application des pratiques d'équipe, le désir de l'interdépendance et la complète circulation des informations.

C'est une cohésion qui articule les talents, va puiser dans les motivations les plus individuelles et s'établit sur la densité du tissu cohésif. A ce niveau, chacun prend appui sur ce qui fait la spécificité de chacun des autres. L'habitude de fonctionner ensemble conduit à une connaissance de l'autre qui permet de le « servir » là où il excelle, de l'utiliser dans sa propre « stratégie » comme un prolongement de soi-même. De telles complicités se produisent par exemple lorsque deux collaborateurs qui travaillent ensemble connaissent leur styles réciproques et peuvent sans se consulter prendre une option face au client.

Action

L'analyse de la cohésion d'une équipe à partir de ces trois niveaux donne au manager des repères pour diagnostiquer les points d'amélioration. Faut-il renforcer l'attraction qu'exerce l'équipe, affiner la cohérence des actions, développer les relations, renforcer la synchronisation ? Faut-il communiquer plus sur l'enjeu pour développer l'engagement ? Pour répondre avec finesse à ces questions, après avoir décrit les niveaux de cohésion, il est nécessaire d'en connaître les constituants.

2. Les facteurs de cohésion humaine

La cohésion dépend de trois facteurs : le lien groupal, les pratiques cohésives et la cohérence. Véritable tissu de l'équipe, le lien est constitué des réseaux de relations interpersonnelles et des attractions qui résultent des intérêts communs. Il confère le sentiment d'unité et d'appartenance et débouche sur la solidarité d'objectif. Le deuxième constituant de la cohésion provient des pratiques cohésives du manager et de celles des équipiers. Grâce à elles, la cohésion est renforcée. Quant à la cohérence, elle offre à tous une perspective qui unifie la vision commune et l'oriente. Elle suppose une convergence de tous les éléments internes ou externes qui participent à l'objectif.

Nous verrons par la suite que, comme toujours dans les systèmes, ces différents déterminants interagissent entre eux et fonctionnent de manière homéostatique, l'un pouvant compenser en partie l'absence relative de l'autre.

2.1. Le lien groupal

Le lien groupal, ensemble des éléments qui relient les équipiers entre eux et au tout de l'équipe, est le premier et le plus important des facteurs de cohésion. Constitué par des attractions diverses et des réseaux internes à l'équipe, il favorise une dynamique de coopération et de solidarité. Preuve de l'appartenance à l'équipe, il procure à ses membres l'identité spécifique qui les distingue des autres dans l'entreprise. De sa solidité dépendent en grande partie les résultats de l'équipe. Plus il est fort, plus le manager peut compter dessus dans des situations délicates. Il a donc tout intérêt à ce que les réseaux internes s'étoffent et à ce que l'attractivité se renforce.

Le lien groupal progresse au travers de trois stades : d'abord se crée une forme d'attirance envers l'équipe – c'est l'attractivité –, puis se forment au sein de l'équipe des réseaux d'affinité en même temps que des réseaux de communication et enfin une communauté d'intérêts se crée face à l'enjeu.

2.1.1. L'attractivité

L'attractivité qualifie l'attirance qu'un individu exerce sur un autre. Elle repose sur l'intérêt personnel que procure au second la fréquentation du premier. Elle se fonde sur l'estime et favorise un mouvement d'adhésion, voire un désir de ressemblance.

Expérience et travaux ►

Pour le psychanalyste W.R. Bion, qui a observé le fonctionnement de groupes de soldats, la capacité d'attraction ou de répulsion d'un équipier se mesure par la valence.

> Elle est définie comme la « disposition de l'individu à se combiner avec le reste du groupe », comme l'aptitude à « entrer dans le jeu » et par conséquent à faciliter la synergie. Cet auteur distingue une haute valence et une basse valence, mesurables par des procédures sociométriques : à partir des avis recueillis auprès des membres de l'équipe à qui on demande leur degré de préférence vis-à-vis des autres équipiers, il établit un tableau du positionnement de chacun dans l'équipe en termes d'acceptation ou de rejet.

Le pouvoir d'attraction d'un chef est un facteur important de la cohésion de son équipe. Un chef attire par son expertise, son charisme, son sens stratégique ou sa capacité managériale. Contrairement à une idée répandue, le charisme n'est pas le seul facteur d'attraction d'un chef, qui peut tout à fait compenser un manque de charisme par une autre qualité servant d'attracteur. Robert Waterman, dans son livre *les Champions du renouveau* (4), remarque que « les dirigeants sont censés être doués de charisme, mais ce n'est pas un terme qui s'applique aux chefs des entreprises championnes du renouveau. Leur personnalité comprend toute la gamme des tempéraments, des plus volubiles aux plus taciturnes, des plus expansifs aux plus introvertis ». Utile, le charisme du dirigeant, même s'il demeure l'un des plus puissants attracteurs, n'est pas pour autant indispensable, même si on ne peut nier que les équipiers ont besoin d'apprécier leur chef. Si ce n'est pas le cas, de graves préjudices peuvent en découler. Dans des travaux portant sur les réseaux de relations comparées de deux escadrilles militaires, J.G. Jenkis donne un exemple de ce que provoque la désintégration de la cohésion par manque d'attraction ou de relation avec le chef. L'escadrille dont la relation à son encadrement est mauvaise présente des troubles graves de dissension interne : tentation pour certains pilotes d'aller voler dans d'autres escadrilles, formation de sous-groupes antagonistes, réactions fréquentes de rejet.

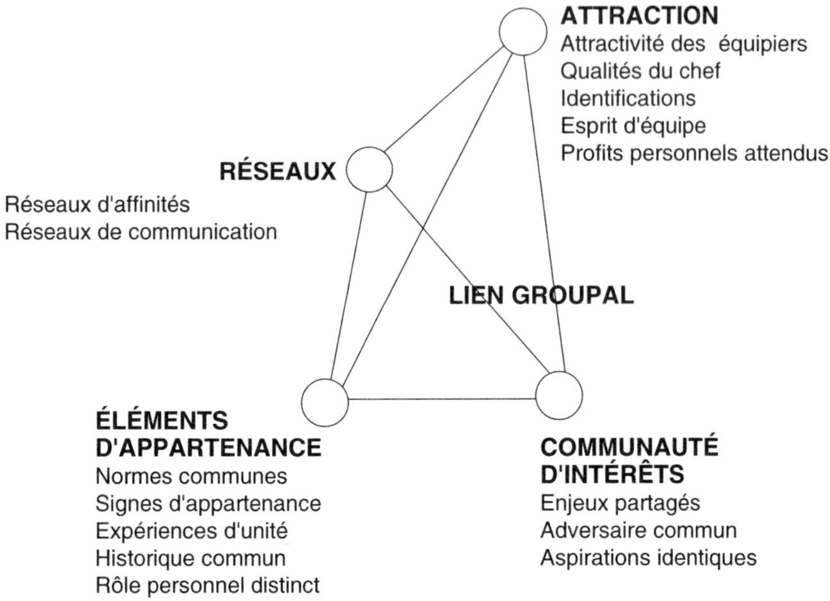

LES FACTEURS DE LIEN GROUPAL DANS LA COHÉSION

En revanche, celle qui a une bonne relation avec ses chefs se rélève plus âpre au combat et conserve un moral élevé (5). Dans le premier cas, la cohésion s'est dissoute, dans l'autre, elle a joué son rôle.

Notons que l'attraction ne se limite pas à l'aspect humain, d'autres attracteurs existent, tel que le challenge présenté par l'objectif. Au total, tous les aspects qui constituent l'équipe peuvent servir d'attracteurs : le chef, les membres, le niveau d'expertise, l'objectif ou la qualité de l'équipe.

2.1.2. Les réseaux d'affinités et de communication

Le lien qui maintient les membres ensemble se concrétise à partir de deux types de réseaux internes : les réseaux d'affinités et les réseaux de communication. Les premiers s'établissent à partir des relations affectives et les seconds se forment pour les nécessités opérationnelles. Nous verrons qu'ils interfèrent fortement et que la densité des premiers est un socle pour l'efficacité des seconds. Plus le nombre de ces relations est grand, plus le lien de l'équipe est fort.

On peut mesurer sa densité d'après le nombre de relations interpersonnelles que les équipiers entretiennent. Le schéma ci-après présente deux cas : l'un peu dense et l'autre, beaucoup plus serré, dans lequel les interactions sont nombreuses et s'enchevêtrent. Telles qu'elles sont représentées sur ce schéma, on peut déjà conclure à une vraie différence dans la vitalité de chacune des deux équipes.

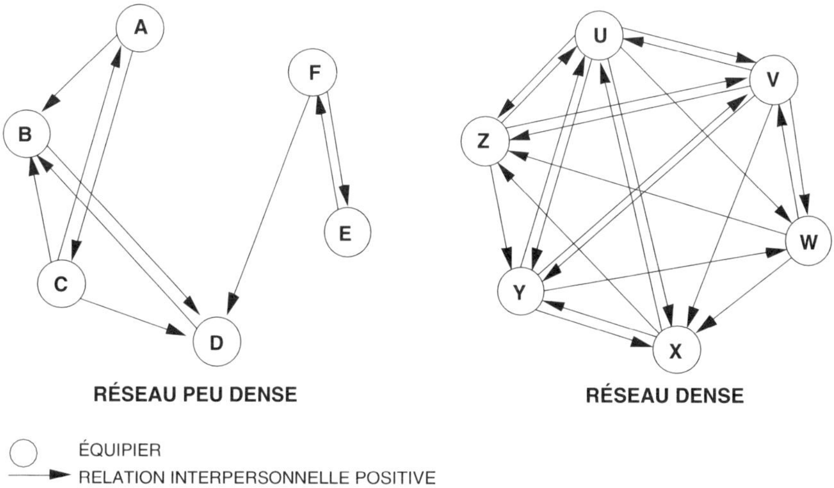

REPRÉSENTATION DES RÉSEAUX D'AFFINITÉS

Les deux catégories de réseaux, affinités et communication, n'ont pas besoin de se recouvrir exactement. Si le tissu d'ensemble est suffisant, deux équipiers entre lesquels n'existent pas d'affinités personnelles, peuvent très bien avoir de bonnes relations de communication fonctionnelle grâce à la qualité du climat général de l'équipe. On retrouve ici le principe d'homéostasie des systèmes, selon lequel ils pallient certaines de leurs déficiences internes par le fonctionnement solidaire de l'ensemble.

Les binômes ou trinômes réunissant des personnes qui ont ensemble des affinités sont à l'origine des réseaux internes à l'équipe. Ceux-ci fondent l'acceptation de l'interdépendance et par suite la coopération. Ils évitent que des comportements défensifs se mettent en place car la proximité ainsi établie limite les enjeux personnels.

La proximité entre les équipiers peut être plus ou moins grande. Selon les entreprises, le type de relation qu'entretiennent les collaborateurs varie, facilitant ou non l'établissement d'une vie d'équipe. Le degré de proximité est fonction à la fois de facteurs culturels propres à l'entreprise et du climat que le chef favorise. La juste proximité n'est ni trop grande ni distendue. Si son absence empêche toute action collective durable, en revanche une trop grande proximité inhibe toute position critique des partenaires entre eux. La relation risque alors de prendre le pas sur l'aspect opérationnel et de faire entrer l'équipe dans une relation amicale, avec comme résultat un degré d'exigence réciproque plus faible et une efficacité réduite.

Cette proximité interpersonnelle n'implique pas de franchir le seuil de la vie privée : proximité n'est pas intimité. Cette dernière se révèle d'ailleurs être un frein au changement. Une entreprise d'une centaine de personnes dans laquelle nous sommes intervenus était, du fait de son histoire, truffée de réseaux de relations amicales et maritales. Il est inutile de préciser que toute tentative de réorganisation, de confrontation ou d'évaluation du travail se heurtait à des formes de relations qui entraient en conflit avec les nécessités de l'entreprise et paralysaient son évolution.

Action

Ni trop forte, ni trop faible, la proximité est un facteur sensible qui conditionne la qualité du tissu cohésif. Il appartient au manager de placer le curseur au bon endroit afin d'obtenir les effets humains positifs et d'éviter les déperditions opératoires.

a) La centralité

S'étayant sur les réseaux d'affinités, les réseaux de communication sont structurés par la tâche et par l'organisation. A visée purement opérationnelle, ils sont surdéterminés par la richesse ou la pauvreté des réseaux d'affinités. En fait leurs propriétés dépendent de deux facteurs : la proximité et la structure de l'équipe. Cette dernière, selon la forme qu'on lui donne, instaure des distances plus ou moins grandes entre les équipiers, rendant le réseau de communication plus ou moins efficace.

Bavelas, en 1951 (6), a étudié la distance qu'un message émanant d'un individu devait parcourir pour être transmis à chaque équipier. Cette distance, dénommée degré de connexion, était calculée d'après le nombre de maillons nécessaires pour que chaque équipier dispose de l'information émise par l'un d'entre eux.

STRUCTURE EN CHAÎNE

Pour la chaîne ci-dessus, la distance de A à l'ensemble des autres est de 10, alors que celle de C est de 6. Pour évaluer cette distance, il faut additionner le nombre de maillons que A doit franchir pour communiquer : A-B = 1 maillon, A-C = 2 maillons, AD = 3, AE = 4. etc. Pour C, la somme de 6 est le résultat de C-B = 1, C-D = 1, C-A = 2, C-E = 2). La position de C est beaucoup plus centrale que celle de A et de E. Il dépense de ce fait moins d'énergie à informer et à s'informer. La totalité des distances entre des équipiers organisés en chaîne est ainsi de 40 (10 pour A, 10 pour E, 7 pour B et D, 6 pour C).
Lorsqu'on calcule les distances à parcourir dans d'autres configurations (chaîne, cercle, étoile), on peut extrapoler un certain nombre de conséquences. Par exemple, la distance totale du circuit d'information varie de 40 maillons pour la chaîne à 30 pour le cercle et 32 pour la configuration centralisée. En revanche dans le réseau interactif la distance individuelle entre chacun des membres est de 4 maillons et la distance totale du réseau est de 20.

b) Le degré de connexion et ses conséquences pour la réactivité

Le degré de connexion, mis en évidence par Luce (X), fait apparaître le nombre des connexions qui relient chaque équipier aux autres selon les différents types de réseaux. Ainsi, dans la chaîne, un seul maillon manquant peu déconnecter de un à quatre membres, alors qu'il faut supprimer quatre maillons dans le réseau interactif pour qu'un membre en soit déconnecté. Ces considérations montrent à quel point la structure et le mode plus ou moins interactif de l'équipe peuvent agir sur sa réactivité. Des expériences conduites sur les réseaux ont fait apparaître les caractéristiques suivantes :

a) certains individus, du fait de leur position centrale dans un réseau, jouent plus facilement un rôle leader
b) pour un problème complexe, la performance avec des informations émanant de plusieurs sources est meilleure en configuration interactive
c) les réseaux centralisés font moins de cas des idées de leurs membres ; en situation de compétition interne à l'équipe, la circulation d'informations y est encore plus ralentie.

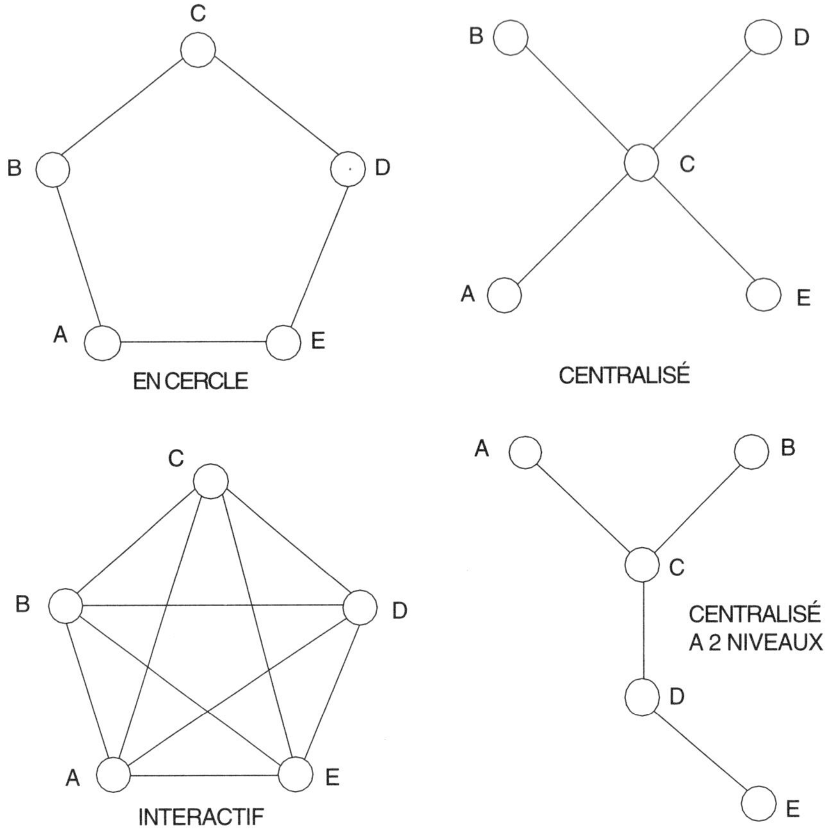

DIFFÉRENTES FORMES DE STRUCTURE

Ces expériences représentent pour le manager des points de repère lui permettant de constituer son équipe en fonction du niveau de réactivité souhaitée. Plus il la veut créative plus il doit l'organiser en réseaux.

2.1.3. La communauté d'intérêt et la solidarité d'objectif

Le lien, premier facteur de la cohésion, et résultat à la fois de l'attractivité et des réseaux internes, se trouve encore renforcé par la solidarité d'objectif. L'équipe rassemble des semblables qui partagent des intérêts communs. Que cela soit l'intérêt pour le football, le marketing ou l'entreprise, les membres d'une équipe ont ensemble soit une passion, soit un métier. Elément fédérateur, cette passion ou ce métier génèrent une communauté.

Lorsque l'enjeu est collectif, chaque équipier vise le résultat pour lui-même, bien qu'il ait parfaitement conscience de ce qu'il faut être plusieurs pour y arriver. La réussite est ressentie individuellement par chacun. La solidarité d'objectif provient du besoin que chacun a des autres pour arriver à son propre sentiment de réussite. Une fois atteint l'objectif, chacun peut dire « je » : j'ai construit... j'ai gagné... Et les autres partagent avec lui ce sentiment qui mêle les affinités professionnelles et la satisfaction d'avoir réussi.

2.2. Les pratiques cohésives

Après le lien groupal, le deuxième facteur de cohésion résulte des pratiques cohésives. Certaines relèvent du management lui-même comme l'exercice de l'autorité, d'autres proviennent du fameux « esprit d'équipe » qui se traduit par l'intérêt pour autrui, la capacité à gratifier, le sens de la coopération, etc.

Obtenir et entretenir la cohésion malgré les aléas de la vie professionnelle requiert de bien connaître les conditions susceptibles d'instaurer un climat favorable. Au premier rang vient le style de commandement.

Expérience et travaux

Des disciples de K. Lewin ont démontré que les styles de commandement présentent des conséquences immédiates et durables sur l'activité et le climat d'un groupe. Bien que les expériences suivantes portent sur des classes d'enfants, leurs résultats sont tout à fait transposables pour des adultes et des managers, si on en juge par des jeux d'entreprise qui reprennent ces schémas.

2.2.1. *Le style de commandement*

Entre 1939 et 1952, Lippitt et White ont conduit différentes expériences sur des groupes d'enfants (7), afin de tester les conséquences du comportement du moniteur sur la vie du groupe. L'expérimentation a été conduite selon trois modèles de commandement – autocratique, démocratique, laisser-faire – et cela pour chaque groupe d'enfants.

Cette expérimentation a permis de voir que les variations de comportement étaient immédiates et significatives, et qu'elles influaient directement sur la dynamique relationnelle et le style de vie du groupe.

a) Le modèle autoritaire

Dans le premier modèle, celui du commandement autoritaire, le moniteur décide des activités et des tâches sans rien expliquer ni justifier. Il ne participe pas aux activités elles-mêmes mais fait des critiques personnelles sans donner ses critères. Ce style se révèle performant en présence directe du moniteur mais, peu intéressés par la tâche, les enfants l'abandonnent dès qu'il s'en va. Par ailleurs il produit des réflexes qui vont de l'apathie à l'agressivité, provoque un état de dépendance vis-à-vis du chef et détourne les enfants de relations directes entre eux. Il développe de plus une forte pression de conformité sur les individus.

b) Le modèle démocratique

Dans le style démocratique, les décisions sont prises à la suite de discussions et les étapes de progression sont clairement formulées. La division du travail et la répartition des sous-groupes sont laissées au libre choix des enfants, mais avec l'aide de l'adulte. L'évaluation est faite sur des critères explicités et connus de tous. Dans ces groupes se développent des réseaux d'affinités, une forme de solidarité et des réactions d'interdépendance entre les membres. Les différences individuelles s'y expriment et les participants prennent des initiatives. La production, élevée, reste stable en l'absence du moniteur, la cohésion et le climat socio-affectif y sont positifs. Les conflits et tensions s'expriment librement et ne provoquent pas, en l'absence du chef, de débordements comme dans la situation autoritaire.

c) Le modèle « laisser-faire »

Un troisième modèle est testé : le laisser-faire. Le chef est en retrait, il n'intervient qu'à la demande, sans prendre d'initiatives et ne donne pas d'avis. Evidemment il ne participe pas aux activités.

Dans les groupes d'enfants soumis à des situations de laisser-faire, on relève le plus fort taux d'agressivité et la plus mauvaise performance, que ce soit ou non en présence du chef. Cependant l'activité y est grande mais peu productive : cohésion, climat et niveau de satisfaction y sont tous trois mauvais.

Cette expérience démontre l'intérêt d'adopter un style ouvert pour construire et entretenir la cohésion. C'est ce style qui fait preuve de la meilleure cohérence entre les buts à atteindre et les moyens humains à mettre en place pour y parvenir.

Cependant, d'autres expériences mettent en évidence que le leadership autoritaire présente des avantages en situation de stress du groupe : le rendement peut réellement s'élever avec ce mode managérial, à condition qu'il ne s'installe pas dans une durée excessive à l'issue de laquelle on retrouve les inconvénients tels que la passivité ou l'agressivité.

2.2.2. Les attitudes de compagnonnage

Des attitudes de compagnonnage, comme la coopération, la reconnaissance, la tolérance, la complicité, qui dépendent en partie des équipiers, sont à l'origine du climat de l'équipe.

L'équipier qui a le sens de l'autre ne reste pas centré sur sa seule personne, il éprouve un véritable intérêt pour autrui. A ce titre, il sait écouter et entendre, gratifier ou encourager ; tolérant, il a une attitude ouverte mais non dépourvue d'exigence. Autonome, sachant prendre ses responsabilités, il respecte les règles, les enrichit et s'engage dans la tâche avec un vrai sens de la coaction.

Il n'est pas indispensable pour être équipier d'avoir des qualités charismatiques particulières, mais il serait inconcevable de ne pouvoir accepter d'autres façons de faire ou d'autres valeurs que les siennes. Il n'est pas indispensable non plus d'être un excellent camarade mais il faut se rendre suffisamment attrayant soit de par sa personnalité, soit du fait de ses compétences. Ces attitudes qui font la qualité du climat, peuvent se regrouper selon trois axes : la gratification, la coopération et la complicité.

a) Les gratifications

Les gratifications que nous abordons ici ne sont pas d'ordre pécuniaire mais exclusivement humaines. Manifestations verbales ou relationnelles échangées entre deux personnes, les signes de reconnaissance expriment la satisfaction, la proximité ou l'estime et sanctionnent l'activité. Parfois très discrets, ces signes ont une grande importance pour l'enrichissement du lien. Ils procurent une satisfaction qui produit l'effet d'une nouriture (ne dit-on pas feed-back en anglais ?).

Soulignons que la recherche de gratification est, avec l'argent, une des raisons fondamentales de l'engagement dans l'action ou le travail. La fameuse expérience d'Elton Mayo, conduite en 1924 à la Western Electric aux États-Unis, a mis en évidence l'importance de la valorisation des personnes.

Expérience et travaux

Cherchant à augmenter la productivité, l'entreprise fait des expériences de variation de la lumière sur un atelier de montage. On s'aperçoit que l'augmentation de la lumière fait croître la productivité, preuve éminente de ce que proposaient les conseillers de la firme. Une contre-mesure est tentée pour accéder à une certitude définitive. Les expérimentateurs font baisser la lumière pendant le mois suivant, en continuant les relevés d'observation. Résultat insolite : la productivité reste à un niveau élevé, supérieur à ce qu'il était auparavant. On joue alors sur des augmentations et diminutions d'autres facteurs (horaires, équipes) puisque ce n'était manifestement pas la lumière qui était en cause. Rien n'y fait : la productivité reste élevée. Jusqu'à ce qu'un groupe de psychosociologues consultés mette en évidence que c'est l'intérêt de l'entreprise pour cet atelier qui est à l'origine de l'augmentation de la production ! La conduite de cette expérience avait été, contre toute attente, ressentie comme un effet de reconnaissance pour le personnel de la part de la direction, bien que ce ne fût ni sa volonté ni un intérêt particulier pour ces ouvrières. Elles avaient cru, elles, à un intérêt qui les a stimulées.

Un signe de reconnaissance est un arrêt sur la personne, un temps de considération, le contraire de l'ignorance et de l'indifférence. La satisfaction qui s'ensuit apporte une réponse à la question constante de la qualité et de l'utilité de son action, renforce une image positive de soi et assure de l'estime d'autrui. L'être humain, en entreprise comme ailleurs, a besoin de ces signes de reconnaissance et les recherche dans la plupart de ses actes. Nombre de conversations n'ont d'ailleurs comme objet réel que de passer du temps ensemble ou d'obtenir des signes de gratification sous couvert de récits professionnels.

L'absence répétée de ces signes est parfois ressentie comme une indifférence. Elle est difficile à supporter parce qu'elle crée le doute sur ce que l'on fait, et qu'elle laisse croire à un manque d'intérêt de l'autre pour soi-même. Rien n'est plus pénible à tolérer et nombre de personnes qui se sentent niées dans leur travail en deviennent aggressives ou passives. Le peu de prise en compte par certaines organisations de la nécessité d'expression de l'estime est à l'origine de la plupart des conduites d'entrave ou d'entropie. A ne pas vouloir satisfaire ce besoin, elles se retrouvent en face de collaborateurs qui leur livrent du temps désinvesti. Nous avons rencontré un dirigeant qui tenait ses employés en grande estime sans le montrer ni même le laisser voir. Il ne sortait jamais de son bureau et le personnel de l'usine le pensait froid et hautain, se sentant traité sinon par le mépris, en tout cas par l'indifférence. Il a suffit qu'il décide de manifester sa disponibilité et son intérêt en se promenant un quart d'heure par semaine dans l'usine pour que l'état d'esprit change.

Les signes de reconnaissance permettent de soutenir et d'encourager l'effort fourni. Les matches de sports collectifs en donnent un bon exemple : embrassades des joueurs, partage de joie, gestes de consolation après un échec, etc… Ce besoin fondamental est souvent méconnu par les managers, qui, eux, obtiennent par d'autres biais l'estime dont ils ont besoin. D'abord par leur statut de cadre, ensuite par leur appartenance à deux équipes distinctes (opérationnelle et de direction). Enfin leur degré de centralité dans les équipes qu'ils dirigent produit un effet mécanique de reconnaissance. Autant d'avantages que n'ont pas les collaborateurs et qui nécessitent d'être compensés.

b) Le sens de la coopération et l'interdépendance

Bien travailler ensemble requiert deux conditions : mettre ses aspirations personnelles au service de la communauté et partager des valeurs liées à la coopération. Sans ces conditions, les enjeux individuels déclenchent des comportements de concurrence interne qui pénalisent l'équipe. Collaborer à la réussite collective implique que chaque équipier accepte de reléguer au second plan toute tentation d'un jeu par trop personnel et qu'il renonce aux satisfactions qui y sont associées pour les échanger contre les satisfactions du jeu collectif. Un directeur général qui nous consultait sur le peu de cohésion de son groupe de direction s'évertuait, pour stimuler ses directeurs, à leur faire entrevoir à chacun en tête à tête l'éventualité de leur promotion à sa place de directeur général, sûr d'obtenir ainsi de chacun un meilleur résultat. En provoquant ces stimulations individuelles, il cassait toute chance de synergie au sein de son équipe et les comportements de stratégie personnelle ne laissaient plus aucune place à la constitution d'un climat serein.

Les valeurs de confiance, d'acceptation d'autrui, et les pratiques liées à l'action concertée se regroupent dans le concept d'interdépendance, c'est-à-dire la capacité à accepter de dépendre partiellement d'autrui. L'interdépendance est un espace où la responsabilité s'exerce à plusieurs et où toute action de l'un implique une influence sur l'autre, toute décision de l'un entraîne des conséquences dans le domaine de l'autre.

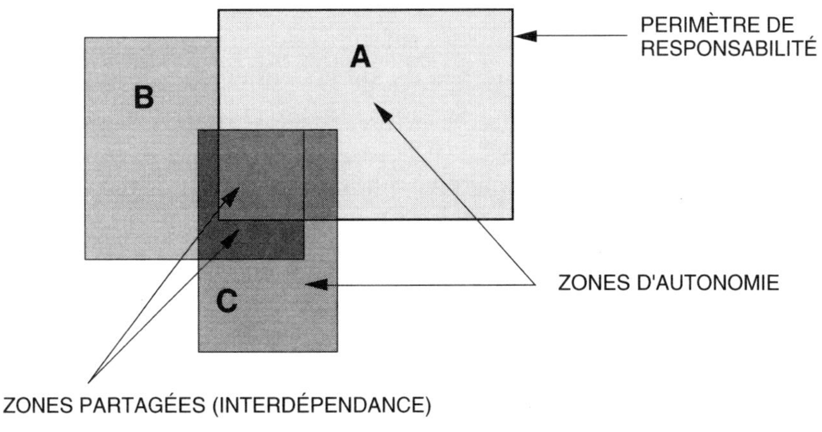

LES ZONES DE RESPONSABILITÉ DANS L'ACTION CONCERTÉE

La qualité de l'acceptation de l'interdépendance
fait la qualité de l'équipe.

Lorsqu'il y a interdépendance, le périmètre de responsabilité qui échoit à un équipier se divise en deux sous-ensembles : une zone d'autonomie et une zone partagée. Dans la première il peut prendre ses décisions seul, dans la seconde il ne peut le faire qu'en accord avec les codétenteurs de la responsabilité : un opérationnel organise son action comme il l'entend, mais s'il a besoin de crédits supplémentaires, il doit s'entendre avec le financier. Ils sont interdépendants.

La réticence à partager sa zone d'autonomie et son pouvoir s'oppose à l'optimisation de l'interdépendance. Il en résulte un fonctionnement cloisonné. En souhaitant demeurer totalement autonome sur son périmètre de responsabilité, le collaborateur a le sentiment d'un pouvoir total dans le cadre de sa fonction. Il n'a pas d'efforts de tolérance à faire vis-à-vis d'autrui ni de comptes à rendre ! La conséquence en est une piètre réactivité et l'impossibilité de réaliser des projets complexes nécessitant le concours de plusieurs.

Une autre difficulté de l'interdépendance provient de l'attribution du résultat : à qui imputer la réussite ou l'échec ? Du fait du fonctionnement interdépendant, la production est devenue coproduction, la responsabilité coresponsabilité. Responsable en partie seulement, l'équipier est cependant jugé au résultat de l'ensemble. En interdépendance complète, il ne peut plus se considérer comme acteur unique mais seulement comme contributeur. Le moyen de se conserver une gratification individuelle réside alors dans la qualité de sa contribution.

c) La complicité et l'intelligence collective

La troisième attitude de compagnonnage est la complicité tactique. C'est un état supérieur de l'interdépendance. Attitude courante dans les équipes développées, elle consiste à s'appuyer sur le talent de l'autre et à l'utiliser. Elle est conditionnée par la connaissance des capacités de celui à qui on passe le relais et par l'acceptation d'être son servant. Etre équipier demande une volonté de coopérer. Mais être équipier d'une équipe performante est plus exigeant encore puisque cela signifie chercher à connaître autrui pour l'utiliser ou se laisser utiliser par lui. L'intelligence collective est à ce prix. Cela suppose aussi une bonne pratique de la gratification chez celui que la situation met en première ligne. Un champion qui, au moment du succès, n'aurait pas de gestes envers l'équipe support qui lui a permis de gagner, perdrait toute chance de la maintenir hautement motivée lors du prochain challenge.

L'intelligence tactique, présente dans le sport, existe aussi dans les équipes performantes. Cette connivence, véritable prolongement ludique de la solidarité, renforce encore la cohésion pour la porter à son niveau le plus haut et en faire non plus seulement une condition mais un outil de la performance. Dans cette boucle à plusieurs, chacun se retrouve, chacun a une part. L'un dans la qualité de la transmission, l'autre dans la saisie de l'opportunité qui conduit au succès. Et tous dans le fait d'avoir partagé une vision commune de l'action à mener. Un tel fonctionnement signe le sommet du jeu collectif et ajoute du plaisir à l'efficacité.

2.3. La cohérence

La cohérence est avec le lien groupal et les pratiques cohésives le troisième facteur de la cohésion. Par cohérence, nous entendons la continuité qui peut être établie par l'équipier entre son action et les orientations de l'entreprise. Elle permet à chaque collaborateur de s'inscrire dans une suite logique entre la stratégie de l'entreprise et son propre travail. Donnant sens à son action, elle suppose une mise en relation continuelle de l'engagement individuel avec les aspects économiques, sociaux, professionnels et industriels de l'organisation. Elle présente pour la personne un moyen d'insertion sociale : être membre d'une équipe, exerçant tel métier dans telle entreprise la pose socialement. Le travail est investi différemment selon que l'on installe des câbles téléphoniques ou que l'on « relie des hommes » pour reprendre une formule de France Télécom. Chacun doit pouvoir établir un enchaînement cohérent entre lui et le but poursuivi par l'entreprise. Le sens de l'action, qui, dans de grandes unités, se perd du fait de la parcellisation du travail, doit être réintroduit par le management pour que s'exerce le sentiment d'utilité qui recoupe celui d'appartenance. Fédérer une entreprise, c'est permettre que s'établisse continuellement ce lien entre l'action individuelle et celles des différents organes de l'organisation. Si la segmentation des tâches est trop forte ou l'information trop faible, le salarié n'est plus en prise avec le sens de son activité. L'entreprise se prive alors d'un levier. Croyant y gagner en temps, elle y perd en résultat.

Parfois la cohérence n'est pas évidente. Nous avons eu à conduire un séminaire de remotivation dans une entreprise qui se trouvait sous le choc d'un plan social. Les dirigeants ont dû faire preuve d'une grande adresse pour faire comprendre aux collaborateurs que la dépense engagée dans la remobilisation, loin d'être superflue, émanait de la même logique que le plan social : dégraisser et muscler rapidement l'entreprise pour enrayer la spirale de déclin.

Sans communication expliquant la démarche de l'entreprise, certaines décisions apparaissent incohérentes au point d'entamer la mobilisation. Il est fréquent de constater que de nombreux problèmes sont résolus dès que les collaborateurs ont compris ce à quoi l'entreprise est confrontée à l'extérieur. A la suite d'un retournement d'orientation, le dirigeant de la branche française d'un groupe américain avait à faire face à de sérieux mécontentements de ses collaborateurs.

	COHÉSION HUMAINE	COHÉSION TECHNIQUE
FACTEURS LIÉS A L'ATTRACTIVITÉ	Attractivité du leader Attractivité des membres Image de l'équipe	Développement des compétences Intérêt pour l'objectif Niveau de professionnalisme
FACTEURS LIÉS AU LIEN INTERNE	Réseaux d'affinités Attitudes de compagnonnage • complicité et intelligence collective, • tolérance des avis différents, • convivialité et proximité, Style de commandement • modèle autoritaire, • modèle consensuel, • modèle contractuel, • modèle laisser-faire,	Réseaux de communication Sens de l'interdépendance Reporting volontaire continu Définition des rôles spécifiques Évaluation des procédures Pratiques de préparation et d'anticipation Intentions tactiques Scénarios de réponse
FACTEURS LIÉS A LA COHÉRENCE	Désir d'appartenance Acceptation des orientations stratégiques	Informations continues sur l'entreprise Participation aux débats Gestion des conflits de rôles
RENFORCEMENTS LIÉS AU MORAL	Succès Faible turn-over Gratifications réciproques Célébrations Compétition avec d'autres Forte mobilisation	Soutien des supports externes Coresponsabilité Pro-activité Rythme et synchronisation Intelligence collective

L'ARTICULATION DES FACTEURS DE COHÉSION HUMAINE ET DE COHÉSION TECHNIQUE

Sa politique locale s'était trouvée prise à contre-pied du fait de la situation de l'entreprise aux USA. La nouvelle orientation, en fait imposée par le groupe, était ressentie par la branche Française comme une incohérence politique de sa part. Pour ses collaborateurs, maintenus dans l'ignorance de ce qui se passait aux USA, il apparaissait comme seul maître à bord et de ce fait ce revirement lui était imputé comme une marque d'un manque de volonté politique. L'explication de la nouvelle stratégie internationale a suffi à rétablir la cohérence malgré le changement de cap et à éviter démobilisation et discrédit.

3. Les facteurs de cohésion technique

Repère ▶ Nous avons vu que certaines attitudes favorisent la cohésion humaine. D'autres pratiques conduisent à la cohésion technique. Une représentation claire des différents facteurs qui y concourent doit permettre de la mesurer et de la développer. ▶▶▶▶

Il n'y a pas d'équipe sans règles communes. Ces « bonnes pratiques » s'apparentent au « circuit électronique » ou au système nerveux dans un ensemble intégré. Ce sont des moyens et des repères pour conduire l'action, prévoir les résultats, assurer la fiabilité et la qualité. Elles concernent la totalité de la vie d'équipe : objectifs, flux de communication, réunions, planification, maîtrise des coûts et délais, ainsi que tout ce qui agit sur l'efficacité collective. Sans ces pratiques communes, il peut y avoir une équipe motivée mais non une équipe durablement efficace. Dans les sports collectifs ces habitudes de jeu évitent le désordre et la précipitation. Elles permettent des décisions rapides à partir de scénarios préétablis. La connaissance partagée par tous des fonctions de chacun et des différentes formes de réponses assure la pertinence des réactions. Comparables à un code, les pratiques d'équipe facilitent la compréhension, la vitesse d'exécution, l'anticipation, en un mot l'intelligence collective.

Pour parvenir à l'excellence collective, les équipiers doivent être solidairement responsables de la focalisation sur l'objectif et de l'unité de fonctionnement. Nous allons détailler plusieurs des savoir-faire directement liés à cette cohésion technique :

- la préparation et l'anticipation,
- la coresponsabilité (transmission d'informations, gestion de l'interdépendance, suppléance, contrôle réciproque),
- le sens de l'équipe (prise d'initiative, exercice de sa responsabilité humaine, confrontation),
- l'évaluation,
- le rythme et la synchronisation,
- l'intention tactique.

Certains de ces savoir-faire sont spécifiques à l'équipe, d'autres sont des comportements professionnels traditionnels mais qui prennent plus d'importance ici compte tenu de l'enjeu.

3.1. La préparation et l'anticipation

La préparation et l'anticipation sont deux façons de gagner sur le temps. La préparation optimise l'utilisation du temps en rassemblant les conditions d'efficacité, en prévenant les freins, les obstacles, et en anticipant les scénarios. Grâce à la préparation, on évite de se retrouver sous stress ou dans l'urgence.

L'anticipation, acte essentiel de la préparation s'attache aux aspects prévisibles et imprévisibles de l'action à assurer : délais, défaillances, imprévus, conduites à tenir dans les situations d'incertitude. Dans les équipes sportives, elle consiste pour un équipier à prévoir l'intention de l'autre et à s'y tenir prêt. Dans les équipes de recherche et développement, l'anticipation contribue à réduire les délais en facilitant la superposition des phases. Les entreprises qui investissent dans des modalités de préparation des réunions voient le temps consacré à celles-ci se réduire d'un tiers. C'est dire la rentabilité que peut présenter une bonne pratique de la préparation.

Action

En fait, ces deux démarches de préparation et d'anticipation favorisent la vitesse d'éxécution par un déplacement en amont de l'énergie investie afin de soulager la phase de réalisation.

3.2. La coresponsabilité

Un véritable fonctionnement d'équipe établit de façon collective un partage de la responsabilité finale. Chacun portant d'une façon le tout de la responsabilité doit poser des actes qui, dans des groupes classiques, ne sont que du ressort du « responsable ».

La coresponsabilité repose sur des pratiques comme les transmissions d'informations, le contrôle réciproque, la suppléance.

a) La responsabilité dans les échanges d'information dépend à la fois de ceux qui émettent et de ceux qui reçoivent. Selon cette conception, chacun est responsable non seulement de son reporting auprès des autres mais aussi de la quête de l'information dont il a besoin. Il faut considérer l'information comme un flux autour duquel tous se coordonnent et réagissent, flux qui doit être pris en charge par les deux extrémités à la fois, de l'émission et de la réception. Aller chercher l'information et la transmettre, conditions de la vitesse d'exécution, sont de la responsabilité de chacun dans les deux sens.
La responsabilité des membres en matière d'information ne s'arrête pas au passage de relais. Les équipiers ont à assurer l'intégration des informations et à faire en sorte qu'elles soient comprises. La visualisation (utilisation de schémas, de tableaux), la rédaction des compte-rendus en deux vitesses de lecture, permettant une appréciation rapide, le surlignage à l'intention du destinataire, favorisent l'accessibilité à l'information et multiplient par deux la portée de la transmission. Ces pratiques de traitement par l'émetteur deviennent d'autant plus importantes que le courrier électronique a tendance à saturer les destinataires et que, si on veut les atteindre et être entendus d'eux, il faut élaborer de nouveaux moyens.

b) Le contrôle réciproque entre les équipiers est une deuxième forme de l'exercice de la coresponsabilité. Identifié à l'objectif commun, chaque équipier se sent investi de la globalité de la responsabilité. De ce fait il exerce un droit de regard sur l'action des autres et y est soumis de même. Comme dans un avion où chaque membre de l'équipage assure le contrôle de ce qui est fait par un autre, les équipiers doivent, pour des raisons de sécurité et de qualité, pratiquer ce contrôle réciproque sur leur travail.

c) La suppléance, troisième segment de la coresponsabilité, permet d'éviter des ruptures dans le fonctionnement et de maintenir le rythme. Chaque équipier doit prévoir sa suppléance. Ce n'est pas le simple coup de main donné de plus ou moins bonne grâce pour remplacer un absent, c'est un support continu et réciproque, c'est un état d'esprit, une façon de se tenir toujours prêt pour la permanence de l'action. La suppléance fonctionne comme les connexions dans le système neuronal : la disparition de neurones est remplacée par de nouvelles synapses. Cette flexibilité de réponse présente un double avantage : celui de la réactivité et celui de la stimulation.

3.3. L'évaluation

Troisième pratique de la cohérence technique, l'évaluation permet de comprendre ce qui a été fait, comment cela l'a été, et de mesurer les résultats obtenus par rapport à ce qui avait été prévu. C'est l'occasion d'avoir une réflexion sur la méthode utilisée et les pratiques mises en place à partir de critères définis par l'équipe elle-même. Des corrections s'ensuivent, soit sur l'application des règles, soit sur leur modification.

L'évaluation est la base de toute progression de l'équipe. C'est elle qui favorise le passage de l'équipe authentique vers l'équipe performante. La finesse d'analyse de ce qui a été réalisé, entraîne la finesse de qualification des pratiques communes futures. Ce qui favorise le niveau de performance ultérieur. Plus on atteint cette subtilité, plus l'action devient précise et l'équipe apte à gérer des situations pointues. Dans les grandes équipes sportives, la projection du film de l'action passée permet de tirer des enseignements et de procéder à une évaluation constructive. Cette forme de concertation a posteriori, avec ou sans film, présente une grande utilité pour améliorer le fonctionnement coopératif à venir.

Combien d'équipes d'entreprise investissent-elles du temps dans l'évaluation ? Assez peu. Démarche courante dans les services de formation, elle est peu utilisée par les équipes opérationnelles. Certes, l'entretien annuel présente une fonction comparable mais il ne permet pas à la totalité de l'équipe de réfléchir ensemble. En fait l'évaluation n'est souvent que l'œuvre du manager, alors que, réalisée lors d'une démarche commune de l'équipe, elle devient source de responsabilisation pour tous et renforce la qualité cohésive.

L'une des difficultés à mettre en place cette démarche réside dans le courage dont il faut faire preuve pour s'entretenir avec autrui au sujet de son comportement. L'évaluation nécessite de revenir sur sa propre part de responsabilité dans le fonctionnement global de l'équipe, sans s'inventer des circonstances atténuantes. D'où l'intérêt d'une bonne cohésion humaine qui rend ce travail plus aisé.

Action

Une telle évaluation doit être managée avec un grand sens de la personne et une bonne connaissance des principes de régulation. A raison d'une à deux réunions par an, cela constitue un puissant facteur d'amélioration, à l'instar de l'entretien annuel.

3.4. Le sens de l'équipe

Le sens de l'équipe est un état d'esprit, un stade supérieur de la coresponsabilité. Synonyme d'initiative et de responsabilité, il les dépasse car sa perspective est plus large. Initiative, dans le respect des règles et des rôles, responsabilité vis-à-vis d'autrui et confrontation sur les aspects opérationnels sont trois aspects essentiels du sens de l'équipe. Il va sans dire qu'une équipe n'arrive à un tel niveau qu'après avoir franchi différents stades de maturité collective.

a) La qualité du tissu cohésif et du moral de l'équipe dépend pour une part importante de cette forme de solidarité et de tolérance qu'est la responsabilité humaine. Elle consiste à assumer sa part dans le soutien des autres, l'encouragement, la confrontation et la gratification. Ces comportements ne sont plus l'apanage du seul manager dans une équipe mature. Le climat et la bonne intégration de chaque équipier y sont l'affaire de tous.

b) La tolérance et l'intérêt pour autrui sont deux nécessités de la relation d'équipe. Elles protègent la cohésion, continuellement menacée par les frictions qui ne manquent pas de survenir. Les risques de conflits sont nombreux en équipe : conflit de pouvoir, de méthodes, d'allégeance, blessures narcissiques, stress, etc. L'aptitude de chacun à régler ces difficultés avant qu'elles ne se cristallisent permet à l'équipe de maintenir son unité.

c) La confrontation est une conséquence du contrôle réciproque. Elle est liée à l'application ou la non-application des principes d'action. Qu'elle se fasse dans les vestiaires du stade, dans le feu de l'action ou lors d'une séance d'évaluation, elle doit répondre à une condition incontournable pour être efficace : préserver la qualité de relation entre les deux protagonistes, confrontant et confronté, sans jamais tourner à l'affrontement. Dans l'affrontement, les personnes ne tentent pas de protéger la qualité de leur relation et prennent au contraire le risque d'une dégradation. Dans la confrontation, il y a une réelle protection de la personne confrontée par celle-la même qui confronte. C'est une appréciation formulée clairement mais en aucun cas une occasion ou un moyen d'exprimer de la rancœur ou de blesser autrui. Fréquemment, l'utilisation de la confrontation n'est pas bien ressentie, justement parce qu'elle est confondue avec l'affrontement. En fait elle consiste seulement à interroger l'autre sur sa conduite et ses actes au nom de la communauté d'objectif.

Dans une équipe peu mature, cette démarche est le fait du chef et se déroule généralement en privé et uniquement à l'occasion d'un incident. Dans une équipe plus développée elle devient une nécessité. Pratique exigeante et courageuse, on ne la rencontre guère qu'au quatrième stade du développement des équipes.

3.5. Le rythme et la synchronisation

En équipe, le temps est contractuel et fonctionne selon un rythme commun à tous. Il n'est pas envisageable que certains aient un rythme soutenu alors que d'autres se contentent d'une cadence amortie. Il y a un rythme de l'équipe, un rythme du projet, un rythme du marché, que chacun doit connaître et que le manager utilise comme un support qui cadence l'action.

Un bon rythme est un facteur à la fois de performance et de moral qui s'établit dans une équipe à la façon d'une norme collective. Il suffit pour s'en convaincre de penser aux courses par équipe ou aux cadences des marches militaires. Si en entreprise l'importance du rythme n'est pas aussi spectaculaire (hormis sur les lignes de production), la réduction des facteurs qui le cassent, la planification des tâches en parallèle, la mesure des temps de réponse vont cependant bien dans ce sens. Dans certaines entreprises, ce sens du rythme est réellement managé, y compris au niveau des équipes du tertiaire. La Rapid Response Team mise en place chez McKinsey au service des deux mille consultants du groupe dans le monde pour faciliter l'accès à la masse des connaissances en un temps optimum en est un exemple (8). Ainsi, ni la recherche approfondie ni la dispersion géographique propre aux équipes transnationales n'effritent le rythme. Au contraire, elles l'entretiennent.

Une rupture de synchronisation au sein de l'équipe pénalise l'ensemble et peut, si elle se renouvelle, casser le rythme. Tout retard d'une partie entraîne un retard du tout. Chacun sait que, dans un projet, le non-respect d'une échéance par un seul équipier peut vider toute planification de son sens et faire dériver un délai. Dans certains cas comme celui, classique, des réunions, le retard d'un seul multiplie le temps perdu par le nombre de participants !

Le rythme est aussi l'affaire du contexte de l'équipe. La réactivité d'une équipe relève globalement de l'aptitude de l'entreprise à engager ses collaborateurs dans la prise en charge des difficultés ou des challenges qui sont les siens. De nombreuses équipes de recherche et développement n'ont divisé leur délai de mise sur le marché de nouveaux produits qu'en améliorant la rapidité de circulation de l'information des acteurs entre eux.

> Michael Hammer et James Champy citent dans leur livre *le Réengineering* (9) l'exemple de Kodak. Lorsque cette entreprise a vu arriver sur le marché les appareils photo jetables de son concurrent Fuji, elle s'est trouvée démunie, ne pouvant pas riposter à moins de soixante-dix semaines, selon son délai habituel de conception de produits.
>
> Elle a réagi en développant le travail en parallèle et en mettant en place une conception assistée par ordinateur grâce à laquelle chaque membre du projet pouvait quotidiennement se tenir au courant de ce que faisaient les autres et réagir immédiatement, au lieu d'attendre une prochaine réunion d'avancement du projet. Ainsi les développeurs d'outils ont pu commencer leur travail au bout de dix semaines alors qu'il leur en fallait vingt-huit auparavant. En conséquence il ne fallut, grâce à la réduction des temps de réaction, que trente-huit semaines à Kodak pour être présent sur le marché.

Dans la pratique, quatre types de facteurs agissent sur le rythme :

- la pression des échéances ;
- le degré de mobilisation ;
- les éléments techniques (rapidité du système d'information, simplification des procédures, suppression des actions inutiles) ;
- la synchronisation (précision dans la coordination).

On entend parfois dire que les urgences et les priorités empêchent d'établir un rythme. A notre sens, c'est l'inverse : l'absence de gestion du rythme produit neuf urgences sur dix. Ce qui gêne souvent la mise en place de rythmes, ainsi que l'organisation des collaborateurs dans certaines entreprises, relève plus des impatiences d'un chef que des événements extérieurs imprévisibles. Le désir du directeur général de faire une réunion d'encadrement impromptue s'impose à tous aux dépens de tout ce qu'ils avaient organisé. C'est dire que des dizaines d'équipes s'en trouvent perturbées !

Lorsqu'un manager fait tourner toute une équipe sur son rythme personnel, sans conscience de l'importance de celui de ses collaborateurs, on en arrive à des conflits de priorité entre deux rythmes, sans possibilité d'arbitrage. Cette façon de procéder annihile tout avantage productif que procure un rythme établi. Nous voyons fréquemment par exemple, dans des espaces de travail ouverts, des patrons faire tout haut des interventions verbales qui font lever la tête à tous, les interrompant dans leur production et cassant la concentration et le rythme de travail des collaborateurs.

Action

Le rythme est un moyen de management. Pour obtenir un tel effet, le manager doit s'appuyer sur des cycles : annuel, mensuel, hebdomadaire et quotidien. Et à l'intérieur de ces cycles s'établissent des rythmes qui entraînent chacun.

3.6. L'intention tactique

Au-delà de sa sphère de contribution individuelle, un équipier doit en permanence faire preuve d'une compréhension de la globalité des éléments nécessaires pour atteindre l'objectif. Bien qu'une seule partie des rôles lui soit dévolue, il doit prendre en compte continuellement les conséquences de ses actes sur l'ensemble du projet. Il ne peut par exemple se focaliser sur les coûts en omettant les délais, ou le contraire. Partageant, comme nous l'avons déjà dit, la totalité de la responsabilité, il ne peut penser ou agir de manière isolée.

L'intelligence collective, selon la formule de Peter Senge (10), signifie que les équipiers « pensent système » et n'oublient jamais que leurs décisions individuelles ont un impact sur l'ensemble. De la même façon, ils intègrent les décisions des autres selon une logique de délégation latérale. C'est l'équivalent du concept développé par R. Chappuis, qu'il appelle « l'intention tactique » : « Le fait d'un joueur inspiré qui crée, par sa propre vision des structures dynamiques, celle qui convient à ses partenaires dans le moment présent » (11). En terme de jeu, la plus petite intention tactique, c'est la passe juste, faite à l'autre dans l'intention qu'il marque. Cette complicité représente le sommet du fonctionnement collectif et doit être recherchée par les équipes qui se veulent performantes. En entreprise, on peut rencontrer des personnes qui se connaissent réciproquement assez bien pour savoir où l'autre excelle et, à partir de là, saisir une opportunité permettant au partenaire d'exercer son talent.

Les six facteurs de cohésion technique

L'ÉLABORATION

L'élaboration recouvre quatre pratiques : la préparation, l'anticipation de scénarios, la recherche d'idées et le débat interne. C'est une pratique de gestion de l'énergie et de focalisation sur l'objectif. Elle favorise la vitesse d'éxécution et la cohésion technique par la concertation préalable qu'elle implique.

LA CORESPONSABILITÉ

La coresponsabilité s'exerce au travers des informations et du contrôle. Ceci a trois conséquences :
- La transmission est la responsabilité conjointe de l'émetteur et du destinataire.
- L'émetteur doit faciliter l'intégration par le destinataire.
- Le contrôle réciproque est une règle de sécurité vis-à-vis de l'objectif.

L'ÉVALUATION

Elle nécessite d'avoir posé des principes de fonctionnement et permet de les affiner à chaque séance semestrielle d'évaluation. C'est la finesse de qualification des règles qui établit le niveau de performance.
A l'occasion de ses séances d'évaluation, l'équipe élabore pour le futur de nouveaux scénarios de réponse tactique.

LE SENS DE L'ÉQUIPE

Le sens de l'équipe se mesure à trois comportements :
- Prise d'initiative en respectant les règles et les rôles.
- Confrontation réciproque, utilisable exclusivement dans des équipes matures.
- Exercice de sa responsabilité humaine vis-à-vis des autres.

LE RYTHME

Le rythme ressort de quatre facteurs :
- L'accélération finale due à l'échéance.
- La rapidité des feed-back.
- La mobilisation personnelle.
- Le rythme moyen de l'équipe.

L'INTELLIGENCE COLLECTIVE

Forme de coordination en temps réel qui nécessite d'avoir continuellement à l'esprit les conséquences prévisibles de ses actes pour les autres.
C'est aussi l'acceptation de délégation latérale, résultat de la prise d'initiative et de la coresponsabilité.

4. Les phénomènes de groupe liés à la cohésion et à l'appartenance collective

Repère ► Comme tout groupe, les équipes sont le siège de phénomènes collectifs. Ceux que nous évoquons là résultent de la cohésion et de l'appartenance collective. Ils sont le résultat de dynamiques affectives. Le fait de vouloir appartenir à une équipe a plusieurs conséquences, comme de se conformer aux habitudes du groupe ou de chercher à se faire accepter. Ces comportements des uns et des autres s'ajoutent et se superposent, formant des phénomènes collectifs dont il est utile de connaître les plus fréquents. Il convient d'en repérer quatre principaux :

– la normativité,
– la pression de conformité,
– la polarisation,
– l'expérience d'unité. ►►►►

4.1. La normativité

La normativité est l'ensemble des normes d'appartenance auxquelles adhèrent les membres d'un groupe et qui marque son unité. Ces normes se manifestent par des ressemblances qui touchent aussi bien les habitudes vestimentaires, que le langage ou certains comportements. Dans telle entreprise, on s'habille de façon décontractée le vendredi, journée où il n'y a pas de clients, dans telle autre, le port de la cravate est incontournable. Dans l'une, le langage est très anglicisé, dans l'autre, il est empreint d'une quantité considérable de sigles professionnels. Un individu adopte ces normes de façon à être intégré et aussi parce que cette appartenance correspond en général à ses propres valeurs. Ces habitudes, croyances et rituels constituent une manifestation de l'entité collective. Elles ne sont pas que d'ordre comportemental mais touchent aussi au système de valeur. Les membres d'une patrouille de police, par exemple, se doivent d'avoir intégré les nécessités du maintien de l'ordre, l'utilité de l'uniforme et le sens du service public. L'adhésion à cet ensemble de valeurs et de comportements constitue la normativité.

Naturelle et bien compréhensible, elle doit absolument être distinguée d'autres phénomènes comme la pression de conformité.

4.2. La pression de conformité

Plusieurs expériences ont mis en lumière le phénomène de « pression de conformité ». Cette pression, ressentie par tout membre d'un groupe, pousse à conformer son propre avis à l'opinion dominante de la majorité ou du leader. Elle constitue en fait une distortion volontaire plus ou moins forte de son propre avis afin de maintenir son appartenance au groupe et d'éviter une opposition frontale. Nommée aussi « effet Asch », du nom d'un des expérimentateurs qui a participé à sa découverte, c'est une forme de négociation interne à l'individu qui se solde pour un tiers des personnes par le renoncement à l'expression de leur avis profond au profit de l'avis du groupe.

Expérience et travaux

Un expérimentateur américain, Scherif, a mis en évidence en 1969 la convergence des avis de personnes en situation de groupe. Il utilise pour cela un effet autocinétique connu des astronomes : dans un environnement sans point de repères, une source lumineuse fixe donne l'impression de se déplacer. Les sujets sont placés dans une chambre noire soit seuls, soit par deux ou trois et doivent donner leur estimation du déplacement. L'expérience se déroule en quatre fois, permettant ainsi des évolutions d'avis. Certains commencent l'expérience seuls et établissent leur propre norme, puis continuent en groupe. D'autres commencent en groupe sans passer par une étape individuelle.

Les résultats montrent que :

1° les sujets qui ont établi seul leur propre norme réduisent d'eux-mêmes les différences de résultat lorsqu'ils refont l'expérience dans un groupe, jusqu'à arriver en trois ou quatre séances à une convergence d'avis complète ;

2° les personnes qui ont fait l'expérience directement avec une ou deux autres donnent immédiatement des avis convergents ;

3° les binômes arrivent à une convergence plus rapidement que les trinômes (trois séances contre quatre).

S. E. Asch en 1952 (12) a conduit une série d'expériences dans lesquelles il montre qu'un individu choisit souvent de rester conforme à l'avis général plutôt que de rompre la conformité. En 1965, Montmollin démontre à partir d'une loi des « concessions minimales » que, dans les réunions, les opinions ont tendance à se rapprocher de l'opinion majoritaire. De plus, il s'aperçoit qu'au delà d'une certaine « marge de vraisemblance », les avis trop écartés de la valeur moyenne ne sont plus pris en compte par les participants.

Plusieurs explications justifient la tendance à la conformité. D'une part, l'avis de plusieurs peut présenter l'assurance d'une plus grande certitude, d'autre part la crainte d'être rejeté ou de devoir s'exposer peut pousser à « arrondir » son opinion. D'autres paramètres alimentent la conformité : par exemple la situation peut conduire à une réserve prudente si le souci de privilégier les relations interpersonnelles pousse à éviter des prises de position qui pourraient les remettre en question. Enfin s'opposer à une norme demande plus d'énergie et de courage surtout si l'enjeu semble de faible importance.

La taille du groupe agit également sur les comportements de conformité. Celle-ci est forte dans un petit groupe (moins de douze), par crainte de l'éclatement ou de la singularisation. Par contre elle diminue lorsque le groupe est plus important (au-dessus de douze) car il offre une possibilité de division en sous-groupes. Elle augmente à nouveau en présence d'un grand nombre de personnes (plusieurs centaines), où il y a risque que la non conformité soit interprétée comme une déviance.

D'autres chercheurs comme Deutsh et Gérard, ont mis en évidence en 1955 la façon dont les individus recherchent l'avis de leaders d'opinion pour construire leur propre opinion (13). Il existe cependant des exceptions et un individu donné ne répond pas toujours par la conformité. Ainsi ils ont montré qu'une personne estimée compétente sur un sujet a, par exemple, moins tendance à rentrer dans une norme de groupe qui ne lui convient pas. Et c'est au contraire elle qui influence le groupe du fait de son expertise.

La pression de conformité présente des avantages ou des inconvénients selon que l'on veut avoir une équipe obéissante ou une réflexion approfondie. Cette conformité ressemble beaucoup à un consensus « mou » qui ne fait jamais les grandes déterminations et n'est pas mobilisateur. En fait le manager qui veut avoir une équipe forte doit se méfier de cette pression et chercher à la débusquer au profit d'un véritable débat.

4.3. Le soutien social

La conformité n'est pas inéluctable. Elle peut être rompue et s'inverser. Un autre phénomène la corrige : certaines personnes savent affirmer leur avis sans craindre pour autant d'être rejetées.

Expérience et travaux

L'observation quotidienne et les expériences réalisées (Allen et J.-M. Levine) (14) montrent qu'un avis isolé, si ce n'est pas celui d'un expert, face à une attitude unanime provoque une tendance à l'exclusion de celui qui présente l'opinion divergente. Cependant, s'il se trouve soutenu par un autre, la crainte de rejet et la tendance à la conformité diminuent dans le groupe. Les expériences d'Asch montrent que si l'opposant se trouve un allié dans le groupe et reçoit ce qu'on appelle un « soutien social », l'individu « déviant » a plus de facilité à rompre la conformité. Ce soutien résulte soit du fait de quelqu'un qui présente le même avis, soit du fait de quelqu'un qui a un autre avis non conforme.

Face à ces deux phénomènes (pression de conformité et soutien social), on peut imaginer aisément que certaines formes de management conduisent au consensus mou. Un manager trop inducteur, par exemple, récolte ce consensus mou, issu de la pression de conformité, plus économique en énergie pour les membres de l'équipe. Mais, il ne pourra plus compter sur leur franche implication. En revanche, s'il permet que se dégagent des avis différents, il laisse s'ouvrir la réflexion. Après des évolutions d'opinion de certains, résultant de la discussion, il obtiendra au sein de son équipe, un accord qui ne devra rien à la passivité.

4.4. L'effet de polarisation

En partant de la pression de conformité, nous en sommes venus à comprendre comment un débat peut s'ouvrir à partir d'un ou de deux avis divergents. Examinons maintenant ce qui se passe à l'issue d'un véritable échange. On assiste alors à un autre effet de groupe, appelé « effet de polarisation ». L'effet de polarisation est « l'accentuation d'une tendance initialement dominante » dans le processus de décision : la décision de groupe va alors plus loin que la moyenne des décisions individuelles. De ce fait, le groupe prend plus de risques. Des personnes plus réservées avant la discussion font montre de plus d'audace et de radicalisation après.

Expérience et travaux

Cet effet a été mis en évidence par un psycho-sociologue américain, Stoner (15), sur la base d'une expérience menée en 1961 qui consistait à demander à des sujets de choisir des conseils à donner à une personne. Ces conseils présentaient plus ou moins de risques pour la personne conseillée. Lorsqu'il mit les gens en groupe pour en discuter et prendre une décision, Stoner s'est aperçu que les préconisations collectives étaient clairement plus risquées que les individuelles. Des expériences ultérieures et différentes, faites par d'autres chercheurs, donnent les mêmes types de résultats.

Ce phénomène de polarisation se produit dans certaines conditions :

- Il résulte d'une discussion où les aspects minoritaires ont été pris en compte ;

– Il est plus important dans les groupes informels (absence de leader, d'expert ou de hiérarchique) ;
– Il est d'autant plus manifeste que les individus se sentent plus impliqués par le sujet ;
– Il va dans le sens de la norme du contexte externe au groupe.

Expérience et travaux ►

Ce dernier aspect est particulièrement mis en évidence dans une expérience citée par W. Doise et S. Moscovici (16) et que nous reproduisons ici : « En 1974, Myers et Bach invitent des sujets à imaginer qu'ils participent à une réunion d'experts qui doivent formuler un avis destiné au président des États-Unis. Cet avis concerne des décisions en matière de politique étrangère. Il a notamment trait à d'éventuelles interventions de l'armée américaine dans des pays tiers. Mais, avant de participer à ces réunions, les sujets expriment leurs opinions personnelles. Cela fait, on les sépare en deux catégories : les pacifistes (les colombes) et les plus belliqueux (les faucons). Puis on les remet en groupes homogènes de colombes et de faucons. La discussion se déroule alors entre groupes de quatre ou cinq personnes qui se mettent d'accord sur l'avis à donner au président des États-Unis. Leur tâche accomplie, les groupes sont dissous et recomposés en associant, dans de nouveaux groupes de colombes et de faucons respectivement, des personnes qui n'ont pas encore pris de décision ensemble. Ces groupes recomposés formulent une seconde fois leur avis. Enfin, chacun est invité à formuler individuellement son avis. » Les résultats montrent que les colombes se sont renforcées dans leur avis mais que les faucons formulent des avis plus pacifistes, après avoir discuté à deux reprises entre faucons. « Qu'est-ce que cela veut dire ? Simplement que les normes et les valeurs de la société prennent plus de poids au cours de la discussion et de la décision collectives. Comme l'opinion, aux États-Unis est plutôt pacifiste, les faucons eux-mêmes sont amenés à l'adopter. »

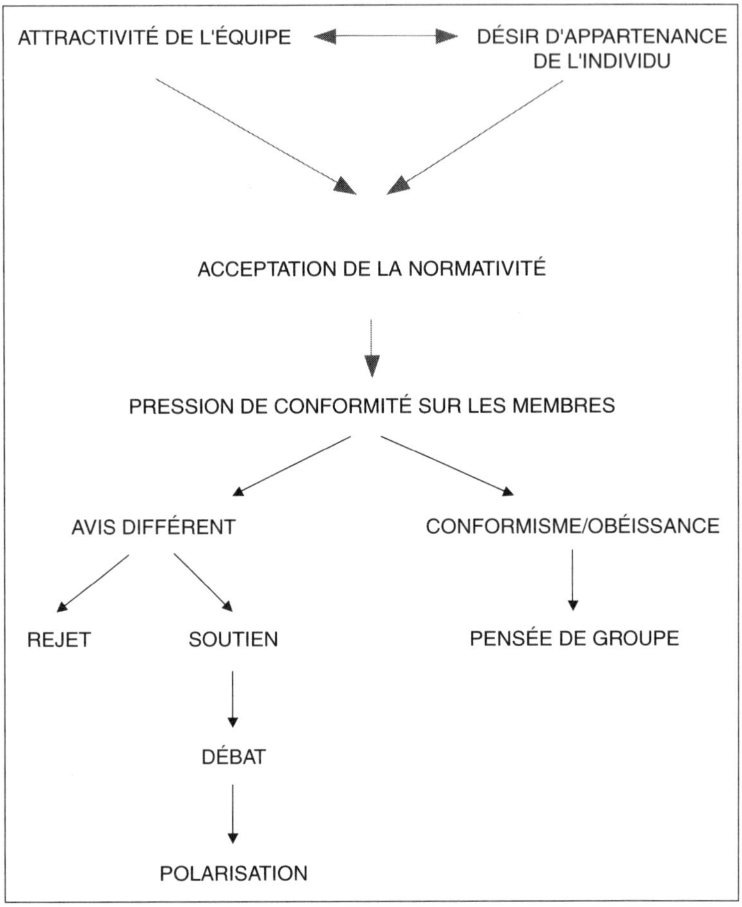

L'ENCHAÎNEMENT DES PHÉNOMÈNES DE GROUPE
LIÉS À LA COHÉSION

On se trouve en présence, avec cette expérience, d'une part de la polarisation dans les groupes de colombes et d'autre part de la conformisation accrue des groupes de faucons à l'opinion et aux valeurs dominantes.

La polarisation nous renseigne sur deux aspects de la vie des équipes : le débat engendre une forme d'affirmation du groupe, d'autre part il a tendance à faire converger l'avis de l'équipe vers celui de son contexte.

Si l'on regarde ces trois phénomènes (normativité, pression de conformité, polarisation) en perspective, quelles conclusions en tirer pour les équipes d'entreprise ? D'abord le désir d'appartenance à une équipe renforce l'acceptation de ses normes par les membres. Mais la normativité tend à développer aussi l'effet de conformité, par souci de s'éviter la mise en avant ou par crainte du rejet. Pour que les différences internes puissent s'exprimer, pour que l'équipe ose aller plus loin dans sa réflexion, le manager doit favoriser la différenciation des avis jusqu'à la décision. Autrement dit, lorsque le débat est peu recherché, c'est la pression de conformité qui risque d'emporter la décision. Si en revanche le débat est ouvert, par la volonté de la direction ou par l'affirmation vigoureuse d'une opinion divergente soutenue par un ou deux autres membres de l'équipe, c'est le phénomène de focalisation qui agit.

4.5. L'expérience d'unité

Un dernier phénomène constitutif de la formation de l'équipe mérite aussi d'être connu pour pouvoir le reproduire et l'utiliser. Il s'agit de « l'expérience d'unité ».

Pour exister en tant que telle, une équipe doit connaître des évènements communs qui la rassemblent et la soudent. La cohésion peut venir naturellement avec le temps par une succession de rapprochements deux à deux ou à la suite d'une situation qui marque et fédère le groupe. Ce passage de l'état d'agglomérat (individus côte à côte) à celui de « groupe constitué » peut se produire à diverses occasions et selon des modes tout à fait différents : il peut résulter d'une situation conviviale recherchée mais aussi d'une menace extérieure ou d'un échec qui soude le groupe autour d'un désir de revanche.

Max Pagès parle « d'expérience d'unité » (17) pour mettre en lumière cet instantané où le groupe se découvre un sentiment commun ou une émotion collective qui le fédère : « Cette expérience affective de la relation que partagent tous les membres d'un groupe est le fondement du lien groupal car elle ne relie pas seulement chacun à tel être particulier, mais à tous. Elle reste le plus souvent obscure, cachée, inconsciente. »

Ces instants de partage affectif se produisent régulièrement dans la vie d'une équipe au fil des événements qu'elle traverse : réussites, difficultés, résolution d'un conflit, repas, etc. Il en est d'autres, liés par exemple à la mobilisation développée lorsque se rapproche une échéance et que tous les équipiers sont tendus pour y parvenir.

> Dans une équipe dont le patron était ressenti comme très exigeant, perfectionniste et distant, nous avions organisé une discussion à sa demande entre son équipe et lui, discussion qui devait porter sur son management. Le tour de table avait duré près d'une heure trente. Chacun avait pu donner son avis et rappeler des événements mal vécus. Le patron écoutait en silence en prenant des notes. A la fin, il s'adressa à eux pour les remercier de leur franchise et reformuler ce qu'il avait entendu, alors que tous s'attendaient à des objections ou à un rejet. Avec émotion il avoua son désolement d'être perçu ainsi : s'il leur laissait tant de liberté, ce n'était pas une forme d'abandon, mais de confiance dans leur sérieux, dans leur sens des responsabilités ; s'il était vécu comme distant, c'était qu'il craignait d'être sur leur dos abusivement, et en les entendant il avait découvert à quel point la dimension personnelle était importante pour eux alors que lui, malgré le désir qu'il en avait, croyait devoir se l'interdire dans le cadre du travail. Ce fut un moment d'émotion entre des gens qui jamais ne s'étaient parlé et découvraient en moins de deux heures l'isolement dans lequel ils se maintenaient les uns et les autres. Expérience d'unité pour une équipe refondée.

5. Limites et méfaits de la cohésion

Oui, la cohésion peut gêner la production ou altérer la performance. Cela met à mal quelques croyances selon lesquelles la cohésion serait toujours bonne conseillère. Malgré son influence nettement positive, elle présente parfois des inconvénients pour les résultats. Elle peut se mettre à jouer contre l'entreprise ou ne pas fonctionner selon ses objectifs. Elle peut aussi être source d'illusion collective ou entraîner de mauvaises prises de décision.

5.1. La cohésion contre l'entreprise

Des équipes très cohésives peuvent chercher à entraver quelques orientations de la direction générale, vécues comme une menace. Ainsi certaines équipes de production, très normatives et cohésives face à la direction de l'entreprise, adoptent un rendement moyen inférieur à ce qu'il pourrait être. La cohésion de l'équipe y est forte, avec souvent un leader électif qui fait contre-pouvoir et maintient une norme à partir de critères autres que ceux de l'entreprise.

Expérience et travaux ▶

D. Anzieu et J.-Y. Martin relatent une observation selon laquelle un rythme de groupe s'instaure de lui-même contre la direction de l'entreprise. Cet exemple met en évidence un phénomène de freinage volontaire. Dans un atelier d'assemblage, une enquête conduite par deux observateurs qui partagent la vie des ouvriers montre que, malgré un système de salaire au rendement collectif, le groupe assigne à ses membres une norme de production jugée normale par eux et en désaccord avec celle donnée par la direction. Si un ouvrier dépasse cette norme, il est soumis à des pressions de la part de ses collègues. Le rythme est ainsi contrôlé par le groupe et freiné, en opposition aux directives de la direction. Cet exemple montre la puissance de la normativité et l'importance d'une bonne relation entre l'entreprise et ses équipiers.

Une cohésion forte et ancienne peut aussi réduire l'adaptabilité au changement de certaines équipes : les normes engendrées limitent la souplesse d'adaptation. Nous avons travaillé avec un service informatique d'une grande entreprise industrielle qui avait été une des premières à s'informatiser. Son équipe informatique campait depuis deux décennies sur sa rente de situation et mettait en péril l'évolution de l'entreprise par sa difficulté à évoluer aussi vite que les progrès en informatique. Ces exemples illustrent comment cohésion et conformité combinées peuvent opposer un frein aux nécessaires adaptations de l'entreprise.

5.2. Le pré-consensus et la pensée de groupe

D'autres effets négatifs peuvent se développer dans des équipes très cohésives comme le « partage d'illusions » et la « cohésion fusionnelle ».

Expérience et travaux

Mis en évidence par I. L. Janis en 1972 le « partage d'illusions », appelé aussi « pensée de groupe » (*group think*), se traduit par le rejet des opinions minoritaires ou innovantes dans les groupes habitués à travailler ensemble (18).

Ce chercheur s'est demandé pourquoi des décisions prises au plus haut niveau du gouvernement des États-Unis s'étaient révélées être aussi désastreuses que la tentative d'invasion de la Baie des Cochons, l'écrasement de la flotte américaine à Pearl Harbour ou les escalades de la guerre du Viêt-Nam. En travaillant sur les comptes-rendus de réunions et les rapports d'experts, il s'est aperçu que, parmi les informations détenues par le groupe de décision, 1°) celui-ci avait privilégié celles qui allaient dans le sens du pré-consensus, 2°) les hésitants n'avaient pas été vraiment entendus, 3°) le débat avait été évité, 4°) le tout dans un climat de valorisation excessive de la situation des Américains (« illusion d'invulnérabilité »), 5°) et enfin l'adversaire ayant été sous-évalué. Il en résultait à chaque fois une décision désastreuse. C'est ce qu'il a appelé la group think ou pensée de groupe. Voyons comment elle se construit.

Trois facteurs essentiels concourent à la pensée de groupe : l'influence d'un leader estimé, la normativité naturelle d'un groupe habitué à travailler ensemble et la pression de conformité.

Janis rapporte ainsi les propos d'un fonctionnaire de l'entourage du Président (décision concernant la baie des Cochons) : « Il semblait qu'avec John Kennedy pour nous conduire et tous les talents qu'il avait attirés autour de lui, rien ne puisse nous arriver. Nous étions persuadés que si nous affrontions les problèmes de la nation, si nous appliquions des idées audacieuses et nouvelles avec bon sens et en travaillant dur, nous pourrions surmonter tous les obstacles. »
Il ajoute plus loin : « Lorsqu'un groupe de personnes qui respectent mutuellement leurs opinions, parvient à un avis unanime, chacun des membres du groupe se convainc facilement que cette certitude reflète la vérité. Ce recours à la validation par le consensus tend à remplacer la réflexion critique individuelle et la mise à l'épreuve de la réalité. Les membres d'un groupe cherchent, sans toujours s'en rendre compte à désamorcer leurs écarts d'avis, surtout lorsqu'ils ont affaire à des mesures difficiles. »

Ces équipes gouvernantes étaient restées dans une « illusion d'unanimité », évitant tout débat qui conduise à une confrontation interne ou à un rejet par le Président. C'est la conjonction de la puissance d'un leader, de la pression de conformité d'un groupe cohésif et d'une série de succès qui, faisant perdre toute humilité, mène à la « pensée de groupe ».

Expérience et travaux

H. Laroche dans le livre *Management, aspects humains et organisationnels* (19), recense six facteurs de la pensée de groupe :

- l'illusion que le groupe a de sa propre invulnérabilité,
- la prégnance d'un leader charismatique qui génère un pré-consensus,
- la rationalisation collective, qui décourage toute remise en cause et filtre les informations contraires,
- l'illusion du bon droit, au nom de laquelle le groupe apparente son action à une croisade,
- la sous-estimation de l'adversaire,
- la pression de conformité (pression sur les opposants et auto-censure).

Ces travaux sont édifiants pour le management, tout particulièrement pour les équipes de direction amenées à prendre des décisions qui engagent toute l'entreprise. Ils montrent comment certaines formes managériales autoritaires ou charismatiques peuvent induire de mauvaises décisions si le groupe se soumet à la pression de conformité. Il ne faut pas en déduire que le charisme serait mauvais pour les décisions mais qu'il faut se méfier des phénomènes qu'il peut enclencher.

5.3. L'illusion fusionnelle

La cohésion au sein des équipes revêt certaines formes qui, même si on ne les rencontre que rarement, se révèlent dommageables tant pour les individus que pour les organisations.

Une des déviations du fonctionnement collectif est constituée par « l'illusion fusionnelle ». C'est le cas d'équipes ou de bandes, particulièrement soudées autour d'un chef très influant, sûres d'elles-mêmes et tenant à distance, voire avec un certain mépris, tous ceux qui n'y appartiennent pas.

Une courte période fusionnelle apparaît au début de la vie d'une équipe ; elle est temporairement utile pour sa constitution et peut se révéler plaisante. C'est un état provisoire de fusion, de première expérience d'unité, dans lequel le groupe se fonde. Si cet état persiste parce qu'il est entretenu par le leader, il développe de façon caricaturale des aspects négatifs rencontrés précédemment, tels que la « pensée de groupe », le conformisme et le rejet de toute différence. Assuré de détenir la vérité, le groupe devient alors très fusionnel, monopolaire, intolérant à l'égard de ce qui lui est étranger ou extérieur. C'est une équipe dans laquelle le "nous" dissout le "je" où les individus donnent l'impression d'être inféodés à l'équipe au point qu'on se demande ce qu'il leur reste à titre individuel. Cet état illusoire a été décrit par D. Anzieu (20) sous le nom « d'illusion fusionnelle » : le groupe plongé dans cette situation semble avoir perdu le contact avec la réalité. Né d'une cohésion émotive forte, cet état est entretenu par un leader affectif qui manage son équipe comme un clan. La proximité y est étroite et un clivage affectif accompagné d'un sentiment de supériorité se met en place. Il sépare ceux qui appartiennent au groupe (les bons) et ceux de l'extérieur qui ne lui appartiennent pas (les mauvais).

Chez l'un de nos clients, une équipe marketing avait la réputation d'être très soudée, un peu casse-cou mais efficace. Elle cultivait son image collective et, de l'extérieur, l'admiration vouée au manager semblait équilibrée et attrayante. Dirigée par une femme adepte de sports extrêmes, elle était composée pour moitié d'hommes et de femmes. Très fusionnelle, exclusive vis-à-vis de l'extérieur (on est les meilleurs, on est les plus créatifs), elle était ravagée en interne par des jalousies interpersonnelles considérables et non exprimées. Celles-ci étaient avivées par le manager, qui entrait dans un jeu d'attirance-séduction envers les uns puis envers les autres. Il n'y avait évidemment de place pour aucune critique interne du système, critique qui aurait tout fait exploser ou aurait contribué à éjecter sévèrement l'opposant. Le séminaire, difficile, fut l'occasion d'analyser tout cela et de sortir de cette illusion.

Ce mode de fonctionnement, renforcé par un leader qui joue sur la fascination, se rencontre quelquefois dans des groupes extrémistes, religieux ou politiques. Il est plus rare dans les entreprises : vécu comme un État dans l'État, il est dissout par l'organisation.

Cette illusion fusionnelle résulte d'une part d'une situation dans laquelle la dimension affective prend trop de place, et d'autre part d'un fort attachement de chacun pour le chef. Il en résulte une négation des différences individuelles et une illusion de toute-puissance collective.

La connaissance de cet effet de groupe doit conduire à bien distinguer la proximité nécessaire à une bonne cohésion humaine et l'illusion fusionnelle qui, elle, est une forme pathologique.

Action

La cohésion est un ciment qui fait la différence entre un tas de briques et un mur. Sans cohésion, on a un groupe d'individus mais pas d'effet collectif, pas d'équipe. L'obtenir et l'entretenir à un niveau professionnel nécessite attention et soin constants. C'est ce qui pousse un certain nombre d'entreprises à avoir des services spécialisés dans le coaching d'équipe pour superviser l'action managériale.

L'essentiel

On distingue deux versants de la cohésion : la cohésion humaine et la cohésion technique. La première constitue le socle de la seconde.

Il y a trois degrés de cohésion :

- la cohésion fonctionnelle, naturelle à toute collectivité organisée,
- la cohésion explicite qui est recherchée par le manager et l'équipe,
- la cohésion dynamique qui est utilisée comme moyen d'une amélioration de la performance.

.../...

.../...

Le lien groupal (entre équipiers), les pratiques cohésives et la cohérence sont les trois facteurs de la cohésion.

Le lien groupal résulte de :

- l'attractivité exercée par le manager, les équipiers, la mission, la qualité des pratiques communes,
- la densité des réseaux internes d'affinités et de communication,
- la structure de l'équipe (degré de connexion de chacun aux autres),
- la communauté d'intérêt et la solidarté d'objectif.

Les pratiques cohésives sont le résultat de :

- la combinaison des styles de commandement (autoritaire, contractuel, démocratique ou consensuel et laisser-faire),
- des attitudes de compagnonnage (gratifications, sens de la coopération et de l'interdépendance, complicité et intelligence tactique).

La cohérence provient du sentiment de continuité entre l'action indivividuelle, l'action collective et l'objectif d'entreprise.

Les équipes sont le siège de phénomènes divers. Certains sont liés à la cohésion. Ce sont la normativité, la pression de conformité, la polarisation et l'expérience d'unité.

D'autres phénomènes doivent être évités car ils sont dommageables soit à la vie de l'équipe ou des personnes soit aux décisions prises. Ce sont la cohésion contre l'entreprise, le pré-consensus et la pensée de groupe, l'illusion fusionnelle.

Quatrième chapitre

Hiérarchie, pilotage et autres pouvoirs

1. Les nouveaux modes d'encadrement

Depuis une trentaine d'années, le rôle de la hiérarchie et la façon d'être chef connaissent de profonds changements. Le sentiment d'un manque de repères à propos des nouvelles approches du management subsiste encore à l'heure actuelle. Le rôle de chef et la façon de diriger changent sous l'effet d'évolutions majeures de la société, comme l'amélioration du niveau de développement des collaborateurs, la remise en question des formes d'autorité, l'informatisation et la technicité croissante des nouveaux métiers.

L'amélioration du niveau d'instruction des salariés s'accompagne d'une responsabilisation de la base de l'entreprise. Cette dernière entraîne un tassement du nombre d'échelons hiérarchiques et une remise en question du rôle de cette même hiérarchie, à qui on demande de partager la responsabilité et la prise d'initiative avec les collaborateurs. Parallèlement l'exigence des salariés quant aux conditions qualitatives de leur vie professionnelle s'accroît. La remise en question de la domination de l'homme sur la femme a provoqué en retour un questionnement sur la domination en général, entraînant là aussi une modification de l'exercice de l'autorité. De nouvelles donnes de production multiplient les types d'expertise en même temps que la technicité se renforce. L'ouverture de marchés nouveaux, l'arrivée à maturité d'un certain nombre de produits, la délocalisation, la mondialisation génèrent une compétition plus forte entre les entreprises et une continuelle recherche de performance.

Dans son livre *Le réengineering du management* (1), James Champy décrit en quoi ces mouvements affectent le management : « Ce livre parle de nous, de la transformation de notre activité de dirigeant, de notre manière de concevoir, d'organiser, d'inspirer, d'agencer, de libérer, de mesurer et de récompenser le travail sur le terrain. Le but est de transformer le management lui-même. »

Comment pourrait-on alors imaginer que les comportements managériaux des décennies précédentes puissent demeurer les mêmes quand il s'agit de conduire une aussi subtile complexité que celle que nous voyons se développer ?

Les évolutions évoquées ci-dessus privent le chef d'une partie de ce qui fondait son pouvoir. N'ayant plus le monopole de la responsabilité, de l'initiative et du contrôle, il est amené à s'interroger sur son rôle. A quoi sert-il face à certaines équipes devenues autonomes ? Comment, par ailleurs, doit-il fonctionner lorsqu'il a affaire à des collaborateurs instruits, experts et responsables ? Le développement du fonctionnement en équipe-projet, la multiplication récente des équipes autonomes de production, le passage d'une structure pyramidale à un modèle matriciel et multinational posent des questions auxquelles nombre d'encadrants ne savent comment répondre. L'autonomie des acteurs génère des problèmes nouveaux de régulation interne, laquelle était auparavant gérée par un tissu étroit d'encadrement, aujourd'hui fortement diminué. Comment donc manager une organisation qui fonctionne selon une logique d'acteurs responsables et non plus selon une logique de commandement et d'exécution ?

Action

Pour y répondre, le management doit être considéré de toute autre façon : au-delà de la fixation d'objectifs, de l'expertise, de la gestion, ce sont maintenant beaucoup plus des flux qu'il s'agit de gérer : flux d'énergie, flux d'informations, flux dynamiques.

Une telle conception oblige à considérer non plus des éléments (produits, hommes, machines) mais des mouvements (marché, relations de système à système, opinions, dynamique sociale, économie) et à rechercher l'atteinte des objectifs de l'entreprise à partir de ces flux qui se mêlent et interagissent pour constituer ou non une efficacité collective.

Repère ▶ Nous chercherons ici à comprendre quels types d'influence s'exercent dans les équipes et aborderons pour cela successivement les différents pouvoirs qui co-existent dans une véritable équipe : celui du chef, celui des équipiers et celui issu de la communauté. ▶▶▶▶

Président, directeur, animateur, leader, capitaine, maire, commandant ou guide : toute situation qui demande à être conduite requiert un chef et ce par intérêt plus pratique que hiérarchique. Cela tient à la nécessité d'avoir une unité de décision, de profiter de l'expérience et d'assurer la réactivité requise, en particulier dans des situations délicates.

On trouve donc autant de catégories de chef qu'il y a de situations sociales ; cela va du chef de gouvernement ou d'entreprise au chef de famille, en passant par les chefs de service, de gare ou d'orchestre. Pour l'équipe, on utilise tantôt le terme de chef, tantôt celui de leader ou de pilote, selon la nature de l'équipe ou le mode de management utilisé. Le terme de chef d'équipe renvoie généralement à une conduite d'autorité très centrée sur la tâche. En revanche on utilise d'autres dénominations telles que animateur, leader, responsable ou coordinateur pour des équipes dont le management doit être plus souple. Si nous utilisons ici volontiers le terme de chef, ce n'est évidemment pas par volonté de renvoyer à un mode de commandement autoritaire mais pour son sens générique et sa signification étymologique de « tête ». Débarrassé de sa connotation parfois péjorative, ce terme s'applique tout à fait à celui qui doit piloter des flux dynamiques.

1.1. L'équilibre autorité-initiative

Qu'il pilote, dirige, commande ou gouverne, en s'appuyant sur l'autorité ou en usant de moyens d'influence, le chef est un centre nerveux pour la conduite de l'action, un point de repère pour les équipiers et un relais de l'entreprise.

Dans une perspective de management à partir des éléments dynamiques, la mission essentielle du responsable consiste plus à piloter qu'à commander. Il conduit un groupe vivant, à la fois autonome et interdépendant. L'atteinte des objectifs devient alors l'affaire essentielle des collaborateurs et le manager se trouve dans la situation d'avoir à leur faciliter la tâche et à prendre soin de l'équipe. Tel le cavalier qui prévoit l'itinéraire, maintient la direction et ménage sa monture. Alors un équilibre se crée entre le mode d'autorité exercé par le chef et le degré d'initiative pris par les équipiers. Des collaborateurs compétents savent s'organiser, connaissent leur rôle et leurs objectifs. Professionnels et acteurs à part entière de l'entreprise, on peut leur laisser une bonne marge d'initiative.

Trouver l'équilibre le plus performant entre l'exercice de l'autorité du chef et la prise d'initiative par les collaborateurs est le résultat d'une progression par étapes, qui permet à terme d'exploiter tout le potentiel d'une entreprise.

> Un exemple donné par Jan Carlzon, lorsqu'il était directeur général de la compagnie d'aviation S.A.S., dans son livre *Renversons la pyramide !* (2), illustre cette alternative entre autorité et initiative. « Un vol de Göteborg sur Stockholm prend un sérieux retard à cause d'un fort enneigement. L'hôtesse de l'air décide d'offrir une petite collation aux passagers pour les faire patienter. Le café est payant en temps normal et seulement 60 % des voyageurs en consomment. Son expérience lui dit qu'il faudra plus de café que d'habitude : s'il est gratuit, il faut s'attendre à ce que tout le monde en veuille. Elle contacte le service de restauration pour commander davantage de café et de petits gâteaux, de manière à en avoir assez pour tous les passagers. Refus : le règlement ne prévoit aucun supplément. Elle trouve, cependant, une solution : à la porte suivante stationne un avion de la compagnie Finnair, qui s'approvisionne auprès du service de restauration de SAS. Les clients extérieurs commandent ce qu'ils veulent, bien sûr. Notre hôtesse va donc voir son collègue de l'avion Finnair et lui demande de se faire livrer quarante collations pour son compte. Sitôt dit, sitôt fait. Elle rembourse ensuite son collègue en prenant de l'argent dans la caisse de bord. Le responsable des approvisionnements est tout décontenancé ; il n'a pourtant rien fait d'autre que suivre le règlement. Il ne comprend pas que l'hôtesse prenne maintenant des décisions qui étaient depuis toujours de son ressort à lui. En refusant la requête de l'hôtesse, il a contesté les responsabilités que la direction a explicitement attribuées au personnel.

« Il aurait dû comprendre qu'il n'avait plus le droit de remettre en question l'initiative de l'hôtesse. Elle seule détient l'information nécessaire pour prendre la décision adéquate. Le responsable du service des approvisionnements n'a que des instructions entre les mains. Or le règlement ne devrait plus systématiquement l'emporter sur d'autres décisions plus judicieuses prises par le personnel sur le terrain.
« Nous avions accordé à l'hôtesse le droit de prendre elle-même ses responsabilités... Le responsable de la restauration n'admettait pas que le nouvel esprit d'entreprise remplace toutes les directives de jadis ».
Voilà un chef à qui on n'avait sans doute pas assez expliqué dans quel cadre s'inscrivait son nouveau rôle d'accompagnement et de facilitateur.

1.2. Chef hiérarque et chef de projet

A l'heure actuelle, la plupart des encadrants exercent leur fonction à partir du pouvoir hiérarchique. Or c'est la puissance même de ce mode hiérarchique qui empêche le développement d'un vrai savoir-faire managérial ! L'élément hiérarchique est si fort, et d'une certaine façon si facile, qu'il dispense de toute habilité managériale. Moyennant quoi l'énergie de production baisse chez les collaborateurs et l'énergie latente augmente avec son lot d'effet Ringelman.

Le chef-hiérarque exerce un pouvoir direct et fort : il commande parce qu'il dispose de collaborateurs au service de l'objectif dont il est seul responsable au yeux de l'entreprise. Figure d'autorité dont on attend des ordres et des instructions, il représente l'entreprise, donne l'exemple, contrôle et sanctionne. Responsable d'une fonction dans l'entreprise, il dispose de moyens humains pour la remplir. Son art en tant que manager consiste à faire adhérer ses collaborateurs aux objectifs que l'entreprise lui confère. L'impact de sa personne ou de son management détermine en partie le niveau de mobilisation de ses collaborateurs, en fonction de la relation qu'ils entretiennent avec lui et de la satisfaction ressentie (ou non) dans l'exercice de leur métier. En un mot, il est le patron d'une fonction.

Le chef d'un service comptable doit arriver au bilan de fin d'exercice ; c'est une action connue, dont les procédures sont parfaitement spécifiées et pour lesquelles il faut s'exécuter. Au contraire, le chef de projet vise un objectif dont le résultat comporte une part d'aléas importante. Patron d'une équipe pluridisciplinaire, il gouverne des acteurs autonomes, conscients de leur interdépendance, et responsables de leur contribution en regard d'un objectif commun. Il a affaire à des forces et des compétences qu'il faut conjuguer au mieux, il dirige un ensemble de métiers et de fonctions qui concourent à la réalisation d'un produit en ligne avec la stratégie d'ensemble de l'entreprise. Système nerveux, le pilote d'une équipe relie et coordonne des éléments composites et vivants.

Les équipes fonctionnelles, qui n'ont comme seul pôle que leur métier, et les équipes-projet, qui en ont plusieurs, présentent pour cela des perspectives managériales profondément différentes. Nous sommes donc devant une nette différenciation des modes managériaux. L'un, celui du chef, purement hiérarchique, repose sur l'aptitude à faire exécuter, l'autre, qui procède par influence repose sur l'aptitude des équipiers à fonctionner ensemble et à prendre des initiatives. La conduite de projet a ainsi obligé à faire évoluer les méthodes managériales et à découvrir un mode qui procède par influence et repose sur l'acceptation d'un fonctionnement interdépendant. Cela conduit, en particulier dans les entreprises industrielles de haute technologie, à ce que certaines fonctions soient dévolues à des chefs hiérarchiques et d'autres à des pilotes sur qui reposent les aspects directement opérationnels.

1.3. La transposition du management par projet dans les équipes fonctionnelles

L'équipe-projet, lorsque le projet est de nature industrielle, composée de représentants des différentes fonctions, devient une sorte de micro-entreprise centrée sur un segment du marché ou une affaire. Ce mode de management par projet, rendu nécessaire à la fois pour développer l'efficacité et conserver la taille humaine dans un programme qui dépasse l'échelle individuelle, peut-il être transposé en dehors du cadre dans lequel il est apparu ? Dans la mesure où on en a repéré les ressorts et les conditions, cette transposition est tout à fait possible avec quelques aménagements. Le management de la dynamique d'équipe repose sur la cohésion et l'enjeu ; il suffit, pour qui veut manager selon des principes dynamiques, de se positionner selon ces perspectives pour obtenir des effets comparables : élaborer pour l'équipe un enjeu qui transcende son activité quotidienne. Chacun observe dans la vie professionnelle à quel point un projet stimule l'énergie et anime le quotidien. Dans une équipe de production ou dans un service fonctionnel, c'est l'objectif de progrès, distinct de l'objectif opérationnel, qui stimule l'activité elle-même. C'est dans ce cas l'objectif marginal qui favorise la dynamique de l'équipe et l'atteinte de l'objectif principal.

> Cette évidence nous est apparue à l'issue d'une intervention sur des équipes de commerciaux et s'est maintes fois confirmée par la suite. Dans une grande entreprise commerciale de matériel bureautique, les vendeurs, regroupés par secteurs et régions, étaient chacun face à leur objectif individuel. L'objectif global constituait l'objectif du chef de vente, mais sans aucune synergie d'équipe à en espérer, et il n'était pas possible pour des raisons de politique d'entreprise d'envisager une rémunération partagée, les meilleurs vendeurs ne souhaitant pas voir leur potentiel de gain réparti entre tous. Dans ces conditions, toute tentative d'équipe pouvait sembler vouée à l'échec. La seule façon d'y parvenir était de trouver un objectif commun ou un projet partagé. Ce qui fut recherché à partir de séminaires d'équipes. Les projets choisis, des plus variés, ne présentaient pas toujours un lien immédiat avec le chiffre d'affaire à réaliser. Un des plus surprenants fut celui d'une équipe de Grenoble qui décida de mettre une partie de ses primes commerciales de côté afin d'offrir un puits à un village africain ! Inutile de dire qu'ils réussirent et que ce projet les a considérablement stimulés. D'autres avaient choisi des projets plus axés sur leur vie d'équipe ou leur développement professionnel. Au total, ces équipes régionales de vente avaient tiré profit de la mobilisation déclenchée par une dynamique d'enjeu commun, bien que les collaborateurs commerciaux fussent par définition plus portés à un fonctionnement individuel.

Action

Sans aller aussi loin, il y a toujours pour les équipes monodisciplinaires qui le veulent une occasion de s'atteler à un enjeu ou à un projet.

2. Le besoin d'avoir un chef

Il est inhabituel de parler de la fonction de chef comme d'un rôle répondant à un besoin des collaborateurs. C'est cependant une réalité, souvent méconnue et mal admise tant la notion de chef demeure empreinte chez nous d'une vision centralisatrice et dominatrice. Qui dit « chef » pense souvent « petit chef ». On n'est chef que pour commander... pas pour servir ! L'idée que l'une des finalités de la fonction serait en partie de permettre aux autres de travailler au mieux donne l'impression d'inverser les rôles.

> Cette méconnaissance de l'utilité du chef, y compris au niveau opérationnel, nous l'avons constatée lors de jeux de simulation dans le cadre de la formation continue de managers. Au cours de ces exercices, des équipes concurrentes doivent réaliser une construction. Certaines suivent la consigne de se donner un chef et d'autres non, parce que cela ne leur semble pas utile, disent-elles. On observe alors que les équipes qui ne se sont pas donné de chef perdent près du tiers de leur potentiel de résultat, alors même qu'elles sont parfois plus affairées au jeu : personne en leur sein n'est là pour prendre du recul, vérifier la tactique, coordonner les tâches, convoquer une mini-réunion, vérifier les coûts, anticiper les risques, etc.

La nécessité d'un chef, sous de nouvelles formes, apparaît dans l'ouvrage de R. Blake et J. Mouton *La troisième Dimension du management* (3) : « Le rôle d'un manager est d'arriver à créer une culture qui favorise et maintienne des performances qualitatives et quantitatives maximales, stimule et utilise la créativité, provoque l'enthousiasme pour l'effort, l'expérimentation, l'innovation, le changement, utilise la résolution de problèmes comme occasion pour apprendre, rechercher et trouver de nouveaux défis. » Sur le même plan, J. Brilman, dans son livre *L'entreprise réinventée,* (4) estime « qu'il faut que subsiste une hiérarchie qui réconforte, soutient, aide, conseille, équilibre, réoriente, repense le système d'évaluation et de récompense... »

A tout considérer, des collaborateurs responsables ont besoin d'un chef pour plusieurs raisons, et paradoxalement, d'autant plus qu'ils sont plus responsables. Certains de ces besoins sont bien connus, comme celui d'être reliés au système global de l'entreprise ou d'optimiser les zones d'interdépendance avec les autres équipiers. D'autres sont moins connus car ils résultent de la responsabilisation. Ainsi on découvre que, en dehors de sa fonction liée aux nécessités de l'entreprise, le chef sert aussi à ce que chacun :

- reçoive un support de la hiérarchie,
- développe sa puissance d'acteur de manière sereine,
- ait une réelle vision des orientations dans laquelle il doit s'inscrire,
- se sente représenté dans l'entreprise.

2.1. Le support de la hiérarchie pour remplir sa mission

Plusieurs auteurs ont abordé sous différents aspects ce besoin d'avoir un chef, soit pour exercer son activité opérationnelle, soit pour se développer au sein de l'entreprise. L'exemple de SAS, cité ci-avant, proposant d'inverser la pyramide et de mettre la hiérarchie au service de ceux qui sont en contact direct avec le client, constitue une démarche selon laquelle le personnel recourt au support de la hiérarchie pour remplir sa mission.

Dans la mesure où se développe un mouvement de responsabilisation de l'ensemble des acteurs, l'exercice du pouvoir change. La responsabilité, plus largement répartie, n'est plus l'apanage du chef. Cette moindre nécessité d'exercer l'autorité pour faire travailler laisse le champ libre à l'exercice d'une meilleure coordination technique et à une recherche d'amélioration des performances. Le rôle de chef évolue vers plus d'animation et moins de centralisation. Il devient un accompagnateur, et d'une certaine façon un coach.

2.2. Un chef pour développer sa puissance

Le chef est, avec le groupe, un des deux moteurs de l'équipe. Et ce qui fait la puissance d'une équipe provient de cette double motorisation, si l'on ose dire ! Dans une telle configuration, chacun des deux moteurs exprime d'autant plus sa puissance que l'autre y contribue mieux. Pareillement, le management moderne doit s'appuyer plus encore sur les capacités et les talents des collaborateurs, de même qu'ils doivent eux aussi devenir un support pour l'action de leur chef. Dans cette interaction entre deux puissances, celle du groupe des équipiers est favorisée par celle du pilote et vice-versa.

Plus la puissance est grande, plus la capacité de conduire doit l'être. Or l'un des obstacles au développement de cette puissance de la dynamique d'équipe provient, curieusement, autant de la direction de l'entreprise que de la méconnaissance de l'utilité du rôle de chef par un certain nombre de collaborateurs influents. Non seulement d'aucuns dénient l'utilité du chef, mais d'une certaine façon ils n'en assument pas le besoin. Besoin qui ne découle pas de quelque manque personnel mais est engendré par la nécessité de développer leur propre puissance au sein de l'équipe. Les analystes transactionnels posent l'équation : Permission + Protection = Puissance. Il faut insister là dessus en rappelant que ce que nous appelons « besoin d'un chef » résulte d'abord du désir de développer sa puissance personnelle.

2.2.1. Maintenir la sérénité

N'entend-on pas souvent : « Qu'en pense le patron ? », « Comment est-il ce matin ? », « Est-il content ? » Ces questions, les regards scrutateurs portés sur sa personne, ou l'interprétation de ses faits et gestes marquent l'importance que spontanément on lui accorde. C'est le signe d'une fonction d'alerte qu'on lui prête. Quand on observe le monde animal, on trouve aussi cette fonction de renseignement que joue le mâle expérimenté. A la moindre alerte, les jeunes lions, par exemple, regardent la réaction du vieux lion pour mesurer l'intensité du danger. Calquer leur comportement sur le sien est pour eux économique. Sa tranquillité ou au contraire son inquiétude leur servent de repère. Il en est de même pour de nombreuses espèces et les humains n'y échappent pas. Lany Hirschhorn, psychologue au Centre de recherche appliquée de Wharton aux USA, aborde aussi ce besoin sous un tout autre plan. Elle a montré comment la réduction de la hiérarchie et la suppression d'un certain nombre de chefs entraînent une augmentation du stress chez les collaborateurs.

L'école de Palo Alto nous a appris « qu'on ne peut pas ne pas communiquer ». Ce qui est particulièrement vrai pour le chef, objet de l'attention de ses subordonnés. Même une prétendue non-communication est perçue en elle-même comme une communication. Se renferme-t-il que déjà des interprétations s'élaborent dans les têtes. En ce sens, il est un « centre d'attention ».

Ce concept de « centre d'attention » correspond à l'expérience courante de tout individu qui se trouve en place de pouvoir ou de notoriété : il est regardé différemment, écouté différemment au nom de l'autorité que lui confère le grade, l'expérience ou le pouvoir. Cette estime sociale, cette attention spécifique qu'on lui porte, est pour lui la contre-partie de ses obligations : donner l'exemple, fournir des informations, prendre des décisions, représenter la légitimité, etc.

Cette fonction de centre d'attention comporte des rôles « subliminaux » : détenteur exemplaire de la responsabilité et représentant au quotidien de l'entreprise, son comportement révèle la confiance, l'inquiétude ou la détermination. Hiérarque, il a le pouvoir de sécuriser ou d'insécuriser. Responsable au final, son avis est de ce fait le plus autorisé et l'on cherche à le connaître pour en tenir compte et se positionner : le chef a dit...

2.2.2. Recevoir du feed-back

Chacun constate, à l'issue d'une action longue ou difficile, qu'il éprouve le besoin de recevoir une forme de quitus ou de feed-back. Etre acquitté, c'est être félicité sur la qualité de son travail, sur sa conformité, c'est être déchargé de la responsabilité par un représentant légitime de l'entreprise. Ce feed-back est essentiel pour le collaborateur parce qu'il répond à des besoins de sécurité, de reconnaissance ou de fierté personnelle. Personne n'y échappe, pas même le PDG qui l'attend de son conseil d'administration. Là encore, la nécessité d'un chef se fait sentir pour maintenir la sérénité des collaborateurs.

On comprend bien que cette sérénité face à l'action et l'effet du feed-back à la fin constituent déjà en eux-mêmes deux éléments qui facilitent le développement de l'initiative et par la suite celui de la puissance.

2.3. Un chef pour participer à la vision

En tant qu'intermédiaire entre le collaborateur et l'entreprise, le chef est un relais de la vision stratégique de celle-ci et un représentant de l'équipe. Pour être mobilisé, l'équipier a besoin d'une vision claire des orientations stratégiques et politiques. Il a besoin de cette cohérence que nous avons déjà évoquée entre les grands choix de l'entreprise et son action personnelle. Vue de la base de l'entreprise, la cohérence des orientations n'est pas toujours manifeste.

Pour rester en contact avec la réalité, tout équipier a besoin d'informations sur le métier, l'entreprise et le marché. Le chef est bien placé pour connaître les informations qui émanent de l'environnement interne ou externe. Son appartenance à l'équipe hiérarchique supérieure le met en position de connaître ces informations et de pouvoir les relayer. C'est parfois à lui d'établir cette cohérence vue de l'endroit où l'équipier est situé. Et il doit le faire à partir et malgré des directives qui peuvent paraître contradictoires du fait des contraintes diverses auxquelles l'entreprise est soumise.

2.4. Un chef pour incarner l'équipe

Dans l'entreprise, les collaborateurs sont représentés par une trame constituée de l'ensemble des chefs. Cette trame, visible par tous, est la base de la fédération de l'entreprise et permet à chacun de se situer. Représenté à ses propres yeux par le chef, l'équipier a besoin de l'être aussi au sein de l'organisation afin de s'y manifester, de participer au système global et par là même d'y sentir son utilité.

Dans cette trame, chaque chef incarne et personnalise son équipe. Cette personnification est une nécessité cohésive pour l'équipe : l'existence de l'entité au travers d'une personne procure une image satisfaisante d'elle-même. De cette incarnation de l'équipe et de l'équipier se déduisent deux rôles : l'un d'intermédiaire entre les personnes et l'autre de représentation de l'intérêt général. Catalyseur de l'unité, il est habilité à arbitrer entre l'intérêt de l'équipe et celui de l'équipier. Il est le médiateur légitime des conflits de rôles ou de personnes que provoquent inévitablement les rapports quotidiens d'interdépendance.

Sans chef, les acteurs seraient des électrons libres, privés d'un relais entre eux et l'entreprise. Ils seraient comme des membres d'un corps humain privés de système nerveux. Et, répétons le, les équipiers des équipes performantes disent eux-mêmes leur besoin d'un chef sur les cinq aspects que nous venons d'énumérer.

3. Les traits de caractère d'un chef

Dans le management de la dynamique d'équipe, le chef reste la clé de voute. Ses traits de caractère ont des conséquences directes sur l'engagement des collaborateurs. Chacun le sait. Chaque chef a son style, ses qualités et ses limites, mais il est trois traits de personnalité qui ne peuvent lui faire défaut, faute de quoi ce serait l'équipe et sa capacité à exister ou à produire qui se trouverait réduite. Ces caractéristiques sont :

- la volonté politique,
- la capacité à mobiliser,
- le sens de la maitrise.

Sans la première, le risque est de ne pas atteindre l'objectif ; sans la deuxième les équipiers se dispersent ou se sous-investissent et sans la maîtrise, l'équipe dérive ou sa performance plafonne.

3.1. La volonté politique

Le degré de performance d'une équipe tient beaucoup à la vigueur de son patron, à la ténacité qu'il entretient dans la poursuite d'un objectif. Sans cette volonté continue, il n'y a aucune chance que l'équipe parvienne à ses fins : celles-ci resteront des vœux que les premiers obstacles balaieront. Seule cette volonté peut s'opposer aux différentes résistances que la vie ne manque pas de mettre sur le chemin de toute entreprise. Sans cette qualité, il n'y a ni chef ni équipe.

Dans une intervention en entreprise, nous avons reçu de la direction générale la mission de muscler une équipe afin de parer à des carences qualitatives de son chef dont le directeur ne souhaitait cependant pas se séparer. Cela n'a produit d'autre effet que de mettre la carence en évidence et le chef en difficulté. Dans ce cas, nous avons mis en place un noyau de management composé du chef et de deux équipiers très motivés. L'hypothèse était que les deux collaborateurs pallieraient éventuellement le manque de volonté politique du responsable. L'objectif fut atteint, mais seulement tant que le chef a maintenu les réunions de travail du noyau, comme cela avait été décidé. Quand, sous prétexte de charge de travail, il les a décalées puis oubliées, tout s'est alors écroulé. Le noyau avait certes la volonté politique mais le chef avait seul la légitimité hiérarchique permettant de convoquer les réunions. Pour que perdure le progrès momentanément obtenu, il aurait fallu que chaque membre ait la légitimité de convoquer seul les deux autres ou bien que le chef délègue la volonté politique à ses deux collaborateurs, ce qui est impossible : on ne délègue que ce que l'on a. Pour ne pas se retrouver en difficulté personnelle, il a pris le parti de « laisser aller ».

Action

Le chef peut être moins expert que ses collaborateurs, moins organisé, mais il ne peut pas avoir moins de volonté d'arriver, faute de quoi c'est toute l'équipe qui se trouve désorientée.

3.2. L'aptitude à mobiliser

La deuxième capacité essentielle du manager est son aptitude à mobiliser. Sans elle, l'équipe ne bouge pas et reste au niveau plancher révélé par l'expérience de Ringelman. Un des dangers qui guette une équipe est de coûter plus qu'elle ne rapporte, dans la mesure où les individus en situation collective ont tendance à se laisser porter par le groupe et à limiter leur contribution. Pour éviter cela, le chef doit maintenir la mobilisation de façon à contrecarrer la force d'inertie ou la tentation de passivité en articulant les nécessités de l'objectif et le meilleur avantage pour l'équipier.

Nous avons vu précédemment que la motivation est une condition nécessaire mais cependant pas suffisante. Il faut, pour obtenir une mobilisation optimale des équipes, avoir une action managériale. Pour cela, le pilote dispose de trois moyens :

- son influence personnelle,
- la mise sous pression
- les pratiques managériales dynamiques.

La première, l'influence produite par le manager, provoque chez le collaborateur une aspiration, une envie de servir. Elle stimule en lui identification et modélisation.

Celui qui conduit son équipe en s'appuyant sur ses qualités personnelles le fait à partir de son expertise, de son expérience ou de son charisme. Dans ce cas, la mobilisation des collaborateurs se fait autour de la compétence qu'il met en avant : pragmatisme, innovation, qualité de relation, etc.

La mise sous pression est d'un recours fréquent. La direction par objectif, l'utilisation du stress, le suivi rapproché en sont des moyens les plus couramment utilisés. En dehors de la pression, l'autre façon, qui permet de mobiliser consiste à agir sur les flux qui traversent l'équipe : motivation, énergie, complicité, attractivité du métier, informations, pouvoirs, etc. Pour cela le pilote dispose de toute une panoplie qu'il met en œuvre par son management :

- enjeu collectif,
- enjeux personnels,
- organisation et mode de fonctionnement de l'équipe,
- désir d'appartenance,
- climat,
- pouvoirs internes à l'équipe.

3.3. Le sens de la maîtrise

La troisième qualité indispensable à un chef d'équipe est le sens de la maîtrise. Prolongement de la volonté politique et moyen de gestion, c'est d'elle dont dépend au final le niveau de performance. De deux équipes qui auraient le même objectif et qui toutes deux disposeraient de motivation, de capacité d'innovation, d'expertise et de cohésion, l'emportera celle qui possède la meilleure maîtrise des actions.

On ne peut en rester à croire, comme on l'entend souvent, qu'il suffit d'une excellente énergie pour gagner. Certes l'effet du moral crée la spirale de succès mais ce dernier ne perdure que grâce à la qualité de maitrise. Maitrise de la compétence, des coûts, du temps, des méthodes, de la qualité. Ce sens de la maîtrise pousse continuellement à renforcer l'unité d'action et l'efficacité. C'est cette exigence qui procure les points de repères permettant de s'évaluer et de se corriger car ce qui ne peut être mesuré ne peut être amélioré. C'est elle également qui pousse à mettre en place les systèmes d'auto-contrôle et de contrôle transversal. La maitrise, évoquée ici, est la conséquence d'une rigueur qui cherche à coller au besoin réel. Ce n'est surtout pas une rigidité procédurière mais bien une recherche d'amélioration continue face à la dégradation naturelle des choses. La capacité à fonctionner subtilement, acquise peu à peu par une équipe, est le résultat du sens de la maîtrise dont fait preuve son chef ; c'est le niveau d'exigence de ce dernier qui favorise le niveau de maîtrise des équipiers.

4. Les flux de pouvoirs dans l'équipe

Le pouvoir est la possibilité d'exercer une influence sur autrui[1]. Cette influence se définit comme un rapport entre deux personnes dans lequel l'une fait modifier l'attitude ou le comportement de l'autre par persuasion, par contrainte ou par échange. Dans le processus de pouvoir, il y a la personne influencée et celle qui influence. Cette influence s'exerce toujours à partir d'une source : le savoir, les règles, l'information, la force, la capacité à sanctionner, l'argent, le besoin qu'éprouve autrui, etc. Le mécanisme du pouvoir consiste en la possibilité pour un individu d'agir sur des sources dans le but d'influencer l'action d'autrui. Celui qui détient la source peut donner ou retenir, réduire ou augmenter. C'est son pouvoir et nous allons voir que peu ou prou, chacun en a.

Les phénomènes de pouvoir doivent être considérés de trois points de vue différents : l'acteur qui l'exerce, la personne influencée et la source de pouvoir utilisée. Dans l'équipe, l'acteur du pouvoir peut être l'une des trois entités – le chef, l'équipier, le groupe –, auxquelles il conviendrait d'ajouter le contexte externe. L'infuence s'exerce sur l'une ou l'autre entité : le chef a un pouvoir sur l'équipier et ce dernier en a un sur le chef. De la même façon, l'entité collective influence l'équipier ou le chef et est en retour influencée par eux. Les réservoirs ou sources de pouvoir sont divers : l'expert a son savoir, le collaborateur a des informations et de l'énergie, le manager a la responsabilité et peut sanctionner, etc. A partir de sa

1. Pour aller plus avant dans la compréhension des processus de pouvoir, le lecteur peut se reporter à l'ouvrage de G. N. Fischer, *La dynamique du social* (5).

fonction, chacun se constitue et détient une source de pouvoir qu'il peut utiliser. Un manager, lorsqu'il stimule ses équipiers pour un projet de sorte qu'ils se mobilisent, reçoit en retour une réponse des collaborateurs qui exercent leur pouvoir propre, en libérant plus ou moins d'énergie pour le projet !

Outre la maîtrise d'une source objective, l'influence s'établit aussi à partir de l'autorité personnelle. Celle-ci varie selon le statut, l'expertise ou le charisme de la personne influente. Cette influence est aussi un pouvoir, mais qui ne s'exerce pas de façon coercitive comme le précédent. Examiné du point de vue de la personne influencée, le processus d'influence est lié à la nécessité, à la conviction, au désir ou à divers besoins. On se laisse influencer soit parce que c'est un moyen d'obtenir satisfaction, soit au nom de l'estime portée à la personne influente.

Le pouvoir passe donc en partie par un contrôle des flux qui influencent la conduite des hommes. Or l'équipe est un espace de flux : flux d'information, d'énergie, de production, de savoir-faire. C'est un creuset dans lequel des variables telles que la cohésion ou la polarisation se combinent, se renforcent ou s'opposent au gré des différentes catégories de « pouvoirs ». Pouvoirs des uns et pouvoirs des autres s'affrontent, s'allient, s'annulent ou opèrent en synergie. Envisager l'équipe sous l'angle des rapports de pouvoirs, des circulations de flux ou des phénomènes d'entropie engage le management dans une vision inverse de celle que l'on a habituellement puisqu'elle consiste à laisser prendre leur place aux pouvoirs et à les renforcer les uns par les autres. Le management repose alors sur l'équilibre maintenu entre différents pouvoirs, au travers d'actes de management.

Expérience et travaux

D. Anzieu et J.-Y. Martin citent (6) un modèle théorique de Norman Maier selon lequel tout acte de management se situerait à l'intérieur d'un triangle équilatéral dont chaque angle représente un type de pouvoir : le pouvoir hiérarchique du chef, le pouvoir démocratique du groupe et le pouvoir individuel de chacun des membres.

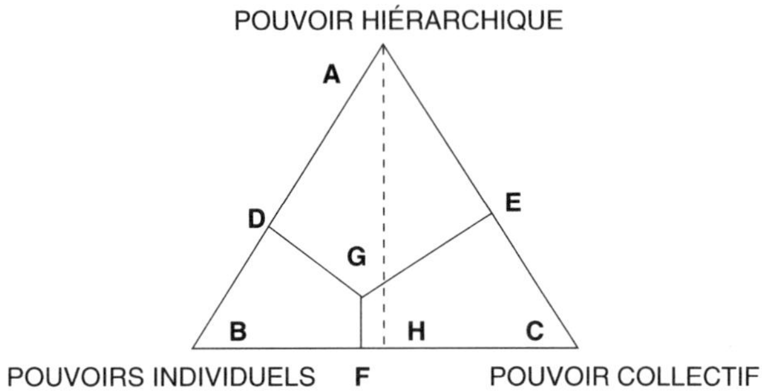

LES ACTEURS ET LES POUVOIRS INTERNES À L'ÉQUIPE

Ce schéma montre qu'un acte (représenté ici par le point G), lorsqu'il s'éloigne d'un pôle de pouvoir (A, B, C), se rapproche de l'un des deux autres pôles ou des deux ensemble. Ici, l'acte managérial est représenté par GF pour indiquer la « quantité » de pouvoir hiérarchique, par GE pour la quantité de pouvoirs individuels et GD pour le pouvoir collectif.

Chacun des trois pouvoirs (individuel, institutionnel et collectif) garantit la satisfaction de l'aspect qui le concerne : l'équipier pour la satisfaction de ses besoins, le chef pour l'objectif de l'entreprise et le groupe pour l'équilibre de l'ensemble collectif. Un management qui se situerait essentiellement dans le registre hiérarchique laisserait s'affaiblir la cohésion et la mobilisation individuelle par non utilisation des deux autres pôles. Le manager obtiendrait des résultats du fait de l'autorité formelle et de la contrainte mais ne pourrait plus compter sur le tissu cohésif ou l'engagement profond de chacun.

4.1. Les catégories de pouvoir

Dans la mesure où le management de la dynamique repose sur la gestion des interactions entre différents pouvoirs, il est utile de les détailler. Nous nous proposons d'élargir le concept de N. Maier en y intégrant un quatrième pouvoir, celui du contexte.

Ceci conduit donc à l'énoncé de quatre catégories :

- le pouvoir institutionnel, hiérarchique ou expert (fonctionnel), transmis par l'organisation à ses collaborateurs,
- le pouvoir personnel, c'est-à-dire celui que chacun possède plus ou moins et peut développer (expertise, expérience, autorité, énergie),
- le pouvoir collectif, celui d'un groupe ou d'une entité. Plus difficile à appréhender, il existe pour toutes catégories de groupes humains et peut être parfois très puissant : (mouvements sociaux, rythme d'équipe, habitudes communes),
- le pouvoir contextuel, autrement dit celui qu'exerce l'environnement (le marché, les concurrents, le reste de l'entreprise) sur l'équipe.

4.1.1. Le pouvoir institutionnel

Toutes les institutions exercent des pouvoirs : professionnels, réglementaires, économiques, sociaux. Ces pouvoirs, elles les délèguent à leurs membres, leur conférant l'exercice hiérarchique ou la représentation. Le pouvoir de nature hiérarchique, le plus puissant, a tendance à dominer par la contrainte. Les moyens qui lui sont conférés en entreprise sont tels qu'il a longtemps réduit le management au commandement, imposant un rapport de forces et pouvant conduire à la soumission d'autrui. A l'heure actuelle encore, c'est lui qui maintient le management dans un état embryonnaire, gênant la mise en œuvre de méthodes plus subtiles. Pourquoi s'intéresser aux forces dynamiques d'un groupe alors qu'on obtient déjà beaucoup par une contrainte plus ou moins explicite ? Pourquoi lâcher un moyen qui procure tant de sentiment de puissance à son auteur ? L'exercice du pouvoir hiérarchique par lui en donne immédiatement plus que n'en offriraient les subtilités de la recherche de dynamique. Ce mode de pouvoir le met au centre du groupe (centralité que recherche nombre de personnes), lui fait profiter de toutes les informations et lui permet de fonctionner sur son rythme propre et selon son bon vouloir. Ensuite il tire profit d'une importante quantité d'énergie due au nombre de ses collaborateurs : « J'ai trente-sept personnes et je produis vingt-quatre millions par an », nous disait un cadre qui identifiait totalement son service à sa personne. En plus de son rôle institutionnel de manager, il cumule celui d'expert, éventuellement celui de leader, et peut agir sur trois sources. Cependant cela a un coût, rarement évalué : celui du déficit entraîné par une mobilisation tout à fait relative des salariés. Ecrasant pour les autres, le modèle uniquement hiérarchique limite l'expression du potentiel des collaborateurs, l'énergie investie par eux et leur développement.

Il ne s'agit pas de faire un réquisitoire contre le pouvoir institutionnel, qui conserve toute son utilité, mais contre la façon dont il est exercé selon la seule source hiérarchique. Il peut l'être tout aussi bien sinon mieux à partir d'une conception dynamique du management qui conçoit le chef comme élément de maillage de l'entreprise, support d'acteurs responsables, système nerveux de l'équipe, dispensateur de la vision et dynamicien des flux.

4.1.2 Le pouvoir personnel

Le pouvoir personnel est celui de l'individu qui, en tant qu'acteur, est doté de besoins, de désirs, de volonté propre et d'autonomie. Il peut, à ce titre, faire prévaloir ses intérêts. Qu'on le contraigne ou qu'on l'encadre, personne ne peut lui enlever son pouvoir personnel ou l'exercer à sa place.

A partir des sources dont il contrôle le flux (énergie, bonne volonté, information, expertise, influence), le collaborateur peut exercer son pouvoir et chercher à le faire croître. L'exercer consiste à se montrer plus ou moins actif, plus ou moins ouvert, disponible, responsable. Devenir un expert indispensable, jouer de la faculté d'accepter ou de celle de refuser, réaliser les missions avec plus ou moins de bonne volonté, sont autant de moyens dont chacun dispose en propre. Dans une discussion, l'avis d'un expert ou d'une personne expérimentée a plus de poids sur l'auditoire que celui d'une personne non compétente. Ce « pouvoir d'influence » fait autorité et constitue une source importante.

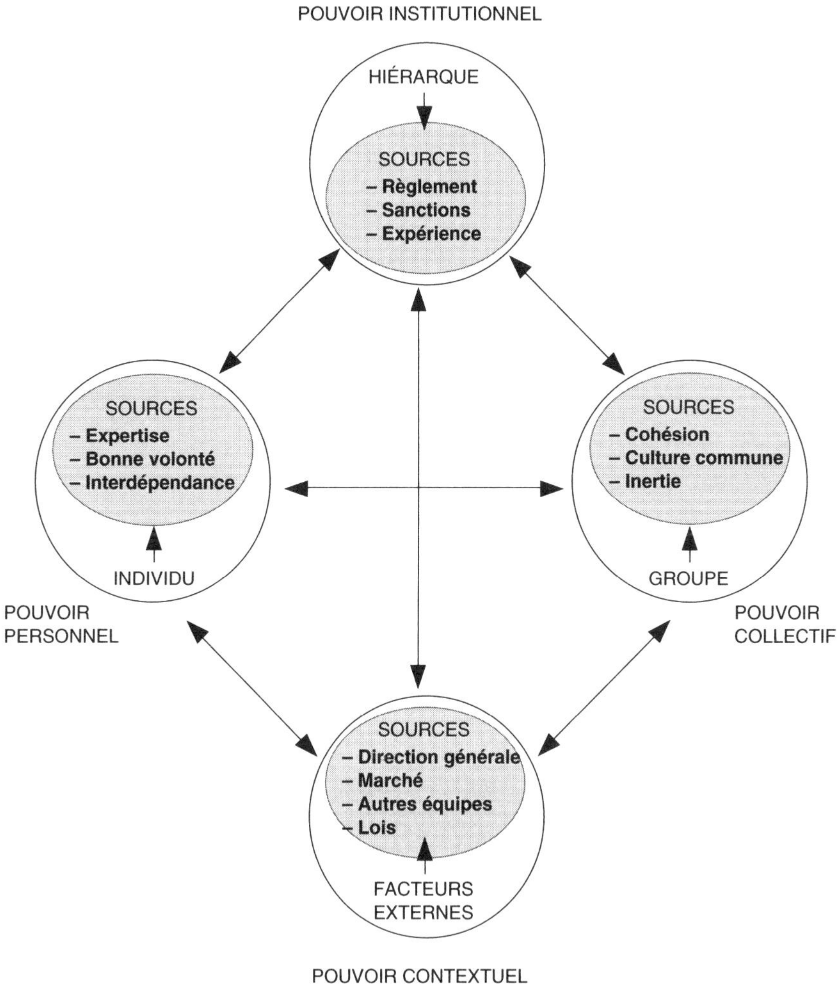

LES INTERACTIONS DES QUATRE POUVOIRS AU SEIN DE L'ÉQUIPE

Chacune des quatre catégories de pouvoir a son type d'acteur (équipier, hiérarque, groupe et contexte). Chaque acteur contrôle des sources de pouvoir pour influencer les autres acteurs qu'il cible.

Enfin, l'énergie personnelle que l'on décide d'investir ou de retenir en fonction de son bon vouloir constitue à son tour une source essentielle de pouvoir individuel qui peut aller jusqu'au pouvoir de nuisance.

Une des spécificités du management de la dynamique est de favoriser le rôle moteur des équipiers par une stimulation de leurs pouvoirs individuels. Le manager encourage la prise de responsabilité et l'initiative, et veille à ce que les collaborateurs développent leur impact personnel sur l'équipe.

Ces différents niveaux de pouvoir sont favorisés pour optimiser la mobilisation, la créativité, l'engagement. On trouve ce type de répartition de la responsabilité dans certains comités de direction, facilité par la maturité des acteurs. Mais il n'est pas érigé en méthode managériale et descend assez peu au niveau de l'encadrement intermédiaire. Au contraire on assiste souvent à des formes de confiscation de l'initiative, avec comme conséquence de laisser en sommeil quantité de bonnes idées. L'entreprise y perd alors une partie importante d'un potentiel dont elle pourrait profiter.

La capacité de leadership est également un mode du pouvoir personnel. Il faut différencier nettement le rôle de leader de la fonction de manager. Le leadership est la capacité d'un individu à exercer une influence mobilisatrice sur autrui et à montrer la voie. Dans les équipes de sport collectif, on parle de « meneur de jeu » pour désigner celui qui stimule les autres sur le terrain, rôle distinct de celui de capitaine qui représente l'équipe et de celui d'entraîneur qui, lui, reste sur la touche pour mieux envisager les nécessités tactiques et la progression de l'équipe. Le leader est celui qui mobilise le plus d'énergie pour le projet. Son rôle, qui consiste à stimuler l'énergie latente des membres de l'équipe, peut aussi bien être imparti au manager qu'à un équipier dans le cadre d'une délégation. Il est tout à fait possible dans une équipe d'avoir sur des points précis des leaders du groupe distincts du manager et rien ne s'oppose à ce qu'il y en ait plusieurs. A condition d'avoir bien spécifié l'espace sur lequel s'exerce leur leadership.

Dans une équipe, il existe une place pour l'influence de chacun[1]. Le leadership tel qu'on l'envisage ici s'apparente aux talents individuels et dépasse le cadre habituel selon lequel il n'est exercé que par le chef. Dans les grandes équipes, il y a un seul chef et plusieurs leaders et, selon les situations, ce leadership peut être amené à tourner.

4.1.3. Le pouvoir du groupe

Le pouvoir collectif d'un groupe social ou d'une équipe, expression d'une influence commune, génère une énergie importante. Résultante de forces qui se combinent, s'allient ou s'opposent pour produire un mouvement, il est comparable à une masse ou à une action d'opinion. C'est une force aussi irréductible que le pouvoir de l'individu. Force puissante, culture intériorisée et durable, il participe à l'identité collective du groupe : résultat de normes, d'habitudes propres, de modes de pensée, il constitue une sorte de grammaire des comportements et des relations. C'est à lui que la normativité obeït. Il agit directement sur les décisions et les façons dont elles sont prises. A propos du pouvoir collectif, le sociologue

1. Faucheux et Moscovici, tous deux sociologues, ont montré à quelles conditions un individu peut exercer une influence sur une majorité. Ils ont réalisé ce travail dans le cadre d'une recherche sur les conditions requises pour qu'une minorité agisse sur l'avis d'une majorité. Dans la mesure où cette position est celle de tout individu qui veut exercer une influence sur le groupe dont il fait partie, nous pensons la transposition de leurs conseils utile. Pour S. Moscovici, le principal facteur d'influence d'un individu sur un groupe réside dans son style de comportement (7). Quatre styles de comportement sont facteurs d'impact d'un individu sur son groupe d'appartenance et applicables dans le cadre de la vie d'équipe et d'entreprise :
   1. Se montrer impliqué : un style de comportement qui témoigne du fort engagement de l'individu et de l'estime dans laquelle il tient le but poursuivi au point d'accepter des sacrifices personnels.
   2. Etre autonome : une indépendance de jugement et d'attitude, un degré élevé d'objectivité et éventuellement une attitude volontaire.
   3. Maintenir une volonté : s'en tenir à un point de vue donné, reflet de l'engagement dans un choix cohérent.
   4. Savoir écouter : accepter l'expression simultanée d'un autre point de vue et avoir le souci de réciprocité dans la relation. Ainsi un minoritaire modifie non seulement les opinions de ceux qui étaient bien disposés à son égard, mais aussi les opinions de ceux qui lui étaient initialement opposés.

Renaud Sainsaulieu (8), citant les travaux de M. Crozier auprès d'une organisation industrielle « très bureaucratique et monopolitique », écrit : « L'ensemble des rapports d'autorité en atelier entre les ouvriers et les chefs d'atelier est l'inverse de ce que laisserait prévoir la structure pyramidale de la hiérarchie. Ce sont en fait les ouvriers d'entretien qui imposent leur loi, à la fois aux chefs et aux ouvriers de production. »

Deux exemples, pris dans des civilisations différentes, illustrent l'attention portée à l'influence sociale exercée par les groupes eux-mêmes. Le premier, tiré du livre de R. T. Pascale (9), montre comment ce pouvoir de groupe agit sur le chef lui-même : « La qualité primordiale d'un leader japonais est d'être accepté par le groupe, une partie seulement de cette adhésion reposant sur ses mérites professionnels. » Le deuxième exemple, cité par D. Anzieu (10) – qui ne propose pas là un modèle de management – met en évidence la notion de pouvoir collectif : « En 1944, Claude Lévi-Strauss décrit, à propos des Nambikwara, des sociétés dont les chefs étaient sans pouvoir. (...) Un ordre, voilà bien ce que le chef ne saurait donner, voilà bien le genre de plénitude refusée à sa parole. Au-delà du refus d'obéissance que ne manquerait pas de provoquer une telle tentative d'un chef oublieux de son devoir, ne tarderait pas à se poser le refus de reconnaissance. Le chef assez fou pour songer non point tant à l'abus d'un pouvoir qu'il ne possède pas, qu'à l'usage même du pouvoir, le chef qui veut faire le chef, on l'abandonne : la société primitive est le lieu du refus du pouvoir séparé, parce qu'elle-même, et non le chef, est le lieu réel du pouvoir. C'est le corps social lui-même qui détient le pouvoir et l'exerce comme unité indivisée... Il s'ensuit que ce pouvoir s'exerce sur tout ce qui est susceptible d'aliéner la société, d'y introduire l'inégalité : il s'exerce entre autres sur l'institution d'où pourrait surgir la captation du pouvoir, la chefferie. » (...) « Quand il s'agissait d'entreprendre une expédition guerrière, on choisissait le plus apte à la guerre, une expédition de chasse, on prenait le plus habile à la chasse. » Le pouvoir, « c'est le corps social qui le détient et l'exerce comme unité indivisée ».

Citons enfin un autre auteur, L. Maillet, dans *Psychologie et Organisations* (11) : « La plupart des travailleurs croient que le pouvoir est aux mains de la haute direction et qu'il se situe dans le bureau du PDG de la compagnie, du recteur de l'université ou du Premier ministre. (...) Or, l'impression des personnes qui sont censées détenir le pouvoir révèle un tout autre son de cloche. Bien souvent, celles-ci affirment n'avoir que peu d'influence et attribuent à d'autres ce pouvoir qu'on dit leur. La direction l'attribue au syndicat. Les syndiqués au gouvernement. Le gouvernement aux bureaucrates et aux technocrates... »

De nombreux dirigeants, sans rien abdiquer de leur pouvoir hiérarchique, prêtent une grande attention à l'avis élaboré collectivement par le groupe qu'ils dirigent. De même, des groupes sociaux très soudés (comme les organisations professionnelles) fonctionnent à partir de ce consensus qui constitue l'aspect pratique du pouvoir collectif. Ces exemples mettent en exergue le pouvoir d'un groupe ou celui du contexte.

Action

Cela doit pousser les managers à devenir davantage des tacticiens des rapports de pouvoirs et à ne pas se risquer dans une autorité aveugle face à laquelle le pouvoir collectif n'a comme seule issue que d'opposer de la résistance.

4.1.4. Le pouvoir du contexte

Pour être exhaustif sur l'interaction des pouvoirs au sein de l'équipe, il est nécessaire de décrire celui du contexte de ladite équipe. Externe par définition, il n'en est pas moins important. Le contexte de l'équipe, c'est l'organisation à laquelle elle appartient mais aussi le terrain de son activité (marché, situation, supports, interfaces). C'est là une autre forme de pouvoir social, influante, qui s'exerce sur l'équipe et constitue pour elle un pôle externe avec lequel elle doit compter.

Les institutions se fondent sur des valeurs et un savoir qu'elles veulent pérenniser par des règles et des objectifs. Par exemple, le manager d'une équipe est tenu par le système de rémunération de l'entreprise. C'est, l'une des formes que prend le pouvoir contextuel. Il en est bien d'autres, comme la fixation de la mission ou la nomination des hommes qui composent l'équipe.

Le marché a lui aussi ses règles et surdétermine le fonctionnement de l'équipe. Il a des normes, des fourchettes de prix, des délais. Les ignorer conduirait à se mettre en position d'échec.

La conscience qu'a le manager de ces quatre pouvoirs et des forces qu'ils représentent agit sur son mode managérial. Soit il les ignore et il limite alors l'élan vital de son équipe, soit il s'appuie dessus pour construire une équipe performante. Mais nombreux sont ceux qui se méfient des pouvoirs internes à leur équipe, craignant qu'ils ne s'exercent pas dans le sens souhaité. La faible mobilisation qui en résulte a comme conséquence de laisser en friche un important potentiel. Une bonne dose de confiance en soi, alliée à la compréhension des effets positifs des pouvoirs internes à l'équipe, suffit pourtant à laisser se développer cette force pour en tirer profit.

5. Les attitudes managériales

Pour finir ce chapitre sur les pouvoirs, il est important d'envisager la façon dont un manager se positionne dans sa façon de conduire l'équipe. Nous avons vu que l'équipe est un système composé d'éléments et d'un contexte. Or il arrive que, pour des raisons personnelles, des managers se concentrent sur l'un ou l'autre aspect, laissant de côté les autres. Ce choix d'un centre de gravité de leur attention managériale produit des effets qui peuvent équilibrer ou déstabiliser l'équipe.

Il y a six attitudes managériales possibles. C'est-à-dire six points qu'un manager peut considérer de façon privilégiée pour conduire son équipe. Il peut être intéressé plus par le résultat que par la méthode, par le contexte plus que par ses équipiers, il peut aussi être au centre du groupe ou à l'extérieur.

La première attitude est celle du pilote, très proche de ses coéquipiers. Le manager obtient une bonne ambiance, du dévouement, des résultats, mais aussi parfois de redoutables rivalités entre les personnes et des marchandages sur les résultats.

La deuxième attitude consiste à se centrer sur l'organisation, les moyens, la procédure. Il obtient des résultats par le contrôle qu'il exerce. La vie de groupe est pauvre. La motivation essentielle est la satisfaction du travail bien fait.

La troisième est celle du chef qui ne s'intéresse qu'aux résultats. Il manage par le stress, obtient de bons résultats pendant un temps. L'ambiance est très individualiste dans le groupe, avec peu de synergie. Le turn-over y est souvent important.

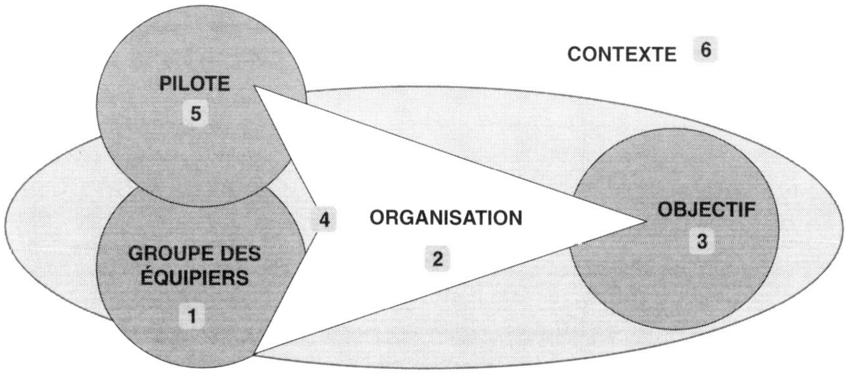

L'ATTITUDE MÉTA
Le positionnement du chef (5) dans une attitude qui lui permet de contrôler les différents composants de l'équipe et d'optimiser les ressources et les synergies internes.

La quatrième, la plus fréquente, est celle où le chef est au centre de tout. Il fait le grand écart entre les objectifs, les méthodes et les hommes. Responsable de tout, il fait tout. Il est surchargé et porte son équipe. Les équipiers délèguent... au chef ! Nombre de managers font eux-mêmes une partie du travail de leur équipe et n'ont plus le temps de faciliter le travail de leurs collaborateurs. Dans la formule bien connue de « faire faire », on observe que le contenu du premier « faire » n'a strictement rien à voir avec celui du deuxième « faire ».

5.1. L'attitude Méta

La cinquième attitude est celle du pilote qui se met en situation d'avoir une vision de tous les paramètres : proche des équipiers mais distinct d'eux, en position de contrôler les objectifs et les process, il se partage, en tant que membre de l'équipe hiérarchique supérieure, entre l'équipe et le contexte afin de provoquer des actions de support.

L'attitude « Méta » (en grec : qui englobe), place le manager dans une vision qui prend en compte non seulement le groupe dans sa globalité mais aussi le contexte.

Action

Dans cette conception, le manager prend une place de tacticien par rapport à son équipe. Il centre son action non plus sur l'objectif lui-même mais sur la façon pour son équipe d'atteindre l'objectif.

Aimé Jacquet avait dit : « Le renforcement de mon staff technique me permettra d'être beaucoup mieux dans mon rôle de patron : avoir l'oeil à tout, sans être en première ligne dans tous les secteurs. Ainsi, je garderai en toutes circonstances ma lucidité pour avoir la bonne réaction et aller à l'essentiel. (...) J'aurai plus de temps pour soigner le relationnel avec mes joueurs. »

Ce positionnement du manager donne une vision « grand angle » et permet de n'être pas dans le seul court terme. Il se développe avec le temps, simultanément à la montée en compétence collective de l'équipe. Ainsi la responsabilité que l'équipe prend sur son action immédiate constitue autant de disponibilité que le manager peut alors dégager au service de l'anticipation et de la progression de l'équipe.

Enfin dans la sixième position, le chef est en dehors de l'équipe et s'en occupe peu. Cela peut aller du contrôle externe, à partir de son ordinateur, à un abandon de poste pour des raisons de sous-motivation personnelle. Cette attitude fonctionne un certain temps si l'équipe est bonne mais peut aussi aboutir à une dissociation.

Chacun de ces positionnements présente des avantages et des inconvénients. Selon la situation, l'un est préférable à l'autre. Mais celui qui permet le mieux de dégager la dynamique du groupe pour l'orienter vers l'objectif est le cinquième : l'attitude Méta.

L'essentiel

A) Non seulement le manager doit faire-faire mais aussi faire gagner. Pour cela il suscite l'initiative, la responsabilité et facilite la coopération car les nécessités de réactivité, d'économie et de créativité poussent l'entreprise à utiliser beaucoup plus de potentiel de ses collaborateurs.

B) Le nouveau mode de management doit dépasser le seul commandement, en stimulant l'expression des pouvoirs internes à l'équipe (empowerment). Plus chef de projet que hiérarque, il maintient l'équilibre entre autorité et initiative permettant que se développe la dynamique collective. Elle seule permet d'atteindre des niveaux de performance supérieure.

C) Lorsque le collaborateur devient un acteur de l'entreprise, le fonctionnement de la hiérarchie doit passer du contrôle de l'exécution au support apporté aux besoins opérationnels du collaborateur. Ceci n'est possible qu'avec des équipiers ayant été formés au sens de la responsabilité systémique et à la focalisation. Le chef devient alors un support du collaborateur, lui permettant de remplir sa mission, développer sa capacité d'influence et sa puissance, participer à la vision commune de l'action de l'entreprise, incarner l'équipe.

D) Ce chef, dont le rôle a changé, ne perd rien de son statut. Au contraire, l'augmentation du degré de compétence et d'exigence de ses collaborateurs le pousse à exercer un rôle plus subtil et plus gratifiant.

Ses traits de caractère, incontournables, sont :

- la volonté politique,
- l'aptitude à mobilliser (qui peut passer par d'autres qualités que le charisme),
- le sens de la maîtrise.

.../...

.../...

E) Les équipes sont le siège de quatre flux de pouvoir. Soit ceux-ci ont la possibilité de s'exprimer positivement dans le sens de l'entreprise et de l'équipe, soit ils se retournent en contre-pouvoir et génèrent de l'entrave, de la rétention, de la passivité ou de la rébellion. Les quatre grandes catégories de pouvoir qui s'articulent pour créer la dynamique d'équipe sont :

- le pouvoir hiérarchique (pouvoir institutionnel),
- le pouvoir individuel (influence, expertise, autorité personnelle),
- le pouvoir collectif du groupe des équipiers,
- le pouvoir du contexte (entreprises, syndicats, marché).

F) En terme de management coexistent six attitudes possibles qui sont déterminées par le centre de gravité de l'attention managériale. L'attitude « Méta » est la seule qui permette le développement d'une dynamique interne à l'équipe. Elle consiste à se positionner de façon à contrôler l'ensemble des éléments qui constituent l'équipe, à favoriser l'essor des ressources et à stimuler des synergies internes.

Cinquième chapitre

Les dynamiques collectives

Les dynamiques d'équipe ont des formes et des stades. Certaines équipes sont très liées : chaque fois que l'on rencontre un de leurs membres, on a le sentiment d'être face à toute l'équipe. D'autres sont unies autour d'un chef qui est le seul à les représenter et qui y veille jalousement. Bien que les exemples soient infinis, des formes et des comportements se retrouvent cependant. Ils correspondent à la taille du groupe, à des rituels, à la maturité de l'équipe et au style de son leader.

Repère ▶ Dans ce chapitre, nous allons voir comment la maturité agit sur la structure de l'équipe. Cette structure profonde s'établit à partir du nombre de pôles de pouvoir autour desquels elle fonctionne. S'il y a un seul pôle de pouvoir, c'est celui du chef et cela produit une structure pauvre. S'il y a deux catégories de pouvoir, c'est celui du chef et ceux de chaque équipier pris un à un. L'équipe développe alors un climat très relationnel. Avec trois formes de pouvoir (le chef, l'équipier et le pouvoir collectif), on accède à des équipes matures. Dans celles-ci apparaissent des initiatives, le sens de la responsabilité et une réflexion collective.

De façon générale, la maturité est limitée par le style du chef et par ce que peuvent supporter les collaborateurs en terme d'autonomie. Mais elle est aussi la conséquence des stades déjà franchis par l'équipe. Nous verrons qu'ils sont au nombre de quatre. ►►►►

1. La taille des équipes

La psychologie sociale distingue plusieurs catégories de groupes humains selon leur taille. Les « petits groupes » comprennent de trois à cinq personnes environ, les « groupes restreints » ne dépassent pas douze à quatorze personnes et les « grands groupes » commencent au-delà. L'équipe, comme les comités, les services ou les conseils rencontrés dans les structures professionnelles, relève en général des groupes restreints.

De la taille des équipes dépend en partie leur dynamique. Un nombre élevé de personnes impose de fait une limite à la participation et à l'engagement de chacun. La distance relationnelle, le sentiment d'appartenance, la différenciation entre les individus sont fonction de la taille du groupe. Jusqu'à une dizaine de personnes, chaque membre peut facilement être en relation avec chacun des autres. La proximité y demeure facile, ce qui est de moins en moins le cas lorsque la taille augmente. En prenant l'exemple d'une réunion, on mesure facilement par le temps de parole la différence de participation relative à la taille : on passe de dix minutes par heure et par personne lorsqu'on est six à seulement trois minutes par heure si le groupe a vingt participants. Au-dessus de douze personnes, le groupe ne peut plus être considéré comme restreint ; des phénomènes de division en sous-groupes ou de compétition s'y développent inévitablement et rendent ces entités plus difficiles à manager selon des modalités d'équipe.

Le groupe (six à dix personnes) qui nous intéresse ici, comme taille d'équipe, cumule les avantages : suffisamment petit pour rester dans un registre de proximité et de pouvoir partagé, suffisamment grand pour être créatif, il ménage à la fois le sentiment de sécurité, les facilités de partage et la diversité. Enfin, si un sentiment d'appartenance existe plus ou moins dans les différentes tailles de groupe, il n'en est pas de même pour le besoin de différenciation individuelle, qui évolue inversement à la quantité de personnes. Il a donc peu de chances d'être satisfait dans un groupe trop large.

« Faire équipe » commence en fait à deux. A deux, le climat est très relationnel mais l'expression de désaccords est plus difficile du fait de l'importance que prend l'aspect relationnel. A trois, tout en conservant la proximité relationnelle, l'équipe sort de la dynamique de couple. A quatre, un début d'organisation volontaire des tâches devient utile pour utiliser la totalité du potentiel de production de chacun et éviter un retrait relatif de l'un ou de l'autre. Les équipes de cinq à huit membres conservent ces qualités de petit groupe tout en y ajoutant une richesse par le jeu des complémentarités, mais elles requièrent la présence d'un leader ou tout au moins d'un coordinateur. D'expérience, la taille optimale pour une bonne équipe se situe entre six et neuf personnes. Dans ce cas, le groupe comporte un nombre d'interactions qui demeure gérable, sans requérir des talents d'animateur. Une équipe trop nombreuse se heurte à des difficultés de communication qui risquent de prendre le pas sur l'unité d'action. Lorsqu'un manager se trouve dans l'obligation de conduire une grande équipe – de dix personnes à plusieurs dizaines – il doit trouver le moyen de la fragmenter et de s'appuyer sur un noyau intermédiaire pour rester dans les normes d'une dynamique facile à encadrer.

1.1. L'équipe organisée pour mobiliser

On a l'habitude d'organiser l'équipe à partir des contraintes opérationnelles directes, en considérant assez peu la portée dynamique de sa composition. De plus, dans une majorité des cas, il n'y a pas d'espace de choix dans la mesure où elle est le fruit de l'histoire ou de la décision supérieure de l'entreprise. Cependant il reste un certain nombre de situations où il est possible de la composer et dont il faut profiter. Dans la mesure où le maximum pour avoir une dynamique de qualité est de neuf personnes, il peut être difficile de l'obtenir si l'on a affaire à un plus grand nombre. Il convient dans ce cas de se doter d'un noyau de trois à cinq personnes qui est la base dynamique, véritable relais entre le chef et le reste des collaborateurs, et une équipe élargie qui comprend les différentes fonctions et le reste des membres. Ce noyau, ou équipe rapprochée, doit être construit selon les synergies et les aptitudes à fonctionner ensemble, même si c'est aux dépens de certaines fonctionnalités importantes. Il est plus important qu'il soit facilement manœuvrant et réactif car c'est sur lui que repose l'aspect dynamique et c'est à lui que revient l'innervation de l'équipe. Pour composer le noyau, il faut considérer des aspects de synergie interne en même temps que ceux liés à l'expertise.

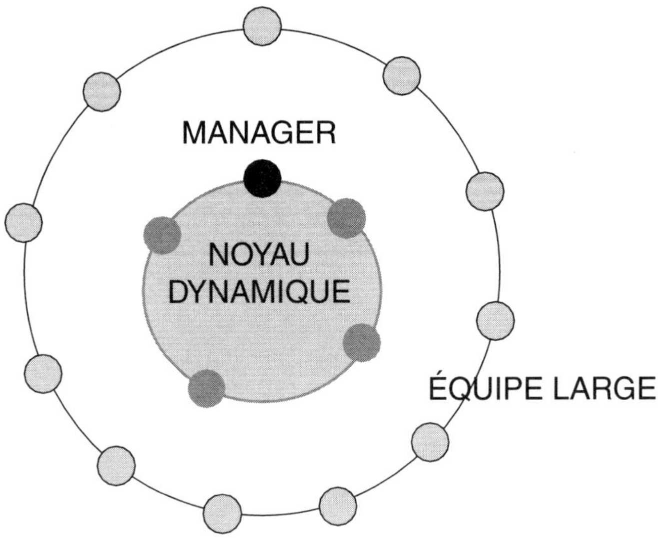

MODÈLE D'ÉQUIPE LARGE AVEC UN NOYAU D'ANIMATION
Ce modèle, à deux niveaux, permet de concilier les besoins opérationnels et les nécessités dynamiques (manager en position Méta, noyau assurant le processus dynamique, taille inférieure à neuf) dans le cadre d'une équipe large.

En fait une équipe peut avoir plusieurs strates répondant à ses différents niveaux de besoin et de contrainte. Par exemple, dans le cas des équipes pluridisciplinaires, il faut résoudre trois contraintes :

– nécessité d'avoir une bonne représentation opérationnelle (niveau du processus objectif),

– nécessité d'avoir un noyau fort et dynamique (processus subjectif),
– obligation de rester dans les règles de dynamique liée à la taille.

Pour y parvenir, cette composition sera organisée à partir d'un modèle à deux étages permettant de concilier la dynamique et l'opérationalité, comme le montre le schéma ci-contre.

2. Rites et rituels

Les équipes ont des rites qui leur servent de points de repère. Chaque entreprise a des pratiques et un code qui marquent l'identité commune comme les « messes » ou, certaines habitudes spécifiques. Des équipes, dans le sport ou dans l'entreprise, utilisent volontairement ces aspects rituels comme moyens de mobilisation et de concentration.

> La célèbre équipe de rugby des All Blacks en fournit un bon exemple avec son chant rituel au début des matches qu'elle dispute. A la fois chant et danse, il donne le sentiment de leur unité, de leur volonté de vaincre, et impressionne l'adversaire. J. Katzenbach (1) cite plusieurs équipes qui avaient développé des signes d'appartenance ou des objets fétiches. Chez Kodak, l'équipe Zebra Team s'était donné comme objectif de remettre les photos en noir et blanc au goût du jour et avait toute une panoplie d'objets, de logos et de vêtements en noir et blanc, y compris leur nom. Nous avons rencontré une équipe commerciale possédant un baby-foot au milieu de son bureau, et une équipe de direction qui tenait des réunions impromptues autour d'une cible de fléchettes (la cible était décorée du logo et du sigle du concurrent principal !). D'autres équipes ont des pratiques rituelles moins spectaculaires mais également efficace, autour de repas, de collations ou séminaires communs.

Dans les équipes d'entreprise, nous observons des rituels conviviaux ou des sujets de conversation habituels (sports, voitures, cinéma, business) qui sont en fait bien souvent des moyens de médiation de la relation interpersonnelle. De façon spontanée, les grandes équipes se donnent un signe de ralliement. Cela peut être un chant comme décrit précédemment, un objet fétiche, une pratique conviviale ou vestimentaire, un nom d'équipe, un insigne, une sorte d'« objet médian » qui signe leur ralliement et leur appartenance. Cette distinction marque la complicité de ceux qui ont traversé une histoire ensemble ou ont un projet commun. Sans inviter toutes les équipes d'entreprise à se constituer des signes d'appartenance aussi voyants que dans les exemples précédents, il est utile de repérer que ceux-ci concourent manifestement au sentiment d'unité dans toutes les grandes équipes.

3. Les catégories dynamiques

La maturité d'une équipe résulte de nombreux facteurs, comme l'expérience, l'engagement de ses membres, leur niveau de développement et celui de son chef. Il est utile d'identifier les caractéristiques de fonctionnement des équipes aussi bien pour les comprendre que pour les manager ou pour les faire évoluer. Pour quelles raisons des groupes d'individus fonctionnent-ils selon des modes différents ? Pourquoi, dans une certaine équipe, ne voit-on que le chef prendre la parole alors que dans une autre chaque membre semble pouvoir s'exprimer plus facilement ? Pourquoi y a-t-il un vrai partage dans l'une alors que dans une autre flotte un sentiment de non-dit ? Il semble que ce soit là, et pour beaucoup, les conséquences de la dynamique mise en place. Celle-ci peut prendre trois formes différentes : unipolaire, bipolaire et tripolaire. La première, la dynamique unipolaire, s'établit à partir du seul pôle du manager, la bipolaire se développe sur un modèle relationnel entre le manager et chacun des équipiers, dans le cadre d'un management individuel de chaque collaborateur. La dynamique tripolaire, elle, articule trois pôles : le chef, l'individu et l'ensemble des autres équipiers, c'est-à-dire qu'elle fait place à la fois au mode individuel (le deuxième pôle) et au mode collectif (le troisième pôle).

Chacune de ces structures correspond à un style de comportement : dans le mode unipolaire, ne comprenant qu'un seul pôle de pouvoir, le leader se présente comme le centre du système et interprète les événements par rapport à lui seul. Les équipiers y sont frustrés de n'avoir pas vraiment voix au chapitre et se sentent considérés comme des pions. Dans le mode bipolaire, constitué de deux pôles, le manager envisage la situation de son équipe en terme de relation entre les personnes. Il est à l'écoute et tient compte des sensibilités ou avis de chacun. Dans le troisième, triangulaire, il intègre les différentes composantes humaines, sociales et objectives. Nous disposons donc de trois types de dynamique.

On tentera de dégager les principes qui s'appliquent à des groupes d'individus selon qu'ils sont structurés sur un, deux ou trois pôles. Nous chercherons aussi à repérer si certaines personnes ont des préférences pour l'un ou l'autre fonctionnement et pourquoi. On verra ensuite que ces formes structurelles agissent sur des groupes d'individus. Un service dans une entreprise ou l'entreprise elle-même peut fonctionner sur un ordre monopolaire (égocentré), bipolaire (relationnel ou duel) ou tripolaire. Pour faciliter l'abord de ce concept, nous allons comparer les phénomènes qui se développent dans un binôme ou dans un trinôme, avant de l'étendre aux équipes.

Selon qu'il est en tête à tête avec une personne ou en présence de deux, un individu ne réagit pas de la même façon. S'il s'apprête à rencontrer une autre personne, il se prépare à ce qu'il va échanger et à la plus ou moins grande proximité dans laquelle il se tiendra. En revanche, s'il rencontre deux personnes en même temps, d'autres questions se posent : quelle place tenir, quelle relation ont-elles entre elles, qui a rang sur qui, quelle attitude avoir avec l'une ou avec l'autre ? etc. Si le nombre est plus important encore, la question sur le comportement à adopter est encore différente : que peut-il se passer ? Quel parti prendre ? Et quel style de participation avoir ?

Des situations de la vie quotidienne illustrent bien ce qui se passe en fonction de ces tailles. A deux, on se trouve de fait dans une logique de réciprocité immédiate : tout ce que l'un fait, l'autre y participe ou en subit les conséquences. A deux par exemple, la question de l'exclusion ne se pose pas : si l'un exclut l'autre, il se retrouve également seul. Les rapports d'alliance ne commencent à jouer qu'à partir de trois : deux contre un. A trois s'introduit dans le fonctionnement relationnel une dimension comparative qui ouvre une possibilité de choix. Il en découle toute une série de conséquences : comparaison, risque de jalousie, alliance, concurrence, etc. Comme si le passage de deux à trois provoquait un effet de seuil : on change en effet de logique, de dimension, on passe de la surface au volume. Les couples qui ont leur premier enfant connaissent bien ce passage (voire cette crise) où l'arrivée du troisième membre de la famille change la relation des époux entre eux.

La nature de la dynamique comportementale est également différente lorsqu'on passe d'une situation où l'on est seul à une situation où l'on est deux. Seul, il n'y a pas d'aspect relationnel ou de nécessité d'interdépendance. A deux oui. Seul, on reste l'unique maître de son fonctionnement, sans responsabilité immédiate vis-à-vis d'autrui, sans dépendance objective. Il n'y pas de concessions à envisager ni de jugement venant d'un tiers, pas de compte à rendre. On connaît le plaisir de soi tout entier, la vie intérieure, la jouissance créatrice... et la solitude. Le plaisir de la création individuelle, l'introspection, l'identification à ce que l'on a produit, suffisent largement.

Pour que ces concepts deviennent moins abstraits, nous allons les préciser en commençant par la dynamique bipolaire, issue de la configuration à deux pôles, puis nous envisagerons la dynamique tripolaire avant de terminer par la dynamique unipolaire.

3.1. La dynamique bipolaire

Lorsque deux personnes sont en interaction, le système global à l'intérieur duquel elles fonctionnent est composé de quatre éléments : la première personne, la deuxième et leurs relations interpersonnelles, la relation de la première à la seconde et la relation inverse. Ce petit système est ainsi composé de quatre éléments : deux pôles et deux canaux de communication. Pour la clarté de la démonstration nous appellerons le premier pôle « Ego », le deuxième « Alter ». Les canaux de relation et de communication sont dénommés « EA » (Ego vers Alter) ou « AE » (Alter vers Ego).

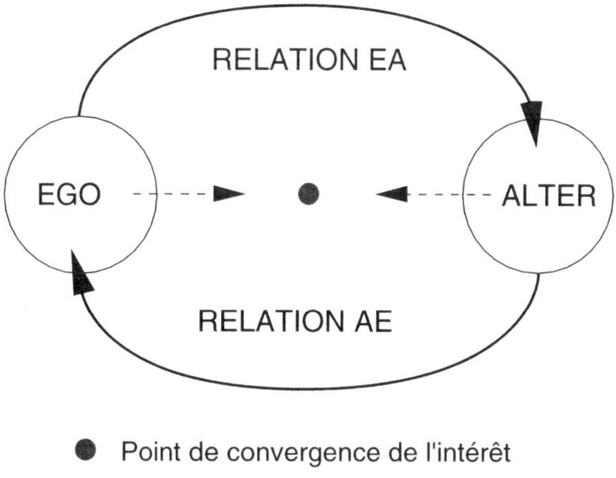

LES ÉLÉMENTS D'UN SYSTÈME COMPOSÉ DE DEUX PERSONNES
Un système bipolaire est constitué de quatre éléments :
deux personnes et deux interactions.

Maintenant, essayons de percevoir ce que provoque au fond de chacun la rencontre avec un autre. D'abord, face à autrui, il faut constater le sentiment d'étrangeté : c'est un étranger. Tout le différencie : son corps, son histoire, sa psychologie, sa place, ses perceptions, ses besoins, ses désirs, ses interprétations de la situation, etc. Il paraît être dans un perpétuel décalage par rapport à nous-mêmes, ce qui oblige à des ajustements continuels. L'adaptation à autrui présente une série de conséquences pour « Ego » : « Alter est étrange... il ne fonctionne pas comme moi » peut-il se dire. Cette comparaison entre soi et autrui est riche. C'est elle qui donne accès à la différenciation, à la tolérance et à l'ouverture. Cette relation, faisant accéder à un intérêt pour l'autre, se traduit par des comportements d'écoute et de responsabilité humaine. Le déplacement du centre de gravité de l'attention de soi vers l'autre induit une attention à la relation entretenue avec lui.

Le système bipolaire se trouve donc être à l'origine d'un ensemble de comportements inusités lorsque l'individu est seul : interactions, dialogue, négociation, solidarité, complicité et bien d'autres.

Pour imager le propos, on peut constater que le développement de l'enfant met en œuvre une évolution comparable. Il passe, au cours des premiers moments de sa vie, de la situation de nourrisson, dans laquelle il ne distingue pas sa personne en tant que sujet distinct, à une situation de jeune enfant, où croissent à la fois la conscience de lui-même et celle d'autrui.

3.1.1. Se centrer sur autrui

Si vivre seul exige de bonnes qualités existentielles, fonctionner à deux demande une aptitude à la relation. Ecouter, entendre les besoins et les désirs, répondre, tenir un engagement, se mettre à sa place sont autant d'exigences de la relation duelle. Cette aptitude relationnelle est la première qualité de l'équipier.

Tout le monde n'est pas à l'aise dans la relation duelle. Même à deux, on peut fonctionner « tout seul dans sa tête » : ne pas laisser de place à l'autre, le tenir à l'écart ou l'ignorer, privilégier son propre rythme, ses besoins, son modèle de pensée, sans imaginer que l'autre envisage les choses à partir d'un point de vue, nécessairement différent. Par méfiance, ou par sentiment d'incompréhension, certains équipiers semblent ne pas considérer les autres, ne pas les voir ou les vivre comme un obstacle à leur personne. D'autres les considèrent comme un mal nécessaire ou un prolongement, une annexe d'eux-mêmes qui doit se soumettre à leur volonté, ne supportant pas la moindre distance ou la moindre différenciation.

3.1.2. La proximité et l'intrusion

Il y a plusieurs façons de fonctionner à deux. Vivre en bonne intelligence côte à côte ne signifie pas *ipso facto* un fonctionnement duel. La relation à deux requiert de supporter une certaine proximité, de trouver la distance juste à laquelle se tenir, distance qui varie en fonction de la relation. On peut ressentir l'autre proche ou trop proche, voire intrusif. On peut aussi le sentir distant, secret, hautain, etc. Cette distance entre les personnes agit directement sur la cohésion, dont l'un des objectifs est justement que les équipiers soient à une bonne distance les uns par rapport aux autres.

Certains équipiers supportent difficilement des distances, trop proches, qui leur paraissent relever de l'intrusion dans leur vie ou dans leur espace de travail. Ils ont pour cela des raisons qui peuvent aller de la difficulté de relation en général à la crainte du regard de l'autre sur soi-même, en passant par une préservation jalouse de son territoire. Ils y réagissent en s'isolant physiquement, en multipliant leurs lieux d'appartenance à l'extérieur ou en cherchant des modalités d'un fonctionnement à deux qui préservent leur totale indépendance, comme par exemple une spécification pointilleuse des rôles et des interfaces entre eux et autrui : « Ceci est de ma responsabilité exclusive et ça c'est la tienne, je ne m'en occupe pas. » Avec habileté, le manager doit alors trouver les moyens qui satisferont à la fois les exigences de la cohésion et les besoins des collaborateurs.

3.1.3. La réciprocité

Fonctionner à deux, c'est accéder à un échange dans lequel qualités, limites et spécificités de chacun sont connues et acceptées comme telles, au prix parfois de... quelques agacements ! Dans cette complémentarité, les partenaires se stimulent, se soutiennent, créent ensemble et rebondissent à partir des apports de l'un et de l'autre. C'est la dynamique de réciprocité, laquelle n'existe pas toujours. Dans une partie de tennis en double, on peut avoir deux attitudes : l'une, côte à côte, selon laquelle chacun joue à partir de son périmètre de terrain. L'autre façon de jouer, véritablement à deux, consiste à rechercher des opportunités à partir des capacités spécifiques de chacun. Dans ce cas les joueurs ne se contentent pas de couvrir leur part de terrain mais intègrent le savoir-faire du partenaire, les spécificités de son talent, et cherchent une tactique de construction du point en s'appuyant sur l'excellence de chacun. De même, une équipe peut fonctionner de façon démultiplicatrice ou selon la logique de « côte à côte ».

Cette réciprocité est le grand apport du fonctionnement en équipe. C'est là que tout se joue ou se déjoue. Soit l'équipier est dans cette recherche où chacun sert de support à l'autre et lui permet d'aller plus loin, soit il est dans une logique individuelle qui, ne laissant de place qu'à l'un ou qu'à l'autre, conduit à l'inhibition ou à la neutralisation.

L'autonomie, base du mode unipolaire, garde toute son importance dans la relation duelle : une réelle interdépendance se construit à partir de la faculté d'indépendance de chaque sujet. Le passage du « je » au « nous » signifie que l'autonomie des protagonistes soit suffisante pour accepter une forme d'interdépendance. Cette dernière dépend en effet d'un choix fait par des personnes autonomes qui acceptent les règles du fonctionnement pluriel.

La première qualité de l'équipier est donc d'apprécier et de rechercher le fonctionnement à deux. Ce qui n'est pas simple au quotidien et c'est bien là le problème de l'équipe : fonctionner en équipe signifie une continuelle allégeance à autrui.

3.2. La dynamique tripolaire

Nous avons établi ce qu'apporte et change le fait d'être deux. Le passage de deux à trois provoque autant de changements, sinon plus, que le passage de un à deux. Fonctionner à trois se fait selon une toute autre logique. Dans une forme de pensée primaire, il y a le bien et le mal, le haut et le bas, le bon et le mauvais, le blanc et le noir : c'est une perception à deux pôles. Lorsqu'on passe à une vision triangulaire, on accède à une troisième dimension, dans laquelle il faut nuancer. Au blanc et au noir s'ajoute la couleur, face au bon et au mauvais il faut convenir qu'il y a aussi le différent, ou qu'à côté du haut ou du bas, il y a aussi le lointain dont on ne sait s'il est vraiment en haut ou en bas. Les systèmes à trois pôles fonctionnent très différemment des systèmes à deux pôles. Ils incluent des phénomènes de perspective, de relief et de relativité,

Comment se déroulent les interactions humaines dans un système à trois pôles ? Que se passe-t-il de façon purement mécanique ? Quels changements psychologiques cela implique-t-il ?

Nous donnerons à ce troisième pôle le nom de « Tiers » (T). Les six canaux de communication reliant les trois pôles sont : EA et AE, AT et TA, TE et ET. Le nombre de pôles passe de deux à trois selon une croissance arithmétique. En revanche, le nombre de canaux de communication se voit triplé en passant, lui, de deux à six, selon une croissance géométrique. C'est un des aspects de la complexification croissante que subit un système humain lorsqu'il grandit. La croissance de ses canaux de communication est beaucoup plus rapide que celle de ses éléments polaires : un groupe de quatre personnes dispose de douze canaux de communication, un groupe de cinq en a vingt, un groupe de six en a trente, etc.

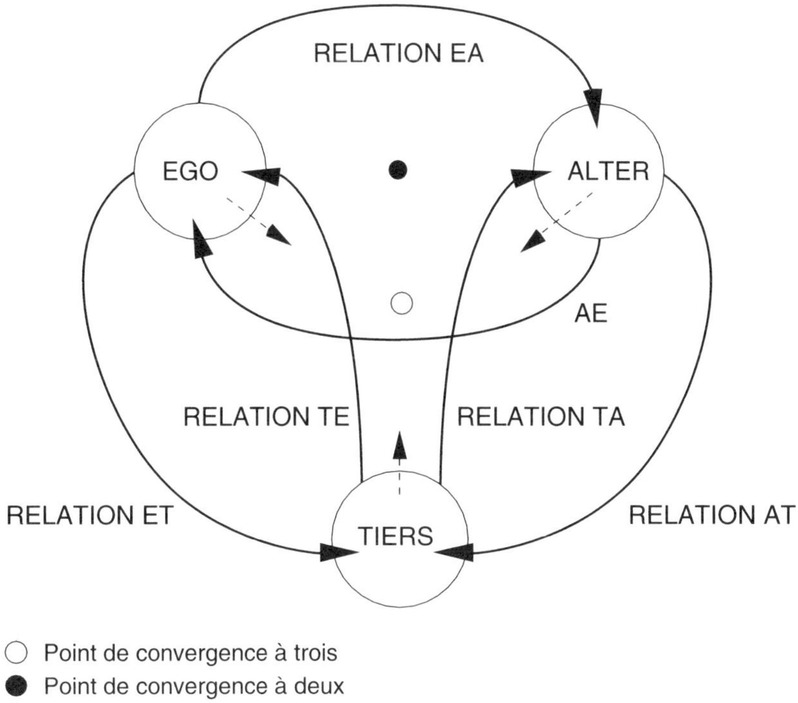

Tiers participe à deux réseaux de communication, ET-TE et AT-TA, et il est témoin de la relation AE-EA. C'est aussi le cas de chacun des autres.

A partir d'un exemple, on peut saisir les transformations que subissent les interactions selon que l'on passe d'un système à un autre ; de même il est possible de comprendre les qualités qu'il est nécessaire d'avoir pour bien exister dans l'un ou dans l'autre. Si, dans un bureau où travaille une seule personne, l'entreprise en installe une seconde, tout le mode d'organisation est remis en question, sans compter la nécessité nouvelle de devoir vivre « en relation ». Si maintenant une troisième personne est introduite, non seulement l'organisation est à nouveau à revoir, mais en plus le système de communication ne peut être le même que précédemment. D'abord la relation des deux autres a un témoin, ensuite deux autres relations vont se créer, des affinités apparaître en favorisant des rapprochements ou des écarts. Enfin des comparaisons vont se faire jour, etc. Un tiers, lorsqu'il arrive dans un système duel, est celui qui bouscule, interroge, remet en question, ou au contraire celui qui relie, facilite, arbitre.

Ego, dans le système bipolaire, avait une participation directe et était entièrement en situation de relation. Dans le mode triangulaire il doit prendre en compte de tous nouveaux aspects :

- un doublement du nombre d'interlocuteurs,
- un triplement des canaux de communication,
- la présence d'un témoin de l'ancienne relation duelle,
- une implication indirecte dans la relation des deux autres.

De l'accroissement des pôles et de la multiplication des canaux découle une série de conséquences objectives, affectives et psychologiques. Il lui faut trouver une façon d'agir qui intègre le sens de la relativité. Il doit être ouvert, tolérant, capable de supporter la comparaison, composer avec le risque de rejet que provoquerait l'alliance des deux autres.

Nous sommes là très loin du système bipolaire avec sa dominante relationnelle. Ici, la relation peut certes garder toute son importance mais on accède à une logique plus complexe qui exige une maturité bien plus affirmée.

3.2.1. Le témoin de la relation des deux autres

Une des premières différences qui apparaît entre une relation à deux et une relation à trois est la position physique que prennent les interlocuteurs. Dans le cas duel, ils peuvent se faire face complètement. Les axes corporels sont face à face, comme l'indiquent les flèches en pointillé sur la première figure. Dans la situation à trois, ils sont quasiment de profil. Leurs axes corporels forment un angle de 120 degrés. Et si deux des trois se mettent de face, le troisième ne tardera pas à se sentir exclu. C'est ce qui se passe lorsque deux personnes parlent ensemble et ne veulent pas s'ouvrir à une troisième qui arrive.

Le positionnement dans la configuration tripolaire des personnes apporte d'autres éléments de réflexion : si les individus sont de trois quarts, ils font, en fait, face au réseau de communication des deux autres. Par exemple, l'axe du corps de Tiers est juste en face des canaux de communication (EA et AE) qui relient Ego et Alter (figure p. 167). Ce tiers est alors le témoin privilégié de la relation des deux autres.

Ces constats quant aux positions des corps sont à l'image de ce que vivent les acteurs. La proximité entre eux est moins grande à trois qu'à deux. Là où ils disposaient de la moitié, ils n'ont plus que le tiers. Et deux des six canaux de communication leur échappent.

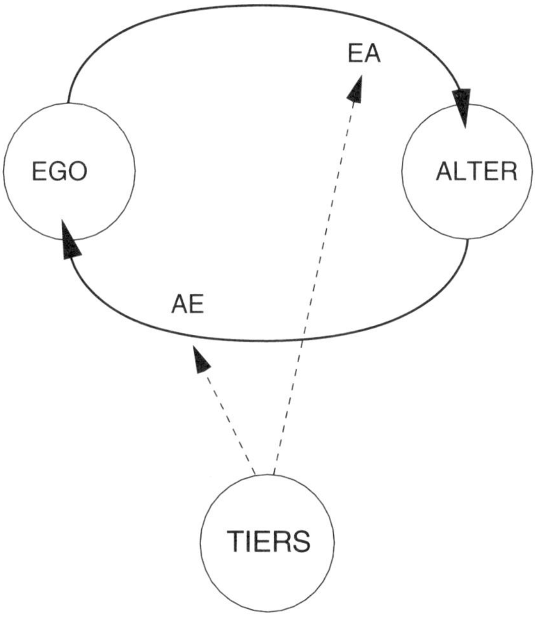

Dans une équipe de trois, le troisième est exclu de la relation des deux autres. En revanche, il en est le témoin.

3.2.2. L'extériorité

Dans le mode unipolaire, l'individu est le centre de tout. Il est même le tout. Dans un binôme en revanche il y a deux centres, deux rythmes, deux désirs, mais la relation, elle, est exclusive. Cette exclusivité n'existe plus dans une équipe de trois puisqu'il y a désormais trois sous-ensembles bipolaires de relations : deux dont chacun est membre et un troisième vis-à-vis duquel il est externe. Cette configuration induit donc une dimension d'extériorité qui est nouvelle puisqu'on ne la rencontre ni seul ni à deux. Dans la mesure où cette extériorité renvoie à la solitude, il est nécessaire dans cette configuration que les membres sachent fonctionner selon trois modes :

- monopolaire : position d'autonomie,
- bipolaire : position relationnelle,
- tripolaire : position différenciée et capacité d'extériorité.

Cette capacité n'est pas toujours évidente car nous verrons que certains individus supportent mal d'être seul ou d'autres à deux.

Dans cette situation triangulaire, l'extériorité est partout : celle de Ego vis-à-vis du sous-système Alter-Tiers, celle de Tiers par rapport au sous-système Ego-Alter ou de Alter face à Ego-Tiers. L'équipier se trouve être pour une part étranger à l'intérieur de son propre groupe d'appartenance ! Cette position de tiers est un phénomène courant dans la vie : un ami vient dîner dans la famille, un nouveau collaborateur s'ajoute à un binôme existant, deux personnes discutent dans un couloir et arrive une troisième, etc. Bien que quotidienne, elle n'en est pas plus aisée et doit être négociée tant par le nouvel arrivant que par le binôme, qui doit alors accepter d'évoluer en forme de trinôme.

De même la confiance propre à la situation bipolaire prend une dimension toute autre encore. Quand on est seul, il ne saurait être question de confiance. A deux, l'exclusivité de la relation minore la portée de cette question. En revanche, à partir de trois pôles, là où existe une zone réelle d'extériorité, la confiance en autrui prend tout son sens dans la mesure où il faut accepter que le rapport qu'entretiennent les deux autres n'invalide en rien la relation que l'on a avec chacun d'eux. Dans des phénomènes d'équipe tel que la lutte pour la préférence ou dans l'effet *primus inter pares,* c'est justement cette acceptation de ne pas être « le » seul qui fait défaut. Accepter de n'être pas partout sans pour autant se sentir exclu est une qualité de l'équipier mature. Nous allons voir que, dans le système tripolaire, le risque d'être exclu existe vraiment par suite d'une forme d'alliance des deux autres.

3.2.3. Alliance et exclusion

Dans une équipe à trois, chacun passe par divers positionnements : égal parmi trois, extérieur, pivot de la relation des deux autres, ou encore l'allié de l'un face à l'autre. La possibilité d'alliance, avec comme conséquence l'exclusion de quelqu'un, n'existe pas dans les situations à deux. C'est un processus qui n'émerge que dans une équipe à trois ou plus. Dans le système duel, il existe un choix binaire dont chacun est en partie maître : être en relation avec l'autre ou non. En cas de non-communication, les deux partenaires sont dans une situation similaire. Si l'un se retire, il se retrouve isolé mais l'autre aussi. Dans un système ternaire en revanche, le retrait de l'un hors du fonctionnement relationnel, n'a pas la même conséquence d'isolement pour le second, qui reste en relation avec le troisième. En configuration bipolaire, on parlerait de séparation puisque les deux protagonistes se retrouvent seuls. Dans la situation tripolaire, l'effet d'exclusion provient de ce que les deux autres restent ensemble. Cette situation triangulaire fait émerger le rapport de force « deux contre un ». La tentation de faire alliance et le risque d'être rejeté sont continuellement présents. Pour éviter cela, il faut agir à tout moment sur ce rapport des forces pour qu'il ne se déséquilibre pas.

Ce risque d'exclusion est l'un des fondements de la différence entre la situation duelle et la situation triangulaire. Elle participe du système et le fonde en partie.

3.2.4. Comparaison et relativité

Le passage d'un système duel à un système triangulaire provoque un autre changement important pour Ego et Alter : c'est l'apparition de la comparaison. L'augmentation du nombre des personnes et la multiplication des canaux ont comme conséquence d'introduire dans le nouveau système une dimension de comparaison : Ego peut comparer Alter et Tiers, de même qu'il peut le faire pour sa relation EA et sa relation ET. Il peut comparer aussi chacune de ses deux relations avec la relation qu'entretiennent les deux autres en dehors de lui (AT, TA). Enfin, il a la possibilité de s'évaluer lui-même à chacun des deux autres.

Dans une dynamique unipolaire, il n'est pas question de comparaison puisque le sujet est seul. Dans la configuration duelle, il ne dispose pas d'éléments de comparaison objective : il n'y a pas de repère qui permette une évaluation, sauf à prendre pour modèle l'autre protagoniste ou soi-même. C'est l'arrivée d'un troisième qui offre de fait des éléments de comparaison objective donnant à chacun l'accès à la possibilité de mesurer, d'analyser et d'évaluer. En même temps chacun devient sujet à comparaison, et objet de mesure, d'évaluation et de critique. Ce qui n'est ni sans danger ni sans difficulté. Le sens de la relativité qui résulte de la comparaison est une propriété du système tripolaire. Face à une seule personne, Ego peut toujours se dire que ses idées, ses croyances ou ses comportements sont les seuls bons. Face à deux, il se trouve questionné et la différence qui résulte des différences déclenche ce « sens de la relativité ».

3.3. La dynamique multipolaire

Les différents modèles dynamiques ne s'appliquent pas qu'à des binômes ou trinômes mais aussi à des équipes plus larges. Une équipe peut être structurée sur un modèle bi ou tripolaire quel que soit son nombre d'équipiers. La connaissance de ces grandes formes dynamiques sera alors utile pour analyser l'état d'une équipe. Mais, avant d'en arriver là, nous devons encore décrire deux autres modèles dynamiques que l'on rencontre fréquemment dans les équipes : la dynamique à pôle unique et la dynamique à pôles multiples.

Dans certaines équipes coexistent plus de trois pôles. Cela amène à formuler le concept de dynamique multipolaire. Par définition complexe, prototype des grands systèmes sociaux, elle est traversée par des forces de natures les plus diverses : sociologiques, psychologiques, historiques, économiques, etc. Sans céder à un désir de simplification, bien compréhensible face à cette complexité, on peut dire que les configurations à pôles multiples fonctionnent sur les modèles analysés précédemment : unipolaire, bipolaire ou tripolaire. En fait, la logique de base repose toujours sur une dynamique de un, de deux ou de trois, car le jeu des alliances et des rejets ramène toujours un système complexe dans une de ces trois catégories. Les échanges qui s'y produisent sont régis par l'un de ces trois types de base : la majorité et l'opposition en politique sont un exemple de regroupement de partis différents en une logique bipolaire, qui seule permet le face-à-face. Lorsqu'une troisième tendance apparaît et reste autonome par rapport au deux autres, c'est elle qui fait les arbitrages ou incite aux débats qu'elle choisit. Ce pouvoir de la minorité n'est parfois pas pour rien dans la tendance à se retrouver sur des approches bipolaires, en apparence plus simples.

3.4. La dynamique unipolaire

De même qu'il existe des organismes animaux unicellulaires, il y a des équipes unipolaires, c'est-à-dire des équipes qui n'ont qu'un seul pôle de pouvoir bien qu'elles soient composées de plusieurs. L'étude du fonctionnement unipolaire dans le cadre des organisations est indispensable car certains managers agissent comme s'ils étaient seuls, sans relation réelle avec leur entourage, ou en considérant que celui-ci doit s'adapter à eux, ce qui revient au même. Avant d'en venir aux modèles unipolaires en situation collective, il semble utile de décrire ce qu'il représente en version individuelle.

Cette configuration, constituée d'un seul pôle, a comme spécificité première de se situer en dehors du registre de la communication. Il n'y a pas besoin de communiquer quand on est seul. Dans ce mode, l'individu agit selon ses seules ressources et sa dynamique propre. Sans interaction, sans responsabilité vis-à-vis d'autrui, il n'a pas de comptes à rendre. Centré sur lui, il fonctionne de manière indépendante. Cette situation individuelle est caractérisée par une grande liberté d'action et par la solitude. C'est un mode riche qui permet de créer, de prendre du recul et d'être aussi indépendant qu'autonome. Tout individu normalement développé a un fort potentiel unipolaire qui lui sert de base pour exister vraiment dans les deux autres modes : capable d'autonomie, il est d'autant plus à même de participer à des configurations relationnelles ou sociales.

Cette configuration est en fait la première, celle à partir desquelles les autres peuvent se développer. C'est souvent la richesse de celle-ci qui favorise les suivantes.

3.5. Le mode de fonctionnement monopolaire

Les quatre configurations de base selon lesquelles peuvent fonctionner les équipes quelle que soit leur taille, constituent une grille de diagnostic rapide d'une équipe, de son stade de développement ou du mode de fonctionnement préférentiel d'une personne. Le concept de polarités, comme nous l'avons vu précédemment, s'applique autant à l'analyse des systèmes humains qu'au fonctionnement psychologique d'un individu : certaines personnes aiment fonctionner seules ou ne savent pas faire autrement ; ceux qui ont un bon relationnel sont portés vers le fonctionnement bipolaire ; les individus qui ont un sens développé du collectif préfèrent le mode tripolaire. Selon les cas, chacun peut avoir ainsi un modèle préférentiel.

Le mode qu'utilise un individu n'est pas toujours en cohérence directe avec la configuration réelle dans laquelle il se trouve : on peut être à deux et fonctionner de façon unipolaire : se trouver dans un groupe et rester isolé dans sa bulle, « être seul dans sa tête » comme le dit le langage courant. La reconnaissance de ces exceptions amène donc à distinguer le mode de fonctionnement et la configuration du système, dans la mesure où l'un et l'autre ne se recouvrent pas nécessairement. La configuration est la structure objective du système (qui a un, deux ou trois pôles), tandis que le mode est le modèle sur lequel le détenteur du pouvoir principal fonctionne (seul, en relation ou de façon plus ouverte).

Deux modes de fonctionnement habituels, méritent d'être identifiés dans l'exercice professionnel, car ils provoquent fréquemment de grandes insatisfactions chez les collaborateurs. Ce sont le mode monopolaire et le mode fusionnel, qui caractérisent tous deux des anomalies du fonctionnement unipolaire pour le premier, bipolaire pour le second.

Le « mode monopolaire » comme son nom l'indique, est celui dans lequel toute forme de pouvoir est monopolisée par un seul pôle d'où tout est émis et vers lequel tout doit revenir. Il repose sur la croyance que le pouvoir ne peut être que dans les mains d'un seul. Il est construit autour d'un unique pôle d'organisation de l'énergie, et cela quel que soit le nombre de personnes réellement en présence. La dynamique interpersonnelle s'y élabore autour d'un leader qui monopolise les flux, le rythme, l'initiative, les autres personnes s'y adaptant.

> Dans le film *Mille milliards de dollars* d'Henri Verneuil, le patron de la multinationale GTI, soumis à de continuels voyages autour du monde, tient toutes ses réunions, quel qu'en soit le lieu, selon l'heure de New york, de façon à s'éviter l'effet des décalages horaires. Les centaines de collaborateurs qui y participent de par le monde doivent s'y adapter et prendre éventuellement un repas du soir à six heures du matin ! Pour le patron, c'est la fin de sa journée, même si pour eux c'est la fin de leur nuit. Dans cette caricature, non seulement le dirigeant soumet ses collaborateurs à son exercice monopolistique du pouvoir mais il se positionne dans une négation de la réalité d'autrui et leur impose de fonctionner sur son rythme. C'est le refus d'interdépendance au niveau le plus haut !

Dans une équipe où le chef fonctionne selon un modèle monopolaire prévaut une vision centralisée dans laquelle l'initiative, la décision, l'information et l'énergie d'impulsion sont concentrées autour d'un seul et même pôle. Tout écart, voire toute discussion, y est vécu comme un risque d'éclatement de l'ensemble. Toute initiative personnelle se démarquant des modèles d'action du chef est vouée à l'échec, car les équipes elles-mêmes ne savent pas traiter ce qui ne vient pas de lui.

On constate que le management monopolaire opère souvent dans une relation de un à un entre le manager et ses collaborateurs. En réunion par exemple, le manager est partout et tient tous les rôles, sauf celui de figurant laissé à ses collaborateurs : il conduit la réunion, la préside... et en rédige parfois le compte-rendu lui-même. Premier participant, il ne dédaigne pas de faire les questions et les réponses ! Face à cela, les coéquipiers participent plus ou moins selon la place qu'il leur reste. C'est ainsi qu'avec le temps l'énergie d'entretien (dépensée pour supporter le stress provoqué par la situation) prend le pas sur l'énergie utile et fait baisser le niveau

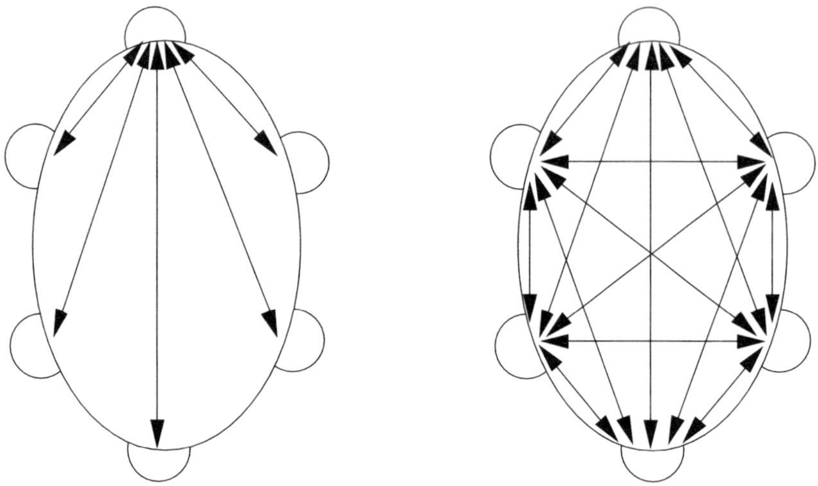

NOMBRE D'INTERACTIONS EN RÉUNION
SELON CONDUITE PYRAMIDALE OU ACTIVE

Schémas parus dans le livre « La dynamique des groupes »

d'engagement. En clair, plus le chef occupe d'espace, moins ses collaborateurs en ont ; plus il conduit la réunion à partir de son rythme propre et de ses seuls besoins, moins son groupe existe en tant que tel et joue son rôle moteur.

Le schéma ci-dessus, tiré du livre *La dynamique des groupes* de R. Mucchielli (2), montre à quel point le réseau d'inter-relations est pauvre dans le management de un à un. Dans le cas d'une conduite pyramidale de la réunion, les interactions sont minimales, alors qu'elles sont potentiellement cinq fois plus élevées dans une démarche active dans laquelle chaque membre participe pleinement. Dans le premier cas, le chef imprime son rythme et sa forme, les équipiers se retranchent intérieurement et adoptent une attitude conforme. L'entité collective devient une écorce vide dont le chef peut se plaindre qu'elle n'est pas vivante. « Ils ne disent rien, ils ne prennent pas leurs responsabilités », nous disait un directeur général en parlant de ses jeunes dirigeants. Nous lui avons proposé un séminaire de deux jours pendant lequel il se tairait volontairement. Il l'a accepté et en est sorti en nous disant : « J'ai tout compris ! » La conduite de son équipe devant lui avait mis en évidence qu'elle se mettait à vivre lorsqu'on prenait garde de ne pas la dominer.

Ce mode présente quelques avantages en terme d'unité et de support donné au leader en situation de création d'entreprise ou en situation de crise. En revanche, en faisant vivre le groupe sur le rythme du manager, un tel style managérial génère une forme de renoncement à l'initiative et entraîne la passivité des collaborateurs ou pousse à une forme d'opposition active certains leaders potentiels, à moins qu'ils ne partent. Il vitrifie beaucoup de ressources et génère des conflits de personnes importants. Ce modèle de management ne connaissant qu'un pôle, le sien, tout autre pôle n'a le choix qu'entre s'effacer ou manifester. Si un pôle prend la totalité du pouvoir, les autres pôles du système se trouvent dévitalisés ou exclus.

3.6. Le mode fusionnel

Le mode fusionnel est une déviation du fonctionnement bipolaire. C'est celui dans lequel, tout en étant à plusieurs, on tend à ne faire qu'un. Les différents pôles, qui se reconnaissent réciproquement, tentent de fusionner, de rechercher une unité totale dont le caractère très affectif maintient puissamment le groupe ensemble. Des normes collectives fortes (partage de croyances, idéalisation de leur propre groupe, dévalorisation de l'extérieur, uniformité, extrême solidarité) y façonnent l'appartenance au groupe. L'état de « fusionnement affectif » donne une grande importance à la conformité aux normes du groupe et la différenciation entre les individus y est faible. L'appartenance y prévaut sur la dimension individuelle et les individus n'y existent que par leur aptitude à servir les intérêts du groupe. Ils versent alors dans un mode « totalitaire », c'est-à-dire que l'intégralité de leur vie est vouée aux objectifs du groupe.

Ce mode fusionnel s'accommode mal d'une tentative de différenciation de l'un des siens et de ce qui vient de l'extérieur : on appartient ou on n'appartient pas ; si l'on n'est pas totalement avec, c'est que l'on est contre. Selon cette conception, il n'y a que deux pôles : un pôle interne où tous ceux du groupe sont fusionnés et un pôle externe où tous ceux de l'extérieur sont vécus comme étrangers. Elle s'accompagne d'un système de pensée très clivé entre le dedans ou le dehors, le croyant ou l'infidèle, l'ami ou le traître. Toute remise en question, toute recherche de différenciation, toute demande de confrontation est vécue comme un risque d'éclatement ou de morcellement de l'ensemble, et donc rejetée à l'extérieur. Les choses sont noires ou blanches, toute tentative de rechercher des nuances de gris ou des couleurs menace le système !

Cette description renvoie aux organisations sectaires. C'est le cas lorsque le mode fusionnel est combiné au mode monopolaire, avec une grande identification au leader. On le rencontre parfois en entreprise, de façon plus ou moins édulcorée : il y a une façon de penser, une façon d'être et une seule, et tout autre est jugée comme déviante. De telles entreprises devront apprendre à diversifier leurs modes de fonctionnement, faute de quoi leur culture pourrait bien limiter leur capacité à évoluer sur le marché. C'est ce qui explique que certaines entreprises, dominantes sur leur marché, voient pousser de façon irrésistible des start-up qui un jour prennent leur place. Leur positionnement monopolistique et fusionnel, avec l'absence de souplesse et de tolérance qui les caractérise, les a empêchées de voir une inflexion de leur propre marché.

L'état fusionnel présente un avantage dans la courte période de la création d'une équipe, dont il est une étape utile. S'il s'installe, il est très satisfaisant pour les individus tant que le chef – ciment affectif du groupe – est là. Il peut en revanche se révéler dangereux lorsqu'il évacue tout fonctionnement critique, empêchant toute remise en question.

3.6.1. La vision triangulaire du management

Nous l'avons dit, les polarités sont à la fois des réalités physiques (présence objective de un, deux ou trois pôles) et des façons de penser qui structurent les perceptions d'un individu sur le monde qui l'entoure. Dans un premier cas de figure, l'individu est centré sur lui-même et se voit au centre du système ; selon une deuxième possibilité, il envisage surtout la réalité sous l'angle relationnel et humain ; enfin, troisième cas de figure, il est essentiellement fixé sur l'aspect institutionnel ou opérationnel, délaissant les deux aspects précédents. Il est à noter qu'une personne mature se révèlera flexible et s'appuiera non sur un mode mais sur les trois. Dans une situation de solitude, elle se conduira de façon autonome, dans une situation à deux pôles, elle saura être en relation et, en cas de multipolarité (trois et plus), elle fonctionnera en interdépendance. En fait, une personne se comporte continuellement en faisant appel aux trois niveaux : une analyse plus poussée montre qu'ils coexistent toujours.

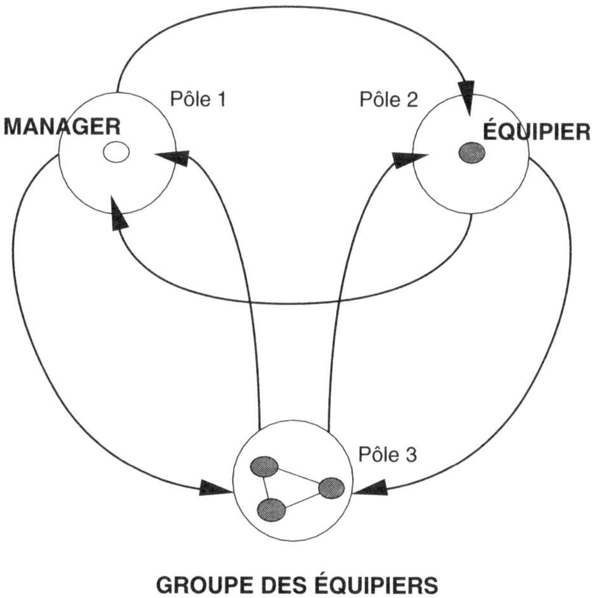

La théorie des polarités, à la base du management de la dynamique, consiste à envisager le management comme l'articulation subtile de trois catégories de pouvoirs : pouvoir individuel de l'équipier, pouvoir du groupe, pouvoir du pilote.

Un acte courant de management, comme la délégation, prend selon la préférence unipolaire, bipolaire ou tripolaire du délégant, des formes différentes. Le manager qui fonctionne selon un mode unipolaire a tendance à estimer sa méthode comme la seule bonne, moyennant quoi il est plus enclin à déléguer des tâches avec un minimum de possibilités d'initiatives. Celui qui a une préférence bipolaire porte son intérêt sur les aspects humains de la délégation : importance donnée à l'accompagnement et aux opportunités de développement qu'elle représente pour le délégataire. Enfin, le manager qui agit dans le cadre de la logique tripolaire accepte facilement une autre méthode que la sienne pour arriver au but et se montre surtout intéressé par le résultat opérationnel.

Nous avons rencontré un manager pour qui la délégation était impossible (sauf une délégation de tâches parcellaires) car elle le faisait passer de sa position égocentrée (unipolaire), où il pouvait tout maîtriser, à une position périphérique (tripolaire) dans laquelle il se sentait trop exclu de l'action. Seul un changement de positionnement interne lui a permis d'accéder au deuil du travail fait par un autre que lui. Il lui a fallu apprendre à rester concerné, sans cependant être complètement le maître de la situation. Demeurer responsable bien qu'en étant externe à la réalisation, ce qui est l'une des définitions de la position tierce. Cette capacité à déléguer nécessitait qu'il renonce à tout faire par lui-même.

Le management de la dynamique doit intégrer les trois logiques car certains actes managériaux ne sont possibles qu'à cette condition. C'est notamment le cas de la conduite d'une équipe, qui exige d'accepter d'autres dynamiques que la sienne propre et même de les encourager.

La théorie des polarités est utile au manager à trois titres :

- elle lui fournit des points de repère pour la compréhension des phénomènes internes à l'équipe (individuels et collectifs),
- elle lui permet d'optimiser les ressources en démultipliant les pôles,
- elle donne le moyen de manager à partir de la dynamique de groupe.

Nous avons donné un exemple de management monopolaire, selon lequel le chef ne prend pas en considération les autres pôles de pouvoir de son équipe et ne les fait donc pas interagir pour en tirer une meilleure mobilisation de tous. Ce style de management, proche du style autoritaire que nous avons abordé précédemment, est assez fréquent, non que les managers soient plus que d'autres centrés sur eux-mêmes mais parce que le stress de l'enjeu et leur absence de formation réelle au management ne leur permet pas de faire autrement. La conséquence est lourde pour l'entreprise puisque le mode unipolaire est l'une des causes du défaut de mobilisation et d'initiative.

Le management de type bipolaire fonctionne dans le « un à un », comme un binôme, avec bien sûr une différence de rôle et de statut. Dans ce cas, une attention très relationnelle est portée à l'autre. Le collaborateur y réalise les objectifs en relation à l'estime qu'il porte à son chef, et celui-ci a une attention à chacun de ses collaborateurs.

Le management à partir d'une conception tripolaire permet une activation des pouvoirs avec une recherche d'articulation entre eux. Le collaborateur y est perçu non seulement comme membre de son service mais aussi comme acteur, « citoyen » de l'entreprise. Cette conception fait de chacun un collaborateur responsable, ayant sa place dans le concert des initiatives quotidiennes de l'entreprise. Selon cette approche triangulaire – ou tripolaire – du management, le manager devient un animateur dont le rôle, au-delà de l'atteinte des objectifs (dévolue principalement au collaborateur lui-même), est de faciliter l'intégration de chaque collaborateur et de l'équipe dans le cadre du fonctionnement institutionnel de l'entreprise en vue de l'atteinte de ses objectifs globaux.

3.6.2. L'extension du principe de triangulation

La triangulation – pour reprendre un terme en usage en psychanalyse – dépasse le cadre des seules relations entre les personnes. Les pôles peuvent être constitués par des entités plus larges que les seuls individus. Il peut s'agir de groupes d'individus, syndicats-salariés par exemple, ou d'une entité individu-institution. Ce peut être aussi un élément tiers, comme c'est le cas par exemple du

Code de la route dans un système composé de deux automobilistes aux prises l'un avec l'autre. Il tient entre eux la place d'un point de repère ou d'arbitre. Ces différentes situations sont autant de cas de triangulation et chacun des pôles agit sur le système et sa dynamique.

Tableau des dynamiques polaires dans les équipes

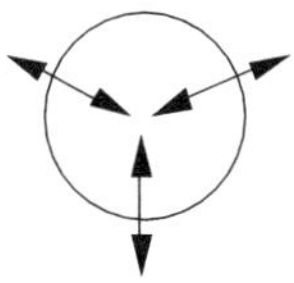

La dynamique unipolaire comporte un pôle essentiel d'attraction. Tout part d'elle et arrive à elle. Elle correspond à un management très personnel, autoritaire ou paternaliste. C'est une dynamique nécessaire dans une phase initiale.

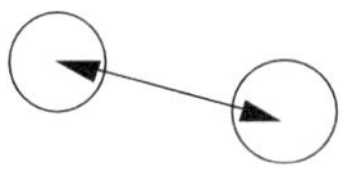

La dynamique participative s'articule autour de deux pôles : le chef et le groupe des équipiers ou le chef et chaque équipier dans un management de « un à un ».

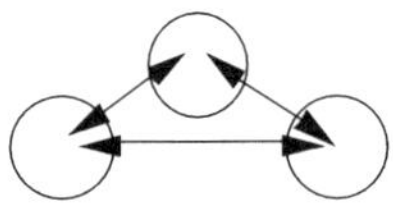

La dynamique triangulaire développe les différents pouvoirs internes, les amène à négocier entre eux. Elle s'appuie sur le potentiel de leader de chacun dans une perspective d'hypermobilisation.

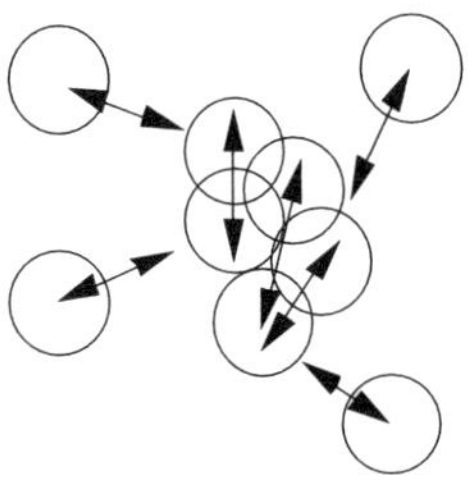

La dynamique multipolaire fonctionne à partir des mêmes logiques que la précédente mais est incluse dans un grand nombre de pôles. Elle fonctionne à partir du pouvoir d'influence. C'est celle des équipes-projet.

4. Les stades de développement d'une équipe

L'esprit d'équipe ne s'institue pas, il se crée au travers du franchissement d'étapes de maturation. Pour spécifier ces phases, nous devons d'abord rappeler la nécessité de distinguer équipe et groupe[1]. Certes, une équipe est un groupe mais c'est un groupe particulier en ce qu'il est centré sur un enjeu souvent difficile, qu'il est emmené par un chef et répond à des procédures d'efficacité

1. R. Mucchielli (2) de son côté, dénombre cinq étapes dans l'évolution des comportements affectifs et opérationnels rencontrés dans des groupes de discussion. Nous les résumons ci-après car elles permettent de mieux appréhender ensuite les stades de constitution des équipes :
   1. Établissement de la sécurité personnelle au sein d'un groupe formé d'inconnus. L'insécurité est contrôlée par l'utilisation du statut social au travers de « dialogues masqués ».
   2. Établissement de la confiance interpersonnelle : les personnes laissent « tomber le masque » avec la crainte pour certains de devenir vulnérables. Des attitudes combatives ne sont pas rares pour s'affirmer préventivement.
   3. Développement de la participation : l'atmosphère s'est détendue de façon significative et chacun prend sa place dans la discussion. On recherche un avis qui réunisse tout le groupe. Nombre de groupes ne dépassent pas cet état complaisant.
   4. Après une période difficile d'oppositions et de règlements de comptes, le groupe devient capable de progresser au travers d'opinions diverses qui se révèlent enrichissantes. A ce stade, le groupe examine sa situation par rapport à l'extérieur, ses contraintes, sa marge de liberté. Il met en place des rôles, des contrôles et des procédures de décisions.
   5. Autorégulation du fonctionnement du groupe : capable de se prendre en charge, de s'auto-réguler, il cherche à agir sur son environnement.

   Ces étapes ont été observées dans des groupes de discussion composés de personnes qui ne se connaissaient pas auparavant. Une équipe a une autre histoire, une organisation plus formelle et un enjeu très prégnant. La transposition n'est donc pas entièrement possible, même si un certain nombre d'aspects sont similaires.

   Jon Katzenbach et Douglas Smith (1) distinguent quant à eux cinq niveaux :
   - Le groupe de travail, « qu'aucun besoin évident d'amplifier collectivement l'impact du travail de chacun ne pousse à transformer en équipe » ;
   - La pseudo-équipe qui « ne fait pas l'effort de se centrer sur une approche collective » ;
   - L'équipe potentielle « qui tente d'améliorer son impact sur la performance » ;
   - L'équipe authentique : « les membres également motivés par un but, des objectifs et une méthode de travail dont ils se considèrent comme mutuellement responsables » ;
   - Et enfin l'équipe haute performance « dont les membres sont profondément attachés au succès et au développement personnel de leurs coéquipiers ».

bien précises. Les stades de développement d'une équipe, au nombre de quatre, sont fonction du degré de cohésion et de développement du groupe lui-même en tant qu'entité, mais également fonction du degré technique de la cohésion.

Kurt Lewin (3) décrit quatre phases d'évolution d'un groupe : la dépendance, la contre-dépendance, l'interdépendance et l'autonomie. A ces quatre stades correspondent des états et des comportements qui vont de la soumission pour le premier à la maturité pour le quatrième, en passant par la révolte et la participation. Ce schéma met au premier plan la question de la relation qu'entretient l'individu avec la figure d'autorité qui conduit le groupe.

Repère ► Selon nous, pour parvenir à un fonctionnement optimum, l'équipe doit traverser quatre stades :

– Dans le premier, il n'y a pas encore réellement d'équipe, pas même de groupe constitué comme tel, mais un agglomérat de personnes juxtaposées à la suite d'une décision de l'organisation. Nous proposons de l'appeler « stade de latence » ;
– Le deuxième stade est celui d'un groupe constitué où les membres se reconnaissent dans une appartenance et un but commun. C'est le stade d'appartenance ;
– Le troisième stade, « stade d'équipe », se caractérise par la mise en place d'un mode de fonctionnement interactif visant précisément l'objectif. L'équipe y prend ses premières décisions opérationnelles, fixe des procédures et se constitue un plan ;
– Le quatrième stade, celui de « l'efficacité collective », est celui du passage à un niveau de performance à partir d'une réelle dynamique d'équipe. Nous verrons qu'il progresse lui-même selon trois niveaux :
  a) l'action concertée,
  b) l'intelligence collective,
  c) la complicité opérationnelle. ►►►►

4.1. Le stade de latence

Au premier stade, l'équipe est potentielle mais n'existe pas comme telle. C'est un agglomérat, un rassemblement d'individus dont le lien interpersonnel est faible ou inexistant. Un service dont les membres ont peu d'interactions entre eux et pas d'objectif en commun présente fréquemment un fonctionnement cloisonné. La relation au chef s'établit sur un mode individuel « de un à un », sans projet collectif ni cohésion réelle. Le travail peut y être bien fait, l'ambiance générale bonne et le management paternaliste, mais il n'y a pas d'équipe au sens où nous l'entendons ici. « Chacun remplit sa page et personne ne s'occupe du cahier » comme le disait le collaborateur d'un service qui ne s'était pas encore constitué en équipe. Dans les cas les plus difficiles, les individus se côtoient à partir d'un masque social, se protégeant ainsi de la relative insécurité que provoque l'absence de relation. Laquelle insécurité est palliée par la formation de dyades ou de triades (sous-groupes de deux ou trois personnes), c'est-à-dire des relations privilégiées de nature défensive.

Ce stade de latence est une étape dont certaines fausses équipes ne sortent jamais, peut-être parce qu'il présente pour le manager tous les avantages du fonctionnement individuel et de la conservation du pouvoir. L'énergie latente (énergie disponible non utilisée) y est importante car très peu mobilisée par le système. Parfois, des journées de fièvre provoquées par une échéance ou un événement externe font varier le fonctionnement interne en projetant ce groupe, pour un temps, dans l'excitation. Lors de ces courtes périodes, un sentiment d'unité propre aux équipes véritables le traverse, un peu comme l'autobus qui, n'arrivant pas, ferait se parler ceux qui l'attendent et leur donnerait l'impression de constituer un groupe. Une fois l'échéance passée, il n'en restera plus rien.

De nombreux groupes professionnels fonctionnent plus ou moins sur ce modèle. Impersonnels, sans vraie relation entre les personnes, peu créatifs, ils demeurent dans une grande soumission et provoquent une tendance au cloisonnement.

Lorsqu'il réunit son équipe pour la première fois, le leader se trouve dans cette situation où les personnes sont dans un positionnement individuel, en réserve, donnent des avis de convergence en évitant les interactions. Dans cette période, chacun reste discrètement masqué : en fait c'est un temps au cours duquel les futurs coéquipiers observent la façon dont le chef prend l'équipe en main (les directives données, le style adopté), les forces en présence dans le groupe, les éventuels leaders.

La situation est un peu différente si ce premier contact se fait entre un groupe existant et son nouveau chef. On y retrouve, de façon moins sensible, des phénomènes similaires, comme pour un nouveau début. Cependant, la structure du groupe et ses habitudes sont établies et vont servir de base au nouvel arrivant.

4.2. Le stade d'appartenance

Au deuxième stade, le groupe est constitué. Il n'y a pas d'engagement au service d'un objectif commun ni de sentiment de coresponsabilité mais le réseau d'affinités s'est établi à partir de dyades naturelles et de sous-groupes, en même temps que s'est développée la connaissance des membres entre eux. Une conscience de groupe existe à partir du lien qui s'est établi entre les personnes et des sentiments plus ou moins partagés à l'égard du chef. Les individus ont conscience d'une même appartenance. C'est l'union, mais pas encore l'unité.

Le passage à ce stade est le résultat d'un rapprochement des personnes entre elles à travers un vécu commun, de nature affective, qui provoque le sentiment d'unité et leur fait souvent dire : « Ce ne peut plus être comme avant, quelque chose s'est passé. » Cette cristallisation est le résultat d'un événement qui les a soudé, d'une émotion collective ou d'un séminaire d'équipe qui a changé la nature de leur communication. Cette expérience de fusion correspond à « l'expérience d'unité » dont parle Max Pagès et que nous avons citée dans les phénomènes de groupe liés à la cohésion. Les différents acteurs, les différents « je » de l'agglomérat existent désormais également à l'état d'un « nous » commun. Lorsque cette phase se déroule de manière optimale, c'est la reconnaissance de chacun par tous qui favorise la création d'une « totalité ». Le groupe fonctionne comme entité propre, établit ses rites, et les membres se reconnaissent les uns les autres comme appartenant au « groupe qui... ». Le leader, accepté par tous, devient un repère de ralliement.

Ce sentiment d'appartenance est le socle, le point de départ de tout ce qui suivra. Plus il est affirmé, plus l'équipe se mettra en action rapidement et facilement : on ne peut espérer avoir une « bonne » équipe si ce stade n'est pas correctement franchi. Au stade suivant, l'élaboration du projet, la définition des objectifs communs et la mise en place des moyens à utiliser transformeront le groupe en équipe.

4.3. Le stade d'équipe

Une fois dépassé l'étape de groupe constitué (stade d'appartenance), les membres sont prêts pour agir ensemble et devenir des équipiers. C'est souvent une période créative, où la motivation se révèle forte.

Ce troisième stade de développement est celui où le groupe s'identifie à un projet commun et s'organise pour l'atteindre. C'est une étape active au cours de laquelle il met en place son fonctionnement collectif : système d'information, spécification des rôles, cycle annuel, types de réunions, phases et planning du projet, relation avec le contexte, etc.

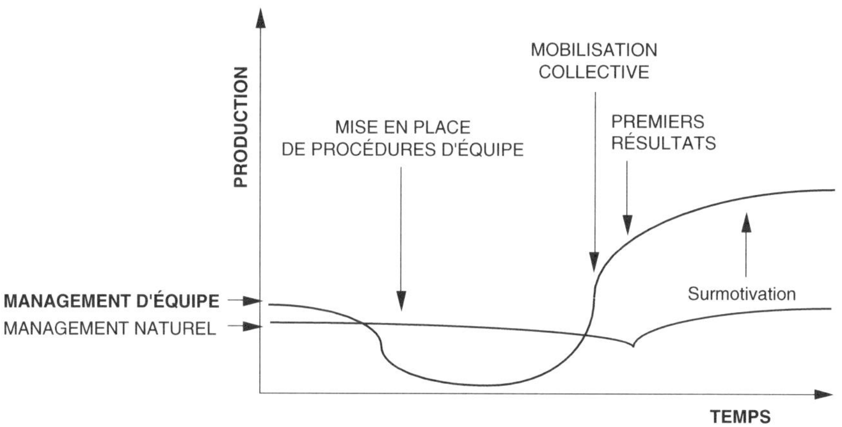

LA MISE EN PLACE DE L'ÉQUIPE

Le passage à l'action est plus long que pour un groupe naturel. L'équipe consacre une partie de son énergie initiale à développer sa cohésion et à spécifier ses pratiques de fonctionnement collectif.

Ces phases de développement sont plus visibles lorsque le manager, décidé à favoriser l'émergence d'une équipe, lui offre les moyens de se constituer. Dans le cas contraire, les étapes de maturation, gênées par la pression quotidienne, peuvent s'étaler sur un temps très long, alors qu'il suffit, par une approche appropriée, de quelques jours pour les franchir.

Le schéma ci-dessus illustre les différences de production entre un groupe de travail et une équipe : il met en évidence une production moindre, voire nulle de l'équipe, suivie d'une forte remontée à un niveau durablement supérieur au travail produit par le groupe naturel. A quoi cela tient-il ? Une équipe qui se constitue doit multiplier les échanges et élaborer toutes sortes de liens entre équipiers, tant sur le plan technique (recherche des modalités de travail) que sur le plan humain. Pendant ce temps le groupe de travail classique produit, mais il sera vite rattrapé et dépassé.

A ce stade, véritable premier niveau de l'équipe, la cohésion technique s'établit à partir de la cohésion humaine, les réseaux de communication s'appuient sur les réseaux d'affinités, l'interdépendance opérationnelle est acceptée par les équipiers, qui deviennent de plus en plus coresponsables de l'ensemble. Le seuil d'unité psychologique est franchi et l'objectif véritablement partagé. Le fonctionnement y est devenu collectif, mais il reste à progresser dans les modalités de plus grande efficacité.

4.4. Le stade d'efficacité collective

La phase d'efficacité collective est celle de la maturité du fonctionnement collectif. On doit retrouver, dans le fonctionnement pluriel, des réflexes comparables à ceux d'un individu, c'est-à-dire que le niveau de la cohésion est tel qu'il compense le fait d'être à plusieurs. Les qualités propres à l'efficacité collective sont le sens de la responsabilité individuelle (qui se surajoute à la coresponsabilité), la réaction immédiate aux situations, l'information continue entre les équipiers, la prise d'initiative et l'engagement complet. Pour parvenir à ce niveau, il faut que les équipiers aient appris à s'évaluer personnellement, à se confronter réciproquement, et que la délégation soit devenue une pratique établie aussi bien verticalement que transversalement, que les règles d'efficacité collective soient entretenues, gérées et vivantes. Les rythmes y sont synchrones et l'équipe réactive. C'est essentiellement la réussite du plan collectif qui importe. Dégageant leur énergie au service de la réalisation, les équipiers peuvent plus facilement supporter des conditions extrêmes.

> « Ce dont j'ai besoin dans mon projet, ce n'est pas d'experts consultés mais d'acteurs impliqués », déclarait en réunion chez Renault le directeur du projet Twingo (4), cité par Christophe Midler dans son livre *L'auto qui n'existait pas.* Cet auteur ajoute : » La quasi-totalité des membres de l'équipe étaient des militants de leur projet. Ils n'auraient certainement pas supporté sans cela l'incertitude de leur position et la conflictualité du rôle. »

Nous avons vu trois jeunes dirigeants encore peu expérimentés, dans une entreprise en déconfiture et rachetée par un concurrent, prendre au pied levé les rênes en mains, après la démission inopinée de leur directeur général, éviter une grève et sortir l'organisation du rouge en un trimestre ! Cela n'aurait pas été possible sans le travail fait par l'équipe sur elle-même en termes d'organisation et de relations solidaires. A ce stade de développement, le caractère conflictuel des opérations quotidiennes n'est plus un problème mais une norme, et qui conduit à négocier à partir d'une attitude d'écoute réciproque en fonction du projet final commun.

> Dans *L'auto qui n'existait pas,* on peut lire : « Les conflits étaient normaux : ils reflétaient la vérité des problèmes.
> Il fallait donc qu'ils s'expriment dans l'équipe. Mais si la tension était trop forte, on ne pouvait plus les traiter sereinement : on mettait en cause la bonne foi des personnes, leur volonté de contribuer au projet... Cela a impliqué pour chacun de réfléchir à son comportement vis-à-vis des autres pour pouvoir gérer cette période de crise. » Seules de vraies équipes peuvent arriver à ce stade de développement où la conflictualité due aux enjeux est ressentie comme normale.

A ce stade, la vie de l'équipe est réglée selon un cycle annuel, avec ses périodes de fixation d'objectifs, d'évaluation, ses espaces de convivialité, son séminaire annuel d'équipe et les entretiens individuels.

Repère ▶ A l'intérieur de ce stade d'efficacité collective, on distingue trois niveaux :

1. **L'action concertée** est la phase où les équipiers ont des méthodes communes, des moyens de communication et de coordination qu'ils utilisent et évaluent.
2. **L'intelligence collective** est le niveau où la réactivité collective acquise met les équipiers en mesure de profiter d'opportunités. La réflexion à partir de l'expérience enregistrée et les succès du premier niveau ont stimulé leur créativité, leur ont permis d'innover (règles, produits, comportements, scénarios de coaction) et de se forger des scénarios de réponse rapide.
3. **La complicité opérationnelle,** enfin, est caractérisée par une excellente connaissance des équipiers entre eux, qui permet à chacun d'utiliser les spécificités des autres dans le cadre de sa propre tactique. A ce niveau, l'équipe agit comme si elle était composée d'autant de leaders auxiliaires que de membres et sait profiter des opportunités qu'elle se crée. A ce stade, les trois types de logique auxquelles les équipes sont confrontées (fonctionnelle, dynamique et aléatoire) s'articulent parfaitement et les équipiers savent passer de l'une à l'autre comme un seul homme. ▶ ▶ ▶

Ces niveaux de haute performance se rencontrent dans de jeunes entreprises dynamiques ou dans d'autres dans lesquelles la culture managériale est forte. Pour que des équipes parviennent à ce niveau de complicité, plusieurs conditions doivent être réunies : un environnement favorable dans lequel les méthodes managériales sont traitées comme un élément essentiel de la politique de l'entreprise, une durée de vie suffisante de l'équipe, un management segmenté intégrant un coach attitré, une bonne mise en œuvre des méthodes de conduite des hommes, un enjeu important et des succès progressifs qui créent la spirale de surmotivation.

L'expérience montre que, dans une entreprise, une équipe ne peut rester différente des autres très longtemps et donc qu'il est difficile d'avoir une équipe nettement plus performante que les autres : l'entreprise ne le supporte pas !

Pour y arriver, il faut pouvoir conduire sur plusieurs années une politique d'élévation générale du niveau de management dans l'entreprise. A cette condition, une fois que cette politique de recherche d'efficacité est établie, des équipes peuvent alors parvenir à ces niveaux supérieurs.

Ce stade d'efficacité collective est celui de l'accomplissement de l'équipe. Cependant, au risque de terminer sur une note peu encourageante, nous constatons que rares sont celles qui y parviennent : non qu'elles n'en soient pas capables mais parce qu'elles n'en ont pas l'idée ou se satisfont d'un fonctionnement suffisamment bon au stade précédent. Ou bien encore parce que la culture ou le management de l'entreprise ne s'y prêtent pas. R. Waterman observe à ce sujet (5) que beaucoup de dirigeants se méfient de toute collaboration, parce qu'elle est trop « soft » et « incompatible avec leur image d'homme d'affaires ». Ils préfèrent les méthodes « réalistes » et autoritaires. Résultat ? D'après lui moins de 40 % des équipes dirigeantes au plus haut niveau travaillent selon les modalités d'un véritable travail d'équipe. Une autre cause de ce phénomène est qu'une équipe connue pour bien fonctionner suscite la jalousie de son entourage qui a vite fait de trouver son succès arrogant et finit par exercer à son encontre des formes d'entraves. Citons encore R. Waterman, qui observe le même phénomène au niveau des personnes : « Un manager bien intentionné, honnête et dynamique, ne peut se permettre de faire confiance à l'un de ses homologues. Leur entreprise ne crée pas un contexte propice au travail d'équipe. Leur environnement engendre les jeux de pouvoir. Celui qui en fait trop porte ombrage aux autres. »

Une troisième limite au développement de l'efficacité collective réside dans la difficulté à mettre en place un système de pouvoir de nature élective dans une organisation où le seul pouvoir admis repose sur l'autorité hiérarchique. Il ne s'agit pas de substituer une démarche pseudo-démocratique à celle de la nomination d'un pilote d'équipe par l'entreprise mais de souligner la nécessité pour ce dernier d'obtenir aussi une reconnaissance naturelle de son autorité par ses collaborateurs. Cette reconnaissance renforce l'engagement de chacun dans l'équipe, engagement que ne peut provoquer une entreprise enfermée dans un modèle hiérarchique trop étroit.

5. La désintégration des équipes

Comme tout être vivant, l'équipe est soumise à des logiques d'évolution et d'entropie : elle a ses hauts et ses bas, la cohésion peut s'effriter, le moral chuter, les relations s'user. Une baisse de moral d'une équipe peut être plus ou moins grave. Elle n'est grave qu'en cas d'échec manifeste et définitif d'atteinte de l'objectif final : pour une bonne équipe, une contre-performance, même douloureuse, n'est qu'une péripétie et est vite retournée en opportunité de remise en question. C'est une occasion de « remonter la pente », d'analyser les causes et de réviser le fonctionnement.

La désintégration d'une équipe est plus grave. Elle survient à plusieurs occasions : le départ du chef, un événement extérieur, l'atteinte d'un objectif particulièrement significatif ou l'usure lente.

L'événement extérieur est un grand briseur d'équipes ; le manager muté intempestivement ou la nouvelle stratégie, le départ de certains piliers sont des situations inévitables mais qui doivent être managées avec beaucoup de soin (deuil de l'ancienne équipe, refondation de la nouvelle) afin de ne pas laisser de séquelles dans l'esprit de ceux qui, s'étant engagés complètement, se retrouvent comme dépossédés de leur élan.

Parfois des entités humaines qui ont bien fonctionné peuvent éclater subitement au départ de leur chef. C'est le cas lorsque la dépendance des individus vis-à-vis de ce cernier était trop forte et que l'équipe fonctionnait de façon fusionnelle. C'est le cas également lorsque le projet pour lequel elle avait été créée est arrivé à son terme. Une équipe est une configuration à durée déterminée : elle naît, vit et meurt, et ce parfois d'autant plus vite que le niveau atteint est plus performant.

L'usure lente de l'équipe est la cause la plus fréquente de sa détérioration. C'est aussi celle pour laquelle le management et le team-building peuvent le plus. Elle provient des difficultés inhérentes à la vie professionnelle, mais également de l'absence de pratiques d'hygiène des relations, qui suffiraient à compenser les dégradations. Les vicissitudes de la vie font que s'accumulent des non-dits qui dégradent d'abord imperceptiblement puis plus gravement des situations saines. Cette hygiène rigoureuse de la vie d'équipe nécessite une excellente sensibilité du pilote et la mise en place de modes de régulation formels.

Là encore une meilleure sensibilisation des entreprises aux intérêts que présente un management professionnel devrait limiter cette détérioration des équipes.

TABLEAU DES STADES DE DÉVELOPPEMENT D'UNE ÉQUIPE D'ENTREPRISE

Stades	Comportements	Cohésion humaine	Cohésion technique
LATENCE	Méfiance. Comportements réservés. Attitudes combatives pour s'affirmer préventivement. Relation « un à un ».	Formation de dyades protectrices par rapport au groupe. Dynamique unipolaire, juxtaposition.	L'information circule peu. Fonctions compartimentées. Management monopolaire.
APPARTENANCE	Confiance établie. Comportements de compagnie. Distinction établie entre extérieur au groupe et intérieur.	Reconnaissance réciproque des membres entre eux. Constitution de réseaux internes. Identification au chef. Conformité complaisante évitant risques d'opposition.	Appartenance à un même service ayant un but en commun. Management bipolaire ou paternaliste.
ÉQUIPE CONSTITUÉE	Chacun a sa place après une période d'oppositions internes. Développement de la solidarité.	Identification au chef, au groupe et à l'objectif commun. Rites communs, signes d'appartenance.	Apparition de la coresponsabilité avec mise en place de suppléance temporelle. Mise en place de rôles individuels. Management tripolaire.
EFFICACITÉ COLLECTIVE Niveau d'action concertée	Confiance. Diversité des individus acceptée. Comportements de gratification réciproque.	Identification aux autres et à la réussite collective. Actes de convivialité active. Acceptation de la confrontation.	Procédures communes d'atteinte des objectifs. Définition de fonctions d'interdépendance. Mise en place de procédures de concentration.
Niveau d'intelligence collective	Comportements de soutien.	Intérêt pour le développement personnel des autres. Recherche de la confrontation.	Recherche de l'amélioration de son impact collectif. La suppléance devient continue. Autorégulation.
Niveau de complicité opérationnelle	Utilisation de la diversité des individus.	Dynamique multipolaire. Grande complicité humaine.	Intention tactique. Recherche de complicité.

L'essentiel

A) La qualité dynamique d'une équipe est fonction de sa taille. Elle est optimale entre 7 et 9 personnes. Lorsqu'on doit gérer une équipe plus large, il est nécessaire de s'appuyer sur un noyau de quelques personnes qui sert de relais.

B) Les équipes se donnent des rites et des rituels qui créent une complicité d'appartenance entre ses membres.

C) Il y a quatre grandes catégories de dynamique :

a) Monopolaire, elle est dominée par son chef avec une dynamique propre à la seule personnalité de celui-ci. Elle peut très bien fonctionner si il a beaucoup d'expérience et impose par son charisme. Ce genre d'équipe, refermée sur elle-même développe un caractère quelque peu sectaire et beaucoup de soumission à son patron. Celui-ci accepte mal le partage du pouoir ou la puissance d'influence que pourraient développer d'autres que lui.

b) D'autres équipes fonctionnent sur un mode bipolaire, très relationnel, de nature participative ou paternaliste. La quasi-totalité de l'exercice des pouvoirs reste concentrée dans les mains du manager. Les relations (de type un à un) entre le chef et les équipiers sont bonnes, les relations entre les équipiers sont variables. On a affaire ici à des « participants » ou des membres, pas encore à des « acteurs ».

c) Lorsqu'elles fonctionnent sur des modèles tripolaires, ces équipes, sans rien enlever du pouvoir hiérarchique de leur chef, permettent que se révèlent des différences enrichissantes qu'il sera alors facile de focaliser sur l'objectif.

d) Le fonctionnement multipolaire est le plus riche puisqu'il intègre toutes les influences pour composer une synergie collective en rapport avec son environnement contexte.

.../...

.../...

D) Les stades de développement d'une équipe sont aussi au nombre de quatre, sans pour autant être strictement parallèles aux types de dynamique :

- le stade de latence, lors duquel le groupe est en fait un agglomérat,
- le stade d'appartenance où existe un sentiment de communauté mais pas d'engagement commun,
- le stade d'équipe proprement dit, avec un objectif collectif et des pratiques d'interdépendance,
- le stade d'efficacité collective qui se subdivise en trois degrés. Le premier accède à une véritable action concertée. Le second, dit d'intelligence collective, permet d'optimiser les opportunités. Et le troisième, dit de complicité opérationnelle, dans lequel chacun sait utiliser les autres dans le cadre de son choix d'action.

Sixième chapitre

Les résistances à l'interdépendance

« Mais pour qui se prennent-ils ? » Dans une organisation traditionnelle, la mise en place d'une véritable équipe, fonctionnant efficacement, brise les rythmes habituels et provoque des réactions parfois violentes. Le sentiment d'appartenance peut être fort dans une équipe, nous l'avons montré. En contrepartie, ceux qui n'en sont pas peuvent se sentir exclus et s'étonner, avec ironie, du comportement de cette équipe. Ces exclus peuvent même parfois faire payer ce dynamisme en freinant le projet dont l'équipe est porteuse.

Action

Le passage d'une partie des éléments de l'entreprise à un fonctionnement d'équipe nécessite une excellente communication interne et une grande maturité de l'organisation tout entière afin d'éviter ce piège.

Dans une entreprise où nous avions accompagné la création d'une équipe interrégionale dont il fallait renforcer le positionnement commercial, de vives oppositions se sont développées de la part des autres services. La nouvelle organisation contraignait d'une certaine manière chaque service à se remettre en cause. Résultat : des oppositions à la réforme sont apparues. L'entreprise s'en est sortie en renforçant le fonctionnement en équipe de l'ensemble des services.

L'équipe parvient beaucoup mieux que d'autres configurations (le service ou le comité) à cet état de mobilisation qui engendre un engagement sans pareil des hommes. Sa particulière faculté d'adaptation aux aléas lui permet de présenter à la fois une rapidité d'intervention et une réelle souplesse face à un environnement difficile. Mais, paradoxalement, ce sont aussi quelques-unes de ces caractéristiques qui expliquent qu'on les rencontre si peu dans les organisations, malgré l'efficacité qu'on leur reconnaît. Cette rareté provient du niveau d'exigence nécessaire au fonctionnement concerté ainsi que des réticences importantes que ces exigences soulèvent dans le reste de l'entreprise. L'expérience montre que les changements d'attitudes qui conduisent d'un mode cloisonné à un mode ouvert et collectif peuvent très bien être réalisés mais qu'ils sont liés à la levée d'un certain nombre de freins d'ordre humain ou culturel. Il peut s'agir de simples réticences passagères ou d'autres phénomènes, plus difficiles à traiter, qu'on appelle « résistances au changement ». Elles proviennent à la fois des individus, des unités ou des habitudes générales de l'entreprise (culture, process, environnement, etc.). Non traitées, elles bloquent l'évolution.

Repère ▶ Ces résistances ne sont pas le résultat du processus de changement, mais au contraire préexistent et se manifestent tout au long de la vie de l'entreprise ; ce sont elles qu'il s'agit de faire évoluer. Si elles se révèlent plus particulièrement à l'occasion d'une tentative de changement, c'est justement que le changement s'attaque toujours à elles. Forces d'inertie inhérentes à tout système humain, elles s'expriment souvent par de l'opposition ou de la passivité, de l'incrédulité ou de la critique. Ce sont des réactions normales et naturelles qui résultent de la stabilité des habitudes, des droits acquis ou des repères fondateurs de l'institution. Elles se trouvent désorganisées par le passage d'un fonctionnement à un autre qui, faisant bouger des éléments, déstabilise le cadre de référence habituel des acteurs et la façon dont ils avaient appris à s'en accomoder. ▶▶▶▶

1. Le point aveugle, source des résistances

Le point aveugle consiste en un ensemble d'habitudes et de comportements de l'entreprise qui restreignent sa visibilité. Ils lui sont spécifiques mais elle ne les perçoit pas d'elle-même. Pour une entreprise comme pour une personne, il est plus difficile de se voir elle-même que de voir autrui. D'où cette notion de point aveugle. Le point aveugle est constitué de qualités et de défauts propres à l'organisation et à sa culture. Ce sont des aspects discriminants connus ou ignorés des protagonistes et qui influencent leurs façons d'agir. Une entreprise est portée sur des aspects d'esthétique, telle autre a un sens du client très développé, une troisième présente un positionnement d'exception, etc. Il s'agit d'un faisceau de spécificités qui donne à chacune sa personnalité mais qui peut en retour gêner son adaptation à une évolution nécessaire.

> Voici un exemple d'analyse de point aveugle réalisé pour une équipe française d'un groupe international. Cette petite unité avait toujours été déficitaire. Jusque-là, cette situation ne gênait pas le groupe multinational auquel elle appartenait : celui-ci voulait absolument garder une implantation en France, même au prix d'un déséquilibre financier local.
>
> L'analyse de sa « personnalité » mettait en évidence trois traits dont elle avait peu conscience et qui surdéterminaient grandement les différents niveaux de son fonctionnement :
>
> 1. Une importante bonne volonté des collaborateurs mais des pratiques individualistes et compartimentées : deux techniciens de maintenance pouvaient arriver le même jour chez un même client pour la même panne ! Cette réelle bonne volonté individuelle des collaborateurs était présentée comme un gage suffisant face auquel tout moyen de mesure ou de contrôle était ressenti comme une défiance : « On doit faire confiance à chacun », « Il fait de son mieux », « Il passe beaucoup de temps au travail ». Toute demande de reporting était ressentie comme une intrusion inadmissible envers quelqu'un d'aussi dévoué à l'entreprise ! D'où : manque de synergie entre les fonctions, doublons, fonctionnement brownien face au client, pas d'évaluation des actions, ambiance agressive entre les différents services et l'impression diffuse que chacun se débrouille comme s'il était l'entreprise à lui seul.
> 2. Une culture d'ingénieurs, fière de ses produits, qui domine et soumet la culture commerciale. D'où une productivité commerciale peu satisfaisante, des outils de vente défaillants (puisqu'on a de bons produits...), le pouvoir commercial aux mains de ceux qui « savent » (les ingénieurs), avec dévalorisation de la fonction commerciale, peu de marketing et une orientation exclusivement centrée sur les performances des produits aux dépens de la relation client.

> 3. Une surprotection de la direction qui ne mettait pas les équipes face aux réalités du marché. La « maison mère » (!) en effet acceptait depuis des années cet état de fait et payait sans confronter personne. D'où en conséquence une attitude de surprotection des collaborateurs par le directeur, et de ce fait une réelle déficience de la coresponsabilité.
>   Chacun s'identifiait plus à son territoire qu'à ses résultats, il y avait peu de sentiment d'urgence mais plutôt une recherche de compromis entre gens de bonne compagnie, à côté d'attitudes inacceptables non sanctionnées, etc.
>
> Ces comportements coutumiers étaient la norme et personne ne les percevait vraiment tant ils étaient habituels. Quel n'a pas été leur étonnement quand nous avons manifesté le nôtre : ils n'imaginaient pas d'autre fonctionnement possible que celui qui était le leur, celui d'une entreprise assistée par une « bonne mère » qui fermait les yeux sur les dépassements de tous ordres.

Cet exemple illustre le point aveugle comme un ensemble de croyances, de valeurs et d'attitudes collectives peu conscientes et dont découle une série de conséquences dans tous les domaines de l'entreprise. Le système lui-même, constitué aussi bien d'avantages que de limites, est, avec les intérêts particuliers des collaborateurs, à la source des résistances au changement de l'équilibre actuel. Dans le cas précédent, l'analyse de ce point aveugle, parfois difficile à accepter par l'entreprise (puisqu'elle ne le voit pas !) a permis de sortir de la surprotection, de la compartimentation, et de développer une fonction commerciale véritablement reconnue. Mais au prix de changements profonds dans la répartition des pouvoirs et des modes de fonctionnements individuels.

Le fait de n'avoir pas d'elle-même une vision objective constitue pour une entreprise ou une équipe un manque de stimulation pour engager un processus de changement. Nul ne change s'il n'en ressent pas la nécessité, sauf à y être contraint par un phénomène externe. C'est la comparaison avec d'autres au travers de résultats obtenus qui provoque la démarche de changement. Le benchmarking est, de ce point de vue, un exemple de pratiques qui permettent de se voir par comparaison avec d'autres et de mesurer la nécessité de changer.

En résumé, ce qu'on appelle résistance est un phénomène composite. Il découle de la manière de fonctionner d'une entreprise mais il provient aussi du fait que l'organisation ne sait pas fonctionner autrement – elle ne maîtrise pas les nouvelles formes de fonctionnement. Les forces qui s'opposent au changement sont doubles : l'inertie due à l'absence de connaissance du nouveau modèle et les forces autocinétiques qui, assurant le fonctionnement et l'équilibre actuel des pouvoirs, opposent une résistance à tout ce qui menace de rompre cet équilibre. Ces résistances se retrouvent à trois niveaux, toujours très imbriqués entre eux : celui des individus, celui du système d'organisation et de fonctionnement et celui qui est plus spécifiquement lié a la culture d'entreprise.

2. Les résistances d'ordre individuel

Repère ▶ Les résistances individuelles sont motivées par la crainte de perdre des prérogatives ou de l'aisance. Elles apparaissent rarement comme telles et sont dissimulées sous des prétextes variés : l'indisponibilité (la pression du quotidien), le manque de moyens, l'incrédulité (les autres ne le feront jamais, dit-il !), le procès d'intention (crainte d'une manipulation). Au total, elles sont de cinq sortes :

1. le jeu personnel : c'est celui du collaborateur, qui ne regarde le passage à un fonctionnement d'équipe qu'en fonction de son seul intérêt personnel ;
2. le fonctionnement individualiste : refusant tout mode de fonctionnement collectif, il cherche par différents moyens le maintien d'un clivage net entre l'équipe et lui ;
3. la perte de prérogatives : c'est la réticence d'un collaborateur qui, bien que non opposé au changement en tant que tel, a le sentiment de devoir en subir les conséquences à titre individuel ;
4. la défiance vis-à-vis de l'entreprise : dans ce cas, il y a un profond manque de confiance des collaborateurs vis-à-vis de l'entreprise ;
5. la pression d'exigence : c'est une résistance qui tente de s'opposer à la pression qu'exerce sur les individus une organisation en recherche de performance.

▶▶▶▶

2.1. Le jeu personnel

Dans les sports collectifs, le vocable « jeu personnel » désigne le comportement de celui qui garde le ballon et joue seul, à la manière d'un sport individuel. Dans la vie professionnelle, cette notion de jeu personnel s'applique au collaborateur qui envisage le collectif à la seule lumière de son intérêt personnel. Dans les faits, il n'est pas au service de l'entreprise mais utilise celle-ci dans le cadre de sa stratégie individuelle. D'où une attitude réticente vis-à-vis de l'entreprise, réticence guidée par ses propres calculs. Campé dans cette position, il se retient de toute franche collaboration, sauf lorsqu'elle sert directement ses vues. Il cherche alors à limiter son champ de contraintes, à augmenter son espace de liberté et à s'octroyer un maximum de pouvoirs qu'il pourra ensuite faire jouer dans le sens qui convient à sa carrière ou à ses choix de vie.

La volonté de maintenir un jeu personnel n'est pas rare dans les milieux où les enjeux de pouvoir sont importants. De nombreuses équipes, y compris de direction, souffrent de cette compétition interne qui vise non pas le développement de l'entreprise mais celui de l'individu aux dépens des autres.

2.2. Le fonctionnement individualiste

Le « jeu individuel » est d'une tout autre nature car il peut tout à fait convenir aux objectifs et intérêts de l'entreprise, alors que le jeu personnel, lui, représente dans la plupart des cas un obstacle à son développement. Le mode individuel réside dans la recherche d'une autonomie complète, dans un refus de l'interdépendance. Il a comme avantage de conférer la totalité de la responsabilité du résultat à son auteur, qui peut ainsi s'identifier à la chose produite, au travail fait et à sa qualité, sur le modèle de l'artisan.

Le mode individualiste fait obstacle à la configuration en équipe. Il manifeste une réticence à intégrer le mode collectif, qui demande partage, transparence et proximité. Les qualités requises dans le fonctionnement pluriel, comme la communication, le sens de la réciprocité, l'acceptation de la différence, l'ajustement continuel à l'autre, etc. présentent des avantages et des inconvénients qui font que fonctionnement individuel et fonctionnement collectif n'ont rien de comparable. Dans le mode collectif, l'individu ne peut plus se considérer comme un tout isolé dont émane une production identifiable à sa personne. Il devient un élément en interaction avec d'autres éléments. C'est à cette évolution qu'il résiste aussi longtemps que le management ne lui a pas trouvé d'autres moyens de différenciation personnelle que ceux liés à son territoire ou à sa production propre.

2.3. La perte de prérogatives

Une troisième sorte de résistance individuelle à la mise en place d'une équipe provient de la crainte de perdre des prérogatives actuelles. Cette crainte se révèle dans le partage du territoire, la diminution de la distance relationnelle ou la modification des modes d'obtention de bénéfices personnels.

Qu'il s'agisse de l'espace physique, de l'espace informationnel (celui où le collaborateur est à l'origine de l'information), de la responsabilité ou du pouvoir, le fonctionnement en équipe introduit un décloisonnement dont l'objectif est l'accroissement de l'interdépendance pour un meilleur résultat. Cela induit une perte d'indépendance ou de prérogatives : l'individu va devoir partager, se rapprocher d'autrui sans être assuré de trouver d'autres moyens de gratification.

Dans l'équipe, chacun a un statut qui est fonction d'éléments objectifs – diplômes, grade hiérarchique, expertise – mais aussi d'éléments subjectifs et affectifs, comme sa cote d'estime ou son rôle humain. A ces paramètres humains du statut, s'ajoutent d'autres aspects plus sociaux ou matériels comme la taille et l'emplacement du bureau, la sophistication du matériel utilisé, l'importance des revenus, etc. La personne en mal de reconnaissance a tendance à insister pour obtenir ces marques de respect car le statut représente pour elle un moyen de reconnaissance assuré. Le statut acquis, le prestige reconnu ne font pas bon ménage avec la « mise en commun » requise par l'équipe. Peu de gens, même au nom de l'objectif supérieur de l'entreprise, sont en état de supporter des variations statutaires, ne fussent-elles qu'apparentes. Le manager averti y prend garde : si ses équipiers profitent d'un bon niveau de reconnaissance relationnelle au sein de l'équipe, la satisfaction ainsi acquise diminue le besoin de reconnaissance par le statut. De la même façon, il convient de découpler le grade hiérarchique et la fonction. Dans les grands programmes industriels, par exemple, il peut arriver que certains ingénieurs passent d'un rôle d'encadrement à un rôle d'expert, ou le contraire, en fonction des phases de développement. S'ils se sont trop identifiés à leur grade, le changement de fonction peut se révéler difficile. En revanche, lorsque les équipiers se sentent responsables de la réussite du projet et se sont identifiés à lui, les variations provisoires de configuration de l'équipe leur apparaissent davantage comme des conditions de réussite que comme des risques de perte de prestige.

Plus l'équipier reçoit de signes qui attestent de son utilité dans le dispositif général, moins il cherche à se différencier par l'affirmation de ses prérogatives ou de sa personne.

Parfois, on rencontre des situations où c'est l'initiateur du changement lui-même qui se trouve face à cette crainte de perdre des prérogatives ! Un directeur général, qui déléguait trop peu prit de bonne foi, lors d'une session de teambuilding, la décision de déléguer beaucoup plus, de façon à se libérer du temps et à faire partager la responsabilité. Décision qu'il appliqua à la lettre. Au bout de deux mois, il en était venu, au nom d'une bonne préparation de la délégation, à dicter à ses collaborateurs ce qu'ils avaient à faire point par point, sans place pour la moindre initiative... Il y avait bien délégation, seulement, sous prétexte de meilleure préparation, la délégation de tâches avait remplacé la délégation de mission : il n'avait pas supporté de les voir faire différemment de lui.

2.4. La défiance

La défiance envers le passage à un fonctionnement d'équipe peut être dictée par de mauvaises expériences passées, en dehors de toute recherche d'intérêt personnel. Consciente ou non, cette défiance se manifeste de manière explicite ou passive et prend des formes diverses liées au caractère et à l'histoire des intéressés. Cette résistance va de la crainte d'une déception à l'incrédulité quant à l'opportunité du changement. La crainte de déception se rencontre fréquemment chez des gens désabusés qui, dans leur vie professionnelle, ont l'impression d'avoir été trompés et en ont gardé au fond d'eux-mêmes un fort ressentiment qu'ils n'ont pas su dépasser.

Il est fréquent qu'un scepticisme se fasse jour quant aux avantages d'un fonctionnement différent, surtout lorsque le mode actuel donne satisfaction. De nombreux changements recherchés pour préparer l'avenir rencontrent une opposition du fait de la satisfaction qu'offre le présent. « Pourquoi changer puisque cela marche ? » disent-ils, sans anticiper les nécessités de l'avenir. Cette réticence peut elle-même entraîner l'échec, donnant ainsi raison à celui qui a refusé son concours. La passivité d'un équipier quant aux résultats peut tout à fait suffire à générer des conduites d'échec collectif. Un maillon manquant peut réduire à néant l'utilité de la chaîne et il est facile de ne pas prendre de risque en se préservant ainsi la possibilité d'avoir eu raison.

2.5. La pression d'exigence

Le fonctionnement collectif fait entrer l'équipier dans un cadre d'évaluation permanente. La nécessité de la synchronisation, la comparaison facile des résultats au sein de ce petit groupe, la responsabilité de chacun vis-à-vis des autres crée une nouvelle forme de pression. Cette crainte d'être mesuré concerne aussi bien l'échec que la réussite : l'échec est douloureux pour l'image de soi et la réussite oblige à réussir encore plus ou à risquer d'échouer plus gravement.

Le manager lui-même résiste parfois à la mise en place d'un fonctionnement plus performant. L'exigence de qualité qui tend à s'accroître, peut lui faire craindre d'être confronté lui aussi à un groupe devenu plus exigeant et de ce fait plus difficile à contrôler.

3. Les résistances culturelles et systémiques

Repère ► Notre objectif ici est d'identifier les principaux freins à la mise en place d'équipes authentiques dans un milieu qui n'y est pas habitué. Or, la difficulté à mettre des équipes en place ne relève pas que des résistances individuelles. A côté de celles-ci, d'autres proviennent de l'environnement et des habitudes de l'entreprise.

Ces résistances propres aux organisations sont la conséquence de la structure et de la culture qu'elles se sont données pour exister. Il en va des institutions comme des bâtiments : plus un mur sert à la structure, plus il est résistant et s'oppose de ce simple fait à une modification. Dans les organisations, la difficulté est plus grande encore car la structure institutionnelle a pénétré les esprits des collaborateurs et est à la base d'habitudes, de comportements ou de droits. C'est pour cette raison qu'il convient d'agir sur les mentalités en même temps que sur l'organisation pour faire évoluer une entreprise. ►►►►

Nous avons été appelé une fois, par une entreprise qui était toujours en retard tout en donnant l'impression de bien anticiper. En fait, par souci de perfection et de rapidité, elle anticipait trop tôt et de ce fait devait faire deux fois les mêmes choses. Ce désir d'anticiper, de prévoir, provoquait curieusement du retard. Les choses faites trop tôt devaient être refaites car elles ne correspondaient plus au besoin de la réalité au jour J. Cette anticipation prématurée avait consommé des ressources et la remise en question du travail effectué en consommait également. Alors l'entreprise n'en avait plus assez lorsqu'il était temps de sortir le produit. Nous avons identifié cette particularité en nous rendant compte que l'entreprise avait mis en œuvre seule (par anticipation !) le résultat attendu d'un séminaire qu'elle nous avait commandé pour le mois suivant ! Non seulement le temps consommé avait été double mais le travail fait par anticipation dans des réunions improvisées par les services nous a gênés : ce travail avait consommé des cartouches sur lesquelles nous comptions et affaibli la force du résultat ! Voilà un exemple de résistance... par anticipation. Résistance correspondant exactement au symptôme qui devait être supprimé !

Par principe d'homéostasie, un système tend à rester stable : dès qu'un changement intervient, le système met en place un contrechangement de façon à ce que l'équilibre initial soit maintenu. Fréquemment, une fois passée l'intervention, celui-ci retrouve ses marques antérieures.

> Un service vivant dans une surcharge permanente manifestement causée par une mauvaise organisation, décide en séminaire d'y remédier. Un plan d'action est mis en œuvre, suivi d'un début de réalisation. Pour s'assurer que tout cela résiste bien au temps et pour prévenir tout ce qui aurait pu ultérieurement capable de défier cette orientation, deux dates d'évaluation sont retenues. Les deux dates ont été annulées, faute de temps ! C'en était fini du changement.

Repère ▶ On rencontre quatre grands facteurs de résistance dans les organisations lorsqu'il s'agit de mettre des équipes en place :

– l'individualisme « maison »,
– le changement de rapport de forces,
– la partition que provoque la constitution d'une équipe,
– le cloisonnement. ▶▶▶▶

3.1. L'individualisme « maison »

Nous avons cité précédemment le fonctionnement personnel comme élément potentiel des résistances individuelles. Nous l'envisageons maintenant sous son aspect culturel : c'est-à-dire lorsque c'est l'entreprise elle-même qui pousse ou maintient ce mode de fonctionnement individualiste parce qu'il participe de ses valeurs. L'exaltation des performances individuelles (le champion commercial, le grand patron, l'ingénieur génial) est un exemple de ce qui, dans certaines entreprises, s'oppose à la mise en place d'équipes. La réserve vis-à-vis des relations interpersonnelles que l'on rencontre dans d'autres ou la crainte de se trouver en compétition sont aussi des facteurs qui conduisent au même résultat. L'éthique de l'équipe entre en contradiction trop frontale avec l'individualisme « maison ». L'individualisme est en France une donnée culturelle et historique avec laquelle il faut composer : la centralisation, le réflexe hiérarchique, la rébellion à l'encontre du pouvoir central constituent autant d'attitudes qui compliquent les tentatives de mise en place d'un fonctionnement souple, réactif et collectif.

3.2. Le changement de rapports de force

L'équipe est une configuration remuante. Elle est faite pour cela. Arrivée à maturité, sa vitalité peut devenir telle qu'elle dérange les habitudes de son entourage. Et celui-ci risque de réagir dans un sens défavorable.

L'équilibre d'une entreprise peut être changé du simple fait qu'un service s'organise en équipe et que l'énergie qu'il développe, devenant plus grande, tend à augmenter son influence, faisant de ce fait varier les rapports de forces et entraînant des réactions.

Lorsqu'on développe dans une entreprise ou une administration des fonctionnements d'équipes, ces jeux de réaction en chaîne doivent être soigneusement anticipés et gérés.

> Dans une entreprise où le dynamisme des différents organes était jugé insuffisant, nous avons commencé par proposer que soit créée une équipe des directeurs des ventes. Le renforcement du pouvoir commercial ainsi provoqué a suscité rapidement des réactions au sein des autres unités fonctionnelles. Pour conserver une influence légitime sur les orientations de l'entreprise, des services comme le marketing ou les finances ont dû se repositionner pour retrouver leur place. Ils furent incités à se configurer eux-mêmes en équipe et accompagnés pour cela. Au terme de ce processus, l'entreprise a atteint le degré d'efficacité collective qu'elle souhaitait.

3.3. La partition

Pour une organisation qui n'en a pas l'habitude, la formation d'une véritable équipe peut faire problème en provoquant une partition entre ceux qui y participent et ceux qui n'y participent pas. Ce qui engendre des réactions d'opposition. La force du désir d'appartenance fait que ceux qui ne sont pas intégrés à l'équipe, même si ses succès ne la rendent pas arrogante, vivent un sentiment d'exclusion. Il n'est pas rare alors qu'on le lui fasse payer en érigeant des obstacles au projet dont elle est porteuse. Nous avons vu éclater à force d'usure quotidienne des équipes devenues performantes dans des entreprises qui l'étaient peu, tant étaient fortes les jalousies qu'elles suscitaient. Les habitudes de performance moyenne de l'entreprise ne supportaient pas la comparaison et le risque de remise en question du système. Il va sans dire qu'une volonté politique affirmée et continue aurait pu renforcer et soutenir cette action en la spécifiant comme nouvelle norme.

3.4. Le cloisonnement

Certaines cultures d'entreprise reposent sur une organisation très compartimentée. On y trouve des personnes qui se côtoient peu, des définitions de poste qui ne laissent pas de place à l'initiative et une voie hiérarchique qui reste le canal essentiel de communication. De telles cultures sont peu favorables au développement d'un fonctionnement en équipe. Dans de grandes entreprises d'ingénieurs, l'appartenance à des corps, à des écoles ou à des syndicats compose de véritables castes internes. Dans ce cas, le conflit d'appartenance provoque une attitude de réserve quant à l'engagement pour l'entreprise, comme s'il y avait deux niveaux d'appartenance en opposition.

4. Vive l'équipe !

Un système a une culture, une organisation et un fonctionnement. Ces trois logiques interagissent, se complètent et se compensent. Si un des niveaux est modifié, les deux autres s'organisent pour rétablir les rapports d'équilibre habituel. Et ce qui est un atout dans le quotidien pour maintenir l'unité d'action se transforme en handicap face à une action de changement.

L'énumération de toutes ces résistances pourrait avoir de quoi décourager des tentatives de changement et de passage à un mode d'équipe véritable. Ce serait oublier les avantages qui en découlent aussi bien pour la personne que pour l'organisation. Ce serait aussi sous-estimer le plaisir qu'un collaborateur retire de la dynamique d'équipe : complicité, appartenance, sentiment de puissance, développement personnel, etc.

Pour l'organisation, la mise en place d'équipes dope les résultats, favorise la cohésion, développe le rendement et les énergies productives.

Si on anticipe les obstacles du chemin, si on sait les reconnaître et les surmonter, on peut être assuré d'éviter les situations de blocages et de profiter au maximum des ressources potentielles.

L'essentiel

A) Les difficultés liées à la mise en place d'équipes véritables sont soit d'ordre individuel soit, de nature systémique. Fondamentalement, de nombreuses résistances au changement proviennent de la nécessité dans laquelle il nous met en devoir de fonctionner sur un mode d'interdépendance. Mais d'autres sont le résultat du « point aveugle » de l'entreprise, c'est-à-dire de la partie d'elle-même qu'elle ne voit pas. Une entreprise fonctionnant essentiellement sur l'autorité aura du mal à évoluer vers un mode plus créatif qui requiert plus de confiance et de liberté. Une autre, de nature industrielle et donc habituée à traiter des problèmes de grande série, aura tendance à méconnaître toute problématique trop spécifique et à la traiter comme un détail, même s'il s'agit d'une cause de dysfonctionnement. C'est pourquoi certaines entreprises éprouvent des réticences profondes à mettre en place de véritables équipes car elles leur apparaissent dans un premier temps comme trop antagonistes avec la culture actuelle.

B) On dénombre cinq catégories de résistances individuelles à la mise en place d'équipe :
- Dans le « jeu personnel », le collaborateur continue à fonctionner seul et n'utilise de l'équipe que les avantages qu'elle lui procure.
- Dans le « fonctionnement individualiste », qu'il convient de distinguer du précédent, il fonctionne au sein de l'équipe mais avec le souci continuel de se maintenir à part des autres. Il a tendance à jouer seul, sans utiliser les autres et sans se laisser utiliser.
- La crainte de pertes de prérogatives (droit acquis) ou d'atteinte à son identité professionnelle est une troisième source de résistance au passage à un mode d'équipe.

.../...

.../...

– La défiance vis-à-vis de l'entreprise gêne aussi toute bonne volonté dans la coopération nécessaire pour faire avancer le changement.
– Enfin la « pression d'exigence » ou pression de performance, peut être une raison de s'opposer à la mise en place d'un fonctionnement en équipe car celui-ci va immanquablement soumettre l'individu à une plus forte exigence.

C) D'autres résistances à la mise en place d'équipes proviennent des habitudes culturelles de l'entreprise. Elles sont au nombre de quatre :
– L'« individualisme-maison », équivalent du fonctionnement individuel évoqué précédemment ; il est cette fois-ci une donnée de base de l'entreprise, c'est-à-dire qu'il est encouragé par elle comme dans l'exaltation pour certains champions internes ou le génie de quelques autres.
– La crainte d'un « changement de rapport des forces » entre différentes unités veut qu'une entreprise se préserve de l'émergence d'une équipe qui deviendrait par trop dynamique et remuante pour les autres groupes de l'entreprise.
– La « partition » est l'équivalent d'une réaction de jalousie de la part du corps social de l'entreprise. L'attractivité que développe une équipe crée des envies et par conséquent des frustrations si son cas est isolé. Le résulat peut être des entraves mises à sa progression.
– Enfin, le cloisonnement propre à certaines entreprises est la plus forte résistance à la mise en place d'un fonctionnement pluriel. D'autant plus qu'il est souvent le résulat de reflexes de protection de la part des collaborateurs (cumul de résistances individuelles) ou d'une absence de management des ressources humaines.

Septième chapitre

L'action concertée

Les pratiques d'une équipe sont à la base de sa performance. Plus elles sont intégrées, plus elles sont affinées, plus l'équipe devient performante. Bien que connues, pour certaines, ces pratiques sont assez peu mises en œuvre. Nous l'avons remarqué à plusieurs reprises, le management des hommes souffre d'une sorte de pénurie de mise en pratique. Soit par sous-estimation de son efficacité par rapport aux résultats, soit par défaut de savoir s'y prendre. Par conséquent, rares sont les entreprises qui mettent en place une grammaire managériale et qui s'y tiennent.

Ces méthodes managériales visent à unifier l'équipe, à la mobiliser et à la focaliser sur l'objectif. Elles permettent de border l'action, du projet d'entreprise à l'objectif individuel en passant, entre autres, par les définitions de mission ou d'objectifs.

Repère ▶ Nous aborderons dans ce chapitre des savoirs-faire collectifs importants, comme les réunions, le séminaire et le plan annuel, le travail de focalisation sur l'objectif, l'hygiène d'équipe, etc... Nous poserons également les bases des différents types de séminaires d'équipe en fonction du degré de maturité et les méthodes du coaching collectif. ▶▶▶▶

1. Le cadrage de l'action pour assurer la focalisation

Un collaborateur a besoin de situer son action. Il doit disposer pour cela d'informations lui permettant d'établir le lien entre son rôle et le but social de l'entreprise. La différence de logique et d'échelle entre le mode individuel et le mode institutionnel est telle qu'il faut élaborer toute une chaîne de procédures pour relier ces deux bouts de la réalité. Si la communication d'entreprise est bonne, l'action d'un équipier s'inscrit alors dans des cadres cohérents. Les maillons de cette chaîne sont :

a) le projet d'entreprise,

b) les objectifs stratégiques,

c) la mission d'équipe,

d) la définition de fonction.

Prenons un exemple dans une firme de construction automobile. Lors d'une réunion du service informatique, la présentation de son travail par un ingénieur s'inscrit dans une triple perspective :

- sa contribution au projet du service (rationnaliser le réseau) ;
- la mission générale de ce dernier (assurer le fonctionnement informatique) ;
- le projet stratégique de l'entreprise (devenir un des cinq premiers mondiaux).

Cette chaîne montre la manière dont cet ingénieur peut inscrire son action dans une perspective sociale large et avoir ainsi le sentiment de concourir à la réalisation des objectifs stratégiques. D'une parfaite évidence pour chacun, cette remarque de bon sens ne doit être rappelée ici que parce qu'elle est aussi évidente que peu appliquée. Une entreprise qui n'a pas le souci de maintenir explicitement et continuellement visibles tous les maillons de la chaîne a peu de chances de maintenir à un bon niveau la mobilisation de son personnel.

Pour illustrer ce point, nous nous proposons de décrire, pour chacun des trois cadres d'action, les différents éléments qui concourent à la cohérence générale de l'entreprise et offrent à chaque salarié une vision claire de ce à quoi il contribue.

1.1. Le point de vue de l'entreprise : sa finalité, son projet et ses objectifs stratégiques

Le projet d'entreprise et les orientations stratégiques constituent le cadre le plus large dans lequel s'inscrit l'ensemble des actions de l'entreprise. La finalité affichée par France Télécom de « relier les hommes » implique l'individu qui y participe dans un certain rôle social. Plus qu'un technicien professionnel, il devient un acteur d'évolution du monde autour de lui. La mission de son équipe, « maintenir le bon fonctionnement du central téléphonique » s'inscrit dans cette finalité. Le sens qu'il a peut donner à son travail quotidien intègre ce dernier dans une vision sociale génératrice de fierté et de motivation. L'entreprise qui n'a pas ce souci d'associer continuellement l'action quotidienne aux objectifs stratégiques, perd une partie des effets mobilisateurs qu'elle pourrait obtenir. Si, par manque d'information, le collaborateur a l'impression de ne pas vraiment compter pour l'entreprise, le sentiment d'appartenance se dégrade, entraînant pour lui une dévalorisation de son action et un affaiblissement de son engagement. Lorsqu'on calcule le coût horaire de cette baisse d'énergie, on reste tout à fait étonné de constater qu'autant d'entreprises acceptent des déperditions de 20 % à 40 % de leur potentiel. En revanche, un projet d'entreprise bien construit, régulièrement mis à jour et adopté selon des voies de communication tant descendantes qu'ascendantes, fédère les différentes unités de l'organisation et les hommes qui les composent. Un équipier aspire d'autant plus à atteindre un objectif que celui-ci est inscrit dans un ensemble cohérent. Cette cohérence entre l'action personnelle et l'objectif commun ancre son engagement.

1.2. La mission, le projet et l'objectif commun

L'action de l'équipe s'inscrit dans une mission, un projet d'équipe et un objectif commun qui constitue le deuxième cadre de l'action. Pour une équipe commerciale, dont la mission générale est d'assurer une part du chiffre d'affaires, l'objectif de vente fixe sa contribution permettant d'atteindre les objectifs stratégiques de l'entreprise. Le projet d'équipe, lui, est d'une autre nature : il vise un état auquel l'équipe veut arriver. C'est un but spécifique dans lequel elle se reconnaît. Par exemple, « devenir la meilleure équipe commerciale de l'entreprise sur tel produit » ou « développer un modèle de réunions mensuelles stimulantes » sont des projets indépendants des résultats de vente demandés à cette équipe. Le projet appartient en propre à l'équipe et, à ce titre, il n'est pas nécessairement en rapport avec les objectifs directement opérationnels.

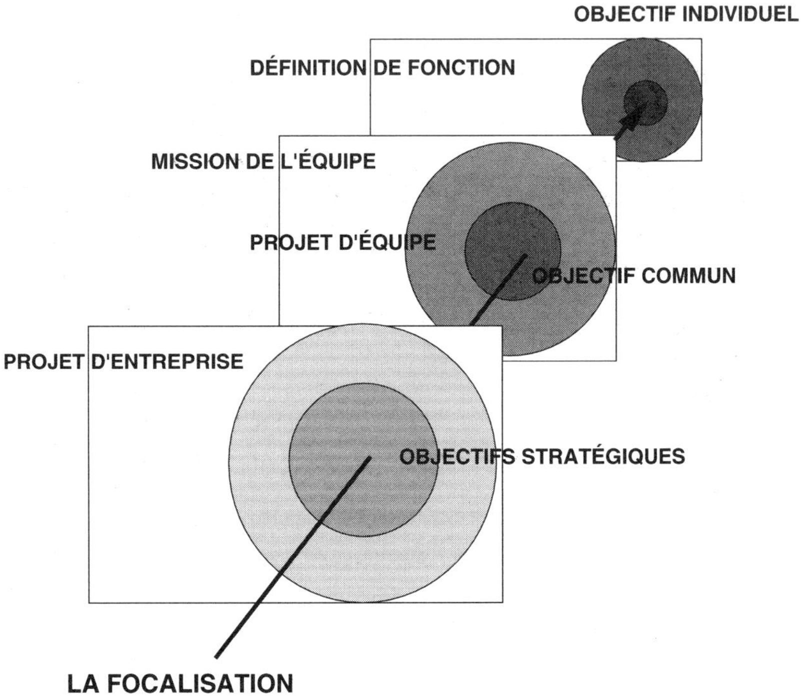

LA VISION

A chacun des trois niveaux de l'entreprise, de l'équipe et de la personne coexistent finalité, projet et objectif.

Le projet, dans ce cas, est un objectif général, une situation finale que l'équipe se propose d'atteindre. A l'instar du projet d'entreprise, il constitue une direction dans laquelle l'équipe a décidé de s'engager et qui la motive. Il tend à faire changer son environnement, son fonctionnement ou son statut. Etabli à partir d'un consensus, il devient le facteur mobilisateur commun : une équipe commerciale est d'autant plus motivée à atteindre ses objectifs de vente qu'elle se donne un projet qui appartient à tous : chacun désire y arriver et sent qu'il sera fier d'y avoir participé. Le résultat attestera de la valeur et de la cohésion de tous. Comme l'atteinte des objectifs, la réalisation du projet d'équipe est porteuse de satisfaction et de gratification. Fruit d'une vision partagée entre les équipiers, le projet fonde le sentiment de cohésion. Constitutif du lien, il soude l'équipe, développe le sens de la communauté et donne le sentiment de participer à un mouvement puissant. Nous avons rencontré des équipes dont le projet commun, découplé de la vie de l'entreprise, concourait cependant à la réussite de l'objectif opérationnel comme par exemple l'organisation d'un voyage de récompense.

1.2.1. La mission de l'équipe

La définition de mission d'une équipe est aussi importante que la définition de fonction pour un collaborateur. Elle fixe son rôle d'organe spécifique et en ce sens elle contribue à forger son identité. Elle présente un aspect fédérateur pour les équipiers et doit être rédigée de façon valorisante et large. Dans une entreprise commerciale, la mission du service administratif des ventes est rédigée ainsi : « Le service administratif des ventes est un des conseillers et des supports administratifs de la force de vente. Garant des procédures, il seconde la hiérarchie commerciale. Représentant de la société auprès du client, il assure l'interface entre les différents services de l'entreprise. » Ce texte, rédigé par les administratifs eux-mêmes montre bien la position qu'ils se reconnaissent dans l'entreprise et la satisfaction qu'ils en tirent.

A travers la définition des missions, l'entreprise exprime ses attentes en matière de service et d'état d'esprit. Elle fixe un cadre qui, entre ses ouvertures et ses limites, permet à l'équipe et à chacun des collaborateurs de définir les projets, les objectifs et les rôles.

1.2.2. L'objectif d'équipe

Une équipe a toujours un but et parfois un objectif. C'est un résultat mesurable, attendu à une échéance donnée et qui relève à la fois de la mise en œuvre d'actions et de moyens spécifiques. C'est le chiffre d'affaires à réaliser, le nombre de produits à fabriquer, le niveau de qualification à obtenir, etc.

L'objectif d'équipe, comme précédemment le projet d'équipe, attellent les équipiers à une même tâche et devient pour eux un point d'ancrage. C'est de ces deux aspects qu'ils tirent leur fierté du résultat final.

1.3. La définition de fonction, le projet et l'objectif personnels

Après le cadre général donné par l'entreprise et celui donné par l'équipe, quel est celui, spécifique du collaborateur ? La fonction définit un ensemble de rôles, d'objectifs généraux et de responsabilités. Nécessaire pour apprécier et légitimer les zones d'autonomie et d'interdépendance de chaque collaborateur, elle est à la base de la responsabilisation. Dans le cadre d'une équipe, en décrivant la contribution à des missions collectives, elle définit la place de l'équipier et sa responsabilité dans l'ensemble. Elle représente pour lui une ligne directrice qui lui permet de prendre les décisions qui relèvent de sa fonction, d'instaurer des priorités et de mesurer son action. C'est dire qu'il faut la rédiger dans un esprit d'équipe, même si elle pose des tâches individuelles. Elle doit rester un point de repère qui n'entrave pas la prise d'initiative et ne pas devenir un facteur de cloisonnement. La définition précise de chaque poste de jeu dans un sport collectif tel que le volley-ball n'exonère pas les joueurs du sens de l'initiative et de l'improvisation, bien au contraire. C'est la précision de la définition des rôles qui permet à l'improvisation de devenir collective pour répondre aux aléas du jeu au lieu d'apparaître comme un désordre.

Dans une perspective d'équipe, l'objectif individuel est une déclinaison de l'objectif commun, une traduction quantitative des opérations attachées à la fonction. Il se double fréquemment d'objectifs de progrès qui constituent des projets d'amélioration : changer des procédures, faire évoluer des comportements.

L'objectif est une garantie pour tous, l'équipe, le manager et le collaborateur. Pour l'équipier, c'est un repère lui permettant de savoir quand il est quitte vis-à-vis de son entreprise. Pour l'équipe, l'objectif commun est un point de focalisation qui fédère et mobi-

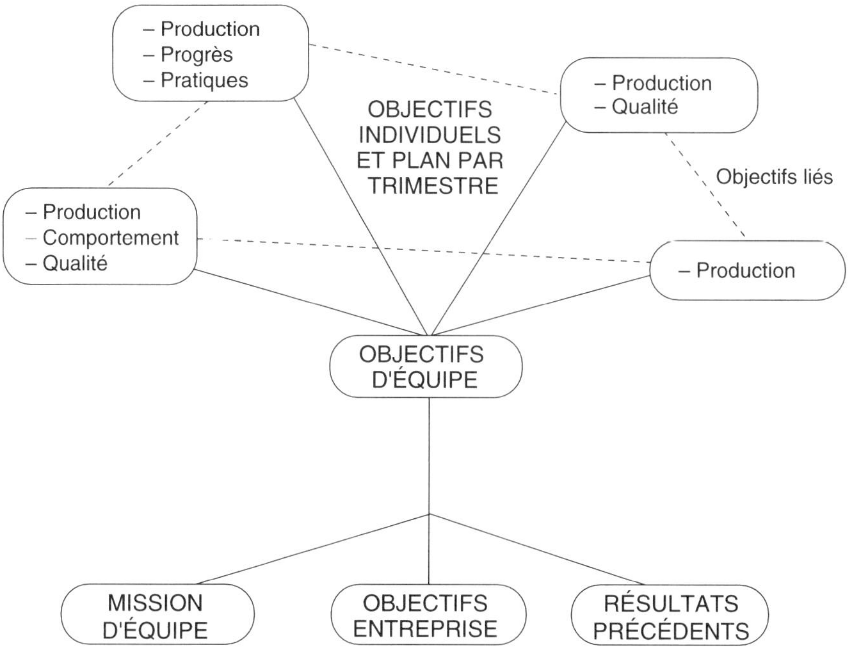

L'ARBRE DE DÉCLINAISON DES OBJECTIFS D'ÉQUIPE
LA DÉCLINAISON PARTICIPATIVE DES OBJECTIFS
ET LE PLAN DE RÉALISATION

lise. Pour le manager, c'est une assurance de conductibilité, c'est-à-dire que la consolidation des différents objectifs, lorsqu'elle est bien faite, lui permet d'anticiper les résultats.

1.4. L'établissement des projets et la fixation des objectifs

La méthode utilisée pour la fixation des objectifs est importante car elle influence la nature et le degré de l'engagement. Le résultat final doit beaucoup à la procédure initiale, qui fait entrer le collaborateur dans une démarche de prévision de son action : analyse de potentiel, définition des résultats attendus, du planning, du budget, des moyens et des processus de contrôle.

LA DÉCLINAISON PARTICIPATIVE DES OBJECTIFS ET LE PLAN DE RÉALISATION

QUOI	Objectif du manager (ou de son équipe).
COMMENT	Je découpe cet objectif en deux sous-objectifs A et B de telle et telle façon.
QUI	Je délègue le premier à X et le second à Y.
CONDITIONS	Il faudra que Y soit formé. Et que chacun des deux m'informe de la façon dont il propose de s'y prendre pour atteindre l'objectif.
QUAND	Formation d'ici ...... Remise des propositions le... Négociation sur les moyens (les « Comment » du collaborateur) le... Atteinte des objectifs le...
INDICATEURS	Présentation mensuelle des tableaux de bord par X. Présence de Y aux réunions de...

PLAN DE RÉALISATION ÉTABLI PAR X

QUOI	Sous-objectif A
COMMENT	Réorganiser ma semaine type de façon à... Obtenir par mon patron l'accord des achats. Prévenir le client. Réaliser tant par semaine.
QUI	X
CONDITIONS	Mon patron doit demander et obtenir l'accord du chef du service Achats.
QUAND	Réorganisation le : Demande et rappel à mon patron : Accord service Achats : Client prévenu d'ici au :
INDICATEURS	Mesure des résultats obtenus.

PLAN DE RÉALISATION ÉTABLI PAR Y

QUOI	Sous-objectif B
COMMENT	Faire une maquette avec l'aide de... Demander la validation à... Mettre en fabrication et contrôler.
QUI	Y
CONDITIONS	Recevoir une formation. Obtenir l'accord de... pour la maquette.
QUAND	Maquette : Validation : Fabrication :
INDICATEURS	Auto-notation des comportements.

Pour qu'il y ait engagement, les objectifs doivent répondre à trois conditions. Ils doivent être :

- clairement définis,
- intégrés aux autres objectifs de l'entreprise,
- acceptés par le réalisateur.

Un objectif bien défini appartient à une classe (objectifs opérationnels, fonctionnels, personnels, quantitatifs, de progrès) ; il est précis, atteignable, limité dans le temps et mesurable. Pour renforcer le processus d'engagement, il convient de segmenter l'objectif en sous-objectifs trimestriels ou mensuels et surtout de faire construire, au cours du séminaire d'équipe, le plan annuel de réalisation par celui qui doit l'exécuter. Cette démarche, qui va au-delà de la seule négociation avec l'intéressé, induit une responsabilité plus grande de ce dernier vis-à-vis de l'entreprise.

Dans certains cas, l'objectif ne peut être individualisé et doit être réparti sur plusieurs têtes. Pour d'autres, il y a avantage à décliner un objectif par personne, ou un pour deux, si l'on veut profiter des avantages de la coaction.

Ce n'est pas le lieu ici de détailler la méthodologie de fixation et de déclinaison des objectifs, mais simplement d'insister sur la fonction de cette démarche annuelle dans la mobilisation, la focalisation et la cohésion de l'équipe.

Action Le temps investi dans cette démarche et l'importance que lui manifeste le manager surdétermine directement l'engagement des équipiers pour l'année. Il faut deux jours pour élaborer ensemble un plan annuel d'équipe.

2. L'entretien de l'équipe

Repère ▶ L'équilibre d'une équipe est subtil et parfois fragile. Il doit donc être entretenu, développé, voire même soigné. C'est l'une des fonctions du manager et du coach.

Comme tout organisme vivant, l'équipe a besoin de perspectives, d'entraînement et de pratiques d'hygiène. Ces démarches se développent selon trois modes : la réunion d'équipe, le séminaire annuel et le coaching. ▶▶▶▶

2.1. La réunion d'équipe

La réunion d'équipe est l'un des actes majeurs du management. Son importance est fondamentale aussi bien pour la cohésion de tous que pour l'engagement de chacun. Notre objectif n'est pas de donner des recettes sur la conduite ou la préparation de réunion mais d'insister sur les moyens qui concourent à améliorer l'unité, la mobilisation et la focalisation. Les aspects de la réunion abordés ici ne concernent pas directement le déroulement mais ce qui concourt à maintenir la cohésion humaine et à renforcer la cohésion technique.

Moment de partage où toute l'équipe se retrouve, où chacun exprime son point de vue et joue de son influence, la réunion mensuelle d'équipe est le lieu où beaucoup se dit, se fait ou se défait. Elle donne le *la* du mode de fonctionnement voulu par le pilote et sert autant à agir sur le groupe des équipiers qu'à établir la cohérence, à anticiper l'avenir qu'à coordonner ou mobiliser. Sa qualité conditionne le fonctionnement de l'équipe au quotidien. On constate, lorsqu'on observe attentivement des équipes, que leur mode de réunion est révélateur de leurs autres façons de faire. Il suffit d'assister à l'une d'entre elles pour tout percevoir du fonctionnement du groupe et de sa maturité : l'attitude du pilote et celles des équipiers, le type de débat, le travail effectivement réalisé, le climat, le degré de coresponsabilité, etc.

La réunion représente le creuset de la mobilisation des équipiers pour l'atteinte de l'objectif. C'est là qu'ils débattent, intègrent les contraintes de l'entreprise et imaginent la façon d'y répondre. Lieu de ressourcement, de concentration, elle prépare et comprime les énergies pour l'action. Cette « fonction moteur » de la réunion dépasse de loin la fonction habituelle d'information descendante et de coordination. La réunion est un condensateur. C'est la façon d'y produire de l'énergie et des synergies qui stimule l'équipe. Si généralement la réunion n'est pas toujours bien acceptée, c'est qu'elle n'est pas envisagée comme un levier et un point d'appui.

2.1.1. L'importance déterminante de la préparation

La réunion poursuit deux buts, l'un de coordination et l'autre de cohésion. Elle dispose pour cela du fond et de la forme. Le management, préconisé ici, utilise le fond (processus objectif) pour atteindre l'objectif et la forme (processus dynamique) pour souder l'équipe. La réunion participe éminemment de ces deux niveaux et représente le lieu du traitement de l'un et de l'autre.

La réunion d'équipe, qu'il faut distinguer d'autres réunions opérationnelles de la même équipe, constitue le temps fort de ce groupe. Nous venons de souligner précédemment que la façon dont elle se déroule est à l'image de ce qu'est la vie de cette équipe. Une équipe qui vit une bonne réunion mensuelle, préparée, professionnelle, productive et participative, conviviale, ne peut pas mal travailler pendant le mois qui suit. Non seulement elle ne peut pas mal travailler mais elle est poussée à avoir une production à la hauteur de l'image que la réunion a donnée du fonctionnement de l'équipe.

Lorsqu'on a intégré ce paramètre, sa préparation prend une importance capitale. Sa qualité va surdéterminer un mois de travail de tous ! Si les collaborateurs en ressortent en y ayant déterminé ce qu'ils ont à faire, avec le sentiment d'être un membre à part entière, ressourcés par ce qu'ils ont produit ensemble, il y a fort à parier que la réunion sera vécue comme un temps fort et non plus comme une obligation où on écoute un chef discourir sur des sujets plus ou moins préparés. Cette conception de la réunion d'équipe est en rupture avec ce que l'on observe généralement. Elle est le moment central de la vie du groupe et son modèle vivant, l'outil essentiel de cohésion humaine et technique, le moyen de renforcer la focalisation sur l'objectif, la traduction de la maturité de l'équipe.

Après la mise en place de telles réunions, nous avons entendu des témoignages comme :

- « Des points qui, avant n'émergeaient pas comme des freins ont été identifiés et résolus ».
- « Les équipiers entendent des choses qu'ils n'entendaient pas avant ».

– « Deux de mes commerciaux m'ont écrit pour me remercier de la nouvelle formule de réunion ».

L'importance de la réunion d'équipe (que nous distinguons nettement des autres) oblige le manager à consacrer plusieurs heures (!) à sa préparation. La durée de cette préparation est pratiquement équivalente à celle de la tenue de la réunion elle-même. Tous ceux qui ont tenté une telle préparation témoignent, après avoir hésité à investir autant de temps, de la disponibilité que cet investissement leur a rendue et des effets incomparables obtenus en retour.

Une bonne préparation présente deux avantages majeurs en terme d'efficacité : réduire d'environ un tiers le temps global passé en réunion et impliquer beaucoup plus les participants.

Cette préparation doit être faite à partir de trois principes :

– communiquer un maximum d'informations en amont de la réunion pour dégager du temps de concertation pendant la réunion ;
– permettre aux participants et aux intervenants de se préparer avant la réunion, en leur faisant parvenir le dossier de réunion sur les sujets de fond en plus de l'ordre du jour ;
– rechercher une qualité d'échanges qui renforce le sentiment d'appartenance et engage chacun en connaissance de cause.

2.1.2. La délégation de conduite de réunion

La conduite de la réunion comme le compte-rendu sont d'ordre purement logistique et il n'est pas bon que le responsable de l'équipe soit entravé dans sa participation par l'exécution matérielle de ces tâches. Le manager qui convoque la réunion et qui, à ce titre, est le plus intéressé par sa tenue, doit éviter de la conduire pour se donner plus de disponibilité en déléguant cet aspect à l'un de ses collaborateurs.

Cette méthode suppose deux conditions :
- qu'une partie de la préparation soit faite en commun par le responsable et l'animateur pressenti ;
- que l'animateur ait explicitement le pouvoir de traiter en réunion son patron comme tout autre participant, dans le respect de son rang évidemment.

Deux arguments viennent étayer l'utilité de cette délégation :
- la « fonction moteur » dans cette conception est du ressort de l'équipe et de l'animateur, et non du chef. Le manager ainsi déchargé, consacre son attention au travail de fond ;
- le manager a besoin d'être disponible pour que le sujet soit traité au mieux et le groupe bien focalisé.

La conduite de réunion est plus efficace lorsque celle-ci est présidée par le chef et menée par un collaborateur. Cette plus grande efficacité peut surprendre. Elle provient de plusieurs facteurs : d'abord l'animateur, conduisant sous contrôle, est tenu de mieux maîtriser la gestion de la parole, celle du temps et celle de l'objectif. Ensuite, le dédoublement opéré renforce la maîtrise de l'avancement du travail et permet au manager d'être continuellement sur un axe d'analyse des meilleurs moyens pour faire avancer le thème de la réunion.

2.1.3. Les avantages du débat

Dans une réunion qui fonctionne, certains aspects tels que l'information, la discussion ou le climat prennent un relief déterminant. Dans cette perspective, le débat autour d'un thème qui intéresse le travail d'équipe ou les opérations dont elle est chargée a une place essentielle compte-tenu de la quantité d'avantages qu'il présente soit d'un point de vue cohésif, soit en terme d'efficacité collective. Or, on peut constater que le débat n'a pas toujours la place qu'il mérite. Il y a plusieurs raisons pour cela : la pression du temps en est une, mais aussi la tendance fréquente à rechercher une solution avant même d'avoir suffisamment analysé la question. Deux autres raisons de cette absence de débat sont la crainte sourde de certains managers de voir remis en cause leurs choix d'exercice du pouvoir, et celle de ne pas savoir conduire un débat qui représente à leur yeux une source de désordre.

L'élaboration d'une décision en commun présente de tels avantages qu'on peut se demander si parfois l'objection du manque de temps est pertinente. Certes elle n'est pas contestable mais les équipes qui consacrent du temps à l'élaboration semblent, grâce à leur réflexion, faire davantage une économie qu'une dépense.

Repère ▶ Si le débat est bien mené, bien que consommant effectivement du temps, il offre plusieurs avantages :

– Il rend la décision plus pertinente grâce à une analyse plus complète de la situation et à une créativité plus grande ;
– Il sécurise la décision en mesurant mieux les conséquences éventuelles et en faisant partager la responsabilité par tous ;
– Il engendre une meilleure mobilisation et renforce la focalisation sur l'objectif ;
– Il permet de coordonner l'action par anticipation, du fait des échanges sur les divers scénarios possibles et fait gagner du temps en période de réalisation. ▶▶

En résumé, la cohésion technique est renforcée de ce que chacun a pu comprendre les raisons, intégrer les causes et les conséquences de l'orientation engagée.

A côté des avantages techniques, sur le plan du processus objectif, le débat présente d'importants atouts pour le fonctionnement et la cohésion de l'équipe. D'abord, il en favorise l'unité dans la mesure où il permet d'atteindre un bon niveau d'accord entre tous. Ensuite, il est à l'origine des changements de comportements, ce qui facilite les évolutions.

Repère ▶ Pour bien comprendre les avantages que représente l'introduction de débats dans l'équipe, il nous faut réfléchir à ce qui s'y passe sur le fond. On mesure que le débat présente quatre fonctions cohésives :

– il constitue en fait toujours un échange sur le fond,

– il a un effet déclencheur sur les régulations,
– il est à la base des évolutions de comportements et de l'engagement,
– il augmente la capacité à se fixer des enjeux communs. ►►►►

	Cohésion humaine	**Cohésion technique**	**Focalisation**	**Mobilisation**
Débat	Facilite le consensus. Favorise le changement d'attitudes.	Anticipe les obstacles. Analyse les divers scénarios.	Permet au collaborateur d'intégrer les objectifs. Augmente la prise de risques de la part de l'équipe.	Engage le collaborateur, du fait de la participation.
Travail en réunion – plans – coordination – objectifs	Développe le sentiment d'équipe.	Permet une coordination par avance et une stimulation réciproque de la réflexion.	Produit un effet de maillage au travers des objectifs.	Stimule l'énergie. Procure une satisfaction due à l'action concertée.
Partage des représentations – évaluation – information	Produit un sentiment d'appartenance. Développe l'intérêt des uns pour les autres.	Échanges d'avis. Permet la confrontation et facilite l'amélioration des procédures.	Entretien le contact avec la réalité externe.	Établit une différenciation qui valorise l'équipier.

LES AVANTAGES DE LA RÉUNION D'ÉQUIPE SUR LA COHÉSION, LA FOCALISATION ET LA MOBILISATION

a) Quel qu'en soit le sujet, un échange porte toujours, à un niveau sous-jacent, sur les idées et les valeurs. Tout échange entre des équipiers, aussi opérationnel soit-il, se fait à un niveau fondamental à partir de ce que chacun est, de son cadre de référence, de ses valeurs et de son expérience. Ainsi, par exemple, une simple discussion sur une date de livraison intègre inévitablement la relation que l'on a à son client. Ou un échange sur les modes de reporting s'établit bien évidemment à partir de l'image qu'on se fait de la fonction hiérarchique.

b) La discussion, menée à son terme, favorise la relation réciproque des équipiers par l'écoute nécessaire des uns et des autres qu'elle suscite. De cette écoute découle une conséquence importante pour l'hygiène de l'équipe. Le débat, qui s'accommode mal du non-dit qui parfois s'installe dans une équipe en alourdissant son climat, facilite une prise de parole. Celle-ci déclenche un temps de régulation si besoin, et, ce faisant, évite les phénomènes de cristallisation, beaucoup plus dommageables à terme pour le processus dynamique de l'équipe.

c) Troisième fonction cohésive du débat : il est à la base de l'évolution des comportements individuels et collectifs. A ce titre, il est le garant des évolutions d'attitude des collaborateurs, évitant des freins ultérieurs, lors de la réalisation.

Expérience et travaux ►

Dans une expérience menée en 1947, Kurt Lewin a montré comment le débat favorise le changement d'attitude des personnes, et provoque un engagement plus important. Il compara les changements de comportements au sein d'une population d'un peu plus de soixante-dix ménagères. En cette période de sortie de guerre, le gouvernement américain cherchait à encourager la consommation par les mènages de morceaux d'abats qu'ils n'achetaient pas habituellement. K. Lewin organisa pour la moitié des ménagères des conférences d'experts sur l'alimentation et l'effort de guerre, la qualité nutritive des abats et la façon de les cuisiner. L'autre moitié fut constituée en trois groupes de discussion, conduits chacun par un animateur qui introduisait le débat en évoquant les thèmes de la santé et de l'effort de guerre, puis l'orientait sur les obstacles au changement d'habitudes alimentaires de ménagères comme elles ; lorsqu'elles le demandaient, elles recevaient des recettes pour cuisiner les morceaux.

> Réalisé huit jours plus tard, un relevé des achats d'abats dans les familles consultées révéla que trois pour cent de consommation supplémentaire furent enregistrés dans le premier groupe et trente-deux pour cent dans le second. C'est, semble-t-il, la participation de chacune et la réflexion sur les réticences qui ont fait la différence.

De leur côté S. Moscovici et W. Doise le soulignent à leur tour en 1972 : « Tout ce qui permet la mise à jour de points de vue différents et leur affrontement pousse à la polarisation, donc au changement et à l'interaction ».

d) Enfin, le débat augmente la capacité d'une équipe à voir clairement les enjeux et à prendre des risques. On sait, par des expériences menées sur des groupes de discussion, que la décision d'un groupe va plus loin que des décisions individuelles. A la suite d'expériences menées en 1969, Moscovici et Zavalloni (1), après le psychosociologue Stoner, ont mis en évidence un niveau d'audace plus élevé dans les groupes que chez les individus isolés, à condition que la parole soit réellement libre dans le groupe.

La forme et la qualité des délibérations dans une équipe varie selon le mode managérial, les rapports d'influence et la proximité des relations. La façon, par exemple, dont les collaborateurs s'écoutent lors d'un débat s'apparente à l'attention qu'ils se prêtent dans la vie professionnelle et leur aptitude à la cohésion technique en découle. La formalisation de leur avis par les équipiers dépend du climat de l'équipe et du style de management. Rappelons qu'un management trop autoritaire augmente les effets de la pression de conformité (donc diminue le sens de la responsabilité et la prise d'initiative) et restreint les discussions. S. Moscovici résume ainsi ses recherches : « Le formalisme (excessif) dans la discussion a pour conséquence le compromis et la « moyenne » dans la décision. (...) Si l'on utilise les procédures de décision, si l'on organise l'espace occupé par un groupe ou si on fait intervenir l'autorité, les individus changent moins leurs attitudes ».

Nous retiendrons dans le cadre de cette réflexion trois des préconisations qu'il formule pour optimiser les effets de la discussion :

1° rechercher et encourager les différences d'opinion et leur expression afin d'augmenter la fiabilité et le caractère innovateur des solutions,

2° proscrire toutes les techniques tendant à réduire les divergences de points de vue ou limitant la liberté de décision au sein d'un groupe, car elles inhibent au départ la réflexion en poussant vers le compromis plutôt que vers la polarisation (prise de risque),

3° éviter les solutions préfabriquées et arguments d'autorité qui sollicitent trop la pression de conformité.

Loin d'être du temps perdu, le débat et la réflexion sont au contraire des moyens d'économiser du temps lors de la mise en œuvre. C'est même un investissement très rentable en ce qu'il évite les risques de mauvaises décisions toujours trop coûteuses.

2.2. Les séminaires annuels d'équipe

Depuis quelques années, on assiste à l'émergence de techniques spécifiques d'intervention pour entraîner les équipes constituées. Ces interventions de training portent sur la cohésion, les pratiques professionnelles et les objectifs.

Repère ▶ Trois grandes catégories de séminaires d'équipe correspondent aux stades de développement de l'équipe : le teambuilding, le teamdevelopment et les séminaires d'efficacité collective, réservés à des équipes déjà bien formées.

– Les séminaires de teambuilding visent, en renforçant la cohésion interne, à constituer un groupe en équipe. Ils peuvent être conduits à partir d'aspects opérationnels ou d'activités externes à l'activité professionnelle. Entrent dans cette catégorie tous les stages dont l'objectif est de renforcer la complicité d'une équipe en lui faisant partager un vécu commun sur un mode différent de son fonctionnement habituel (voyage, aventure, jeux, stage de communication interpersonnelle).

Un résultat similaire peut s'obtenir par un travail direct sur les niveaux de cohésion.

– Les séminaires de teamdevelopment ou de dynamique d'équipe s'attachent, autour d'une équipe déjà constituée, à améliorer la dimension technique de la cohésion. Ils portent sur les process et l'articulation des zones d'interdépendance. En général ils visent à optimiser le « comportement d'équipier », sachant que le comportement managérial a été traité lors du précédent.
– Les séminaires d'efficacité collective s'adressent à des équipes performantes qui souhaitent évaluer leurs pratiques, se concentrer sur leurs objectifs et renforcer leur influence dans l'entreprise. Suivis par des équipes qui fonctionnent déjà bien, ils représentent un temps privilégié durant lequel les équipiers rédigent ensemble leur plan annuel. ►►►►

Parmi les séminaires destinés à stimuler la maturation de l'équipe, le teambuilding, facteur d'accélération de sa constitution, tient la première place. Il est suivi, les années suivantes, par des séminaires de dynamique d'équipe ou d'efficacité collective, selon le stade de développement auquel est parvenue l'équipe. Les uns et les autres sont conçus pour entraîner, former et stimuler des équipes qui ont de bons résultats et veulent les conserver. Le premier s'attache plus à acquérir les bases du fonctionnement d'équipe alors que les suivants sont orientés vers l'amélioration de l'efficacité collective. Il est nécessaire de bien comprendre qu'une véritable culture d'équipe demande plusieurs années pour être mise en place dans une organisation, même si des avancées sensibles sont perceptibles immédiatement dès le début de la démarche de progrès.

Ces approches actives, partagées par des équipes constituées, visent plusieurs buts :

– une vision partagée,
– un effet cohésif,
– des changements de comportement individuel,
– une meilleure mise en œuvre.

Ces séminaires présentent la particularité d'agir sur la totalité de l'équipe naturelle pour obtenir les changements, plus que sur les individus successivement. Plutôt que d'envoyer les moins performants en formation (ce qui change en fait peu de choses dans la dynamique globale), on met en place un mode de fonctionnement qui, s'appuyant sur différents phénomènes de groupe (normativité, interdépendance, effet PIP, etc.), exerce une poussée dans le sens de la montée en compétence. Un engagement d'évolution pris devant ses pairs et son patron a plus de chances d'être suivi d'effets, du fait de la pression de conformité qui joue dans le sens du changement et non plus dans celui des anciennes habitudes.

2.2.1. Les séminaires de constitution d'équipe

L'objectif d'un séminaire de teambuilding est de constituer un groupe en équipe, c'est-à-dire de lui permettre de franchir rapidement les premiers stades de développement pour atteindre le troisième et les suivants. Une telle démarche permet de réaliser en quarante-huit heures le passage d'un état de développement à un autre, passage qui, à défaut, aurait pu prendre plusieurs mois.

Un séminaire de teambuilding sert soit à constituer une nouvelle équipe, soit à rétablir un climat favorable lorsque la cohésion s'est dégradée. Le propre de cette intervention consiste à traiter les obstacles qui s'opposent à l'efficacité ou à mettre en place des conditions favorables de démarrage rapide. Ces obstacles sont de quatre types :

- la dégradation du lien entre les équipiers,
- l'autocentrisme du manager,
- l'accumulation de sentiments négatifs,
- la déperdition d'énergie.

a) La dégradation du lien entre les équipiers

La méfiance entre collaborateurs est souvent le résultat d'un défaut de management. On ne peut faire travailler des hommes ensemble dans la durée si on les laisse livrés à la dynamique naturelle des groupes sociaux, sans règles ni régulation. Un groupe ne fonctionne que si on s'occupe de son hygiène et de sa vitalité. De nombreux dirigeants ou managers qui n'ont pas intégré ce principe interviennent peu sur la dynamique, ne la considérant pas comme de leur ressort. En conséquence, à l'intérieur de leur équipe, la synergie se trouve réduite par des traces de situations non managées qui détériorent peu à peu, et de proche en proche, les relations interpersonnelles. C'est ce qui conduit à entendre, lors de séminaires d'équipes, des petites phrases qui ne laissent aucun doute sur l'état général :

– « Le comité de direction est constitué de sous-groupes qui fonctionnent en « donnant-donnant ».
– « Entre certains, c'est la neutralité... pas toujours bienveillante ! »
– « H et L gardent les informations. »
– « Des gens dans le comité de direction, frustrés de n'avoir pas participé à certains choix, sont nettement moins impliqués dans le business. »
– « Entre nous, on cherche plus des coupables que des solutions. »
– « On se pique les gens, on se pique le travail. »
– « On ne mange pas ensemble. »
– « Le clash est perpétuel entre G et R. »

L'observation d'équipes dont l'ambiance et la cohésion sont dégradées nous apprend qu'il existe un phénomène de déplacement de l'agressivité dans les équipes où le management est trop autoritaire : les rivalités qui se développent entre collaborateurs sont le résultat de conflits collaborateurs-patron qui, n'ayant pu s'exprimer comme tels, tournent en conflits collaborateur-collaborateur ! Ce qui nous amène à parler d'une autre cause de dégradation de l'esprit d'équipe, lorsque le patron lui-même fonctionne sur un modèle personnel : l'autocentrisme.

b) L'autocentrisme du manager

Certains leaders ne croient qu'en eux-mêmes pour conduire, régler, décider. Ils se maintiennent au centre du processus d'équipe, gênant ainsi la responsabilisation. Ces managers autocentriques sont souvent des individus assez performants et c'est la raison pour laquelle ils ont été nommés. Mais ils sont incapables de fonctionner sur un autre mode que le leur. Le management n'est pas leur métier. Assurés de détenir la bonne façon de faire, ils se révèlent démotivants pour leurs collaborateurs. L'autocentrisme, c'est le jeu personnel, le micro-management, l'antithèse de la conduite d'une équipe autonome. Ce défaut du management trouve sa source dans la personnalité du manager, ou simplement dans la méconnaissance des règles élémentaires d'animation. Cette attitude, qui entrave l'établissement d'un fonctionnement d'équipe, produit les réactions suivantes, entendues sur le terrain :

– « La démotivation s'installe. On ne nous permet pas de prendre plus de responsabilité. »
– « Elle travaille en solo. EIle manage mieux des domaines qu'elle ne connaît pas. »
– « Il nous prend pour des irresponsables, alors on se retranche. »
– « Obsessionnel, bavard et centralisateur : c'est Big Brother. Pas de place pour les autres. »
– « Il déresponsabilise parce qu'on est coincé entre sa bonne volonté et son expertise. »
– « Il est père et patron. »
– « Il reproche à J de ne pas être comme lui. »
– « Il y a un divorce profond entre LM et son comité de direction. Il empêche qu'émergent des leaders. »

Bien souvent ces patrons présentent une réelle bonne volonté mais ne perçoivent pas les réactions de démobilisation qu'entraîne leur hyper-mobilisation personnelle. Le séminaire leur permet alors de mesurer que l'équipe recèle en elle-même une véritable réserve d'énergie motrice et qu'ils peuvent conserver la leur pour exercer un effet d'accélération et mobiliser un surcroît de puissance.

Une comparaison avec les équipes sportives s'impose. Un entraîneur sportif est souvent un ancien champion bon joueur qui a développé des qualités pédagogiques. Seulement il n'a ni le droit ni la capacité physique d'être sur le terrain pour faire le match. Cela représente une véritable opportunité pour les équipes sportives car l'entraîneur, ne pouvant pas jouer, est condamné à transmettre son expertise à un ensemble de joueurs que, de ce fait, il fait monter en compétence. Si en revanche il pouvait jouer, il y a fort à parier que son énergie passerait sur le terrain et non pas dans la recherche des meilleurs moyens pour transmettre son expérience. Le fait qu'il participe au jeu aurait pour conséquence de limiter la montée en compétence de toute l'équipe. C'est cependant ce qui se passe en entreprise. Les experts et les personnes expérimentées ayant fonction de management mettent plus d'énergie dans la recherche du résultat que dans la montée en puissance de leur équipe. Ces managers compensent par leur expertise ou leur expérience les effets de leur carence managériale. Le coût en est la perte d'une part importante des ressources. Il est vrai qu'on leur demande d'être excellent joueur et entraîneur à la fois, ce qui constitue une méconnaissance des conditions de réussite. On ne peut être sur le terrain et en dehors, et il ne peut y avoir de bonne équipe sans quelqu'un qui la regarde jouer.

c) L'accumulation de sentiments négatifs

L'accumulation de sentiments négatifs contribue évidemment à la dégradation du climat : absence répétée de signes de reconnaissance, échec non surmonté, faute de management, elle use parfois les meilleures bonnes volontés. Ainsi le DRH d'une grande entreprise de bureautique de trois mille cinq cents personnes racontait comment il n'avait jamais pu dépasser une forte déception qui lui avait été infligée quinze ans auparavant, au point, depuis, de s'investir ailleurs, en dehors de l'entreprise. Ces incidents qui démobilisent l'élan d'un collaborateur passent souvent inaperçus, alors qu'ils pourraient être surmontés assez facilement par une pratique d'évaluation du climat et de la motivation individuelle.

C'est lors de tels séminaires que l'on peut redémarrer une équipe qui sans cela serait perdue pour l'entreprise.

> Cinq directeurs régionaux d'une entreprise de distribution, à la tête de quelques centaines de personnes éparpillées sur le territoire national, ne s'étaient pas revus depuis le dépôt de bilan de leur société. Dépôt de bilan qu'ils avaient pris de plein fouet, alors que tout semblait aller bien et que leur confiance dans la direction était revenue. Un groupe concurrent avait repris leur entreprise en faillite et depuis lors chacun d'eux s'affairait à rassembler les morceaux d'une chaîne de distribution qui volait en éclats. Traumatisés par ces événements, beaucoup avaient décidé de partir afin de se soustraire à une absorption humiliante. Ceux qui restaient avaient fait ce choix pour accompagner un leader qu'ils tenaient en grande estime.

Quand ils se sont revus, lors d'un séminaire d'équipe, ils n'osaient pas parler des « événements », selon leur terme. Nous avons mesuré à quel point, dans une situation de reprise d'entreprise, les « dominés » peuvent se sentir atteints dans leur amour-propre et peu enclins à donner le meilleur d'eux-mêmes. Pour que l'entreprise reprise ne « traîne pas les pieds » trop longtemps, il fallait trouver le moyen d'effacer les rancunes et les déceptions cachées. Dans un premier temps, le séminaire a été centré sur un exposé de la traversée solitaire de chacun. Ce travail s'est effectué peu à peu, dans une très grande pudeur. Après avoir partagé et mis en commun ces épreuves personnelles, ces cinq directeurs ont découvert un sentiment d'appartenance nouveau, comme si une autre équipe se créait à partir justement de ces difficultés vécues par chacun. Un deuxième temps du séminaire fut consacré à un échange sur leurs perceptions du nouveau groupe de distribution auquel ils appartenaient désormais : comment réagissaient les gens à leur égard, de quelle façon se sentaient-ils eux-mêmes acceptés ou « mis au pas » ? Quelles opportunités cela pouvait-il bien représenter pour eux, ne fallait-il pas tout abandonner et partir ailleurs ? Chacun, faisant confiance à ceux qui restaient, se sentait tenu par eux. Mais comment retrouver le dynamisme connu auparavant, cassé à la suite des erreurs de gestion qui avaient contraint au dépôt de bilan ? Tous décidèrent alors de proposer à leur nouvelle direction de maintenir leur différence, leur culture, de déclarer clairement leur identité collective, tout en servant le nouveau groupe. Cela fut organisé en un plan d'action minutieux et réalisé comme prévu. Le hasard a voulu que le deuxième séminaire ait lieu le jour où paraissait dans la presse des articles titrant sur le redressement de cette entreprise !

d) La déperdition d'énergie

La déperdition d'énergie peut avoir des causes diverses. On a cité la dégradation des liens, la centralisation excessive exercée par le manager ou les insatisfactions non purgées. D'autres proviennent des conditions de travail, de la culture, du stress, du climat général.

« Chacun travaille bien... mais en ordre dispersé » expliquait un membre d'une équipe marketing avec laquelle on cherchait à réduire la durée de mise au point du cahier des charges pour les nouveaux produits. Le cloisonnement général de l'entreprise, qui existait également au sein de l'équipe, était manifestement la cause principale du problème. Y porter remède pouvait être l'occasion de faire prendre conscience au reste de l'entreprise que la résistance à agir de manière interdépendante était à l'origine de la lenteur de l'action. Chacun travaillait bien dans son espace mais les produits arrivaient tard sur le marché. Il n'était pas rare de constater que plusieurs personnes avaient fait la même chose sans que quiconque s'en aperçoive. Lors de son séminaire, la décision de cette équipe marketing a été d'agir, avec le concours de la direction générale, sur la relation entre le marketing, le commercial, le développement et la production.

> Une partie du séminaire a donc consisté à réfléchir aux moyens à utiliser pour convaincre les autres services de participer à cette expérience, aux comportements de coopération qu'ils devaient adopter pour donner l'exemple et à la méthode de conduite de ce travail transversal. Le projet fut ensuite proposé à l'entreprise ; l'équipe marketing a animé un travail « en conclave » d'une semaine entre des représentants des quatre services concernés afin d'établir le cahier des charges d'un nouveau produit et de procurer un exemple de travail réactif et interdisciplinaire. Non seulement le cahier des charges a été établi en un temps record, mais l'esprit d'équipe s'en est trouvé fortifié et la direction générale a mis en place une série de chantiers destinés à élaborer dans toute l'entreprise des processus de fonctionnement transversal.

Le teambuilding n'est pas réservé à des équipes en difficulté, même si les entreprises font plus souvent appel à un consultant pour résoudre un problème que pour l'anticiper. Dans les cas où il s'agit de constituer rapidement un nouveau groupe en équipe, pour une équipe de recherche et développement par exemple, le travail s'opère avec des gens qui ne se connaissent pas ou peu. Tout est nouveau dans ce cas, le manager, le produit, les équipiers et le fonctionnement. L'objectif de l'intervention consiste alors à établir rapidement un lien entre les futurs coéquipiers et à leur faire élaborer les conditions de leur action commune. Un séminaire de deux jours, bien préparé en amont, suffit à produire un climat de travail propre à développer pendant plusieurs mois une excellente mobilisation.

2.2.2. Les séminaires de dynamique d'équipe

L'efficacité collective dépend à la fois du management et de l'application des règles du fonctionnement collectif. Ces aspects sont travaillés lors de séminaires axés sur la concertation d'action. Construits en fonction des besoins opérationnels spécifiques de l'équipe, ils portent sur :

- la cohésion humaine : communication, relations, motivation et engagement ;
- la cohésion technique : synchronisation et planification, règles communes, systèmes d'information, organisation des réunions ;
- la coresponsabilité : comportements de coopération, proactivité, interdépendance, évaluation ;

– le plan annuel d'équipe : travail sur les objectifs, les modalités de contrôle et de gestion.

Pour rester opérationnels et conserver leur « effet teambuilding », ces séminaires doivent être partagés entre évaluation du fonctionnement et plan annuel autour des objectifs.

2.2.3. *Les séminaires de recherche de performance*

A quelles équipes s'adressent ces séminaires ? Classées dans le quatrième stade de maturité, elles sont conduites par un manager qui sait agir sur la dynamique. Elles ont des pratiques établies en terme de concertation d'action et sont engagées dans une spirale de réussite. Plus pragmatiques, dans la mesure où les équipes qui les suivent sont bien formées, ces séminaires reposent sur l'évaluation des comportements d'équipiers et sur l'élaboration opérationnelle, à un niveau plus fin.

> Prenons l'exemple de l'agence régionale d'une grande entreprise commerciale qui, après avoir eu les plus mauvais résultats sur plusieurs semestres, avait retrouvé la première place. Cette revanche sur les autres ne lui suffisait pas, elle voulait maintenir son niveau de performance et sa première place. Pour cela, elle mit en place un cycle de séminaires semestriels d'entraînement visant à former au management collectif son équipe de chefs de vente composée de sept managers commerciaux et de leur directeur. Chaque séminaire se déroulait selon un modèle classique : analyse de la situation, décision sur les objectifs à atteindre et moyens d'y parvenir, et se tenait à tour de rôle sur le site d'un des équipiers. En deux ans et demi d'accompagnement, outre l'amélioration du management des commerciaux, cette équipe avait, disait-elle, appris plusieurs choses :
> – le management est un métier passionnant,
> – travailler ensemble durablement donne une opportunité personnelle de croissance,
> – l'humilité est une qualité des vrais leaders, même des plus charismatiques.

Pour une équipe qui veut faire un travail en profondeur, on peut utiliser une méthode inspirée des groupes Balint (du nom du psychanalyste anglais qui l'a, le premier, mise au point) : sous la conduite d'un animateur spécifiquement formé, des professionnels échangent leur expérience et réfléchissent sur leur propre comportement de manager et ses conséquences sur les équipiers. Cette technique permet notamment de mettre à jour comment, en tant que manager, on participe soi-même de l'origine des problèmes dont on ne trouve pas la solution !

De telles équipes qui, du fait de la continuité de leur travail de développement, ont acquis une solide réputation dans l'entreprise, utilisent aussi ces temps de réflexion pour agir sur la stratégie globale à partir de propositions et élargissent ainsi leur pouvoir d'influence interne.

Chacun des trois types de séminaire comporte des éléments d'évaluation, de formation et un travail sur les objectifs et sur les règles internes. Conduits à partir de contenus spécifiques, relatifs au niveau de maturité de l'équipe et à ses préoccupations actuelles, ils présentent des différences liées au stade qu'elle a atteint. Le teambuilding constitue l'équipe et la sensibilise au fonctionnement collectif, le séminaire de dynamique améliore la cohésion technique, et le troisième, vise un niveau de performance.

2.3. Éléments de méthodologie du teambuilding

Le teambuilding est le séminaire à partir duquel l'équipe se constitue ou se reconstitue. Il porte sur le rapprochement entre équipiers. Il s'agit toujours d'atteindre le point « d'expérience d'unité ». Cet instant où il « se passe quelque chose » est le moment où le groupe se constitue en tant que tel. C'est le passage de la situation d'agglomérat (premier stade de la vie d'une équipe) à celle de groupe constitué, correspondant au deuxième stade. A partir de là il y a « groupe », c'est-à-dire une entité collective. Mais ce n'est pas pour autant une équipe. Il ne le deviendra qu'avec l'engagement autour d'un objectif commun et le partage des rôles.

Dans le cas d'une équipe existante, les étapes classiques du teambuilding commencent par un travail de décristallisation autour des relations et des comportements, puis vient cette « expérience d'unité ». Ensuite les participants élaborent une vision commune de la mission et de l'objectif actuel. Enfin ils prennent une décision concertée sur la mise en œuvre de leur plan au cours des mois qui suivent.

Sans entrer dans le détail exhaustif de la conduite d'un tel séminaire, nous nous proposons d'exposer quelques éléments de méthode qui permettront au lecteur de faire le lien avec des situations similaires, connues de lui.

2.3.1. La mesure de la cohésion

Pour avoir une vision claire des relations dans une équipe, nous utilisons les matrices sociométriques de Moreno. Elles permettent de mesurer la popularité de chacun, d'identifier les réseaux d'affinités et de conclure sur l'état de cohésion.

On demande à chaque membre de donner son avis sur le type de relation qui existe entre les différents équipiers. En les reportant sur des matrices comme ci-dessous, on dispose d'une représentation graphique de la cohésion.

Une flèche en trait continu indique une relation positive manifeste connue entre deux équipiers ou avec une personne extérieure à l'équipe, une flèche en pointillé une relation négative manifeste. L'absence de trait correspond à une absence de relation personnelle. Une moyenne est établie à partir des réponses et, pour être pertinente, une relation (dite manifeste) doit être indiquée par au moins un quart des membres de l'équipe.

Par lecture directe et par recoupements, cette représentation graphique fournit une moisson d'informations.

Sur le schéma ci-dessous, la lecture directe donne les indications suivantes :

- Il pourrait y avoir une trentaine de flèches, il y en a quinze.
- Trois sont tournées vers l'extérieur.
- Sur les quinze, un tiers sont négatives.
- Plus d'un tiers des relations se passent avec BL qui n'a que des relations positives.
- Plus de la moitié des relations sont échangées avec le manager (quatre positives, quatre négatives).
- Il n'y a que sept relations en dehors de celles échangées avec le manager. Toutes sont positives sauf une.
- Il n'y a que trois relations entre quatre coéquipiers (RB - CM - JC - AF) en dehors de celles qui s'établissent avec le manager ou BL.
- CM est très isolé et n'a de relation positive qu'à l'extérieur.

On peut en déduire que la densité de relations est assez faible, que le nombre de relations négatives est proportionnellement important, ainsi que le nombre de relations significatives extérieures.

En ce qui concerne les réseaux de relation, on est en présence de quatre binômes : LG - BL, BL - AF, LG - AF, RB - JC, et d'une chaîne : LG - BL - AF. BL apparaît comme le plus populaire sur le plan relationnel. Le manager est en situation difficile. Qu'adviendra-t-il de cette équipe si BL n'en est plus ?

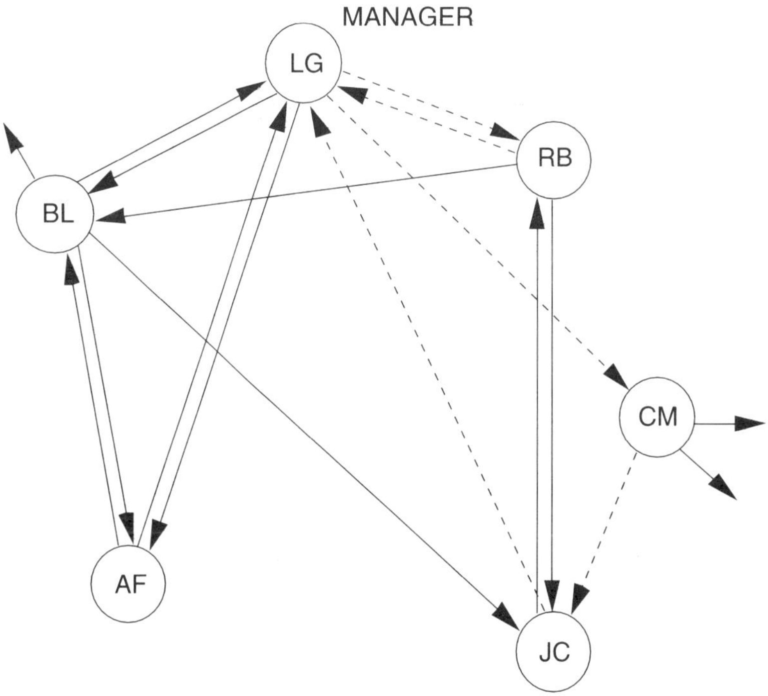

REPRÉSENTATION DES RÉSEAUX D'AFFINITÉS

> On peut aussi comparer les choix pour chacun des membres du groupe. On découvre parfois que quelqu'un qu'on croyait isolé humainement est en fait apprécié de tous dans le travail ; ou bien qu'il existe entre certains équipiers des relations peu connues des autres.

Une telle matrice donne de précieuses indications. Dans cet exemple, il est difficile de croire que cette équipe puisse être mobilisée dans l'état où elle est, compte tenu de la faiblesse du nombre de relations, de l'image du manager et de la coupure existant entre lui et son équipe. Le teambuilding s'attache dans ce cas à établir les causes des mauvaises relations et à lui donner les moyens d'en développer de meilleures et de plus nombreuses.

Une deuxième matrice sociométrique permet de visualiser le degré d'attractivité des équipiers dans le fonctionnement opérationnel. Elle est réalisée à partir des réponses à des questions du genre :

« avec qui aimeriez-vous »... ou « avec qui est-il facile de... » Chacun doit répondre à un minimum de cinq questions et donner deux choix par question. Dans une équipe de six, chaque équipier peut être choisi entre zéro et vingt-cinq fois. Les questions doivent rester assez ouvertes pour pouvoir donner à chacun des chances d'être choisi ; on évitera toute question à classement du genre « quel est le meilleur... »

D'autres croisements peuvent être faits à partir du nombre de sélections, qui évoque la cote de popularité ou l'attractivité. Ici, par exemple, il y a une très grande différence entre BL et les autres membres du groupe. Le manager lui-même (LG) est choisi dans moins d'un cas sur deux par rapport aux vingt-cinq possibilités. CM, qui n'a pas de relation significative au sein de l'équipe, dispose en revanche d'un potentiel d'affinités supérieur à RB qui, lui, cependant, a des relations identifées par les autres.

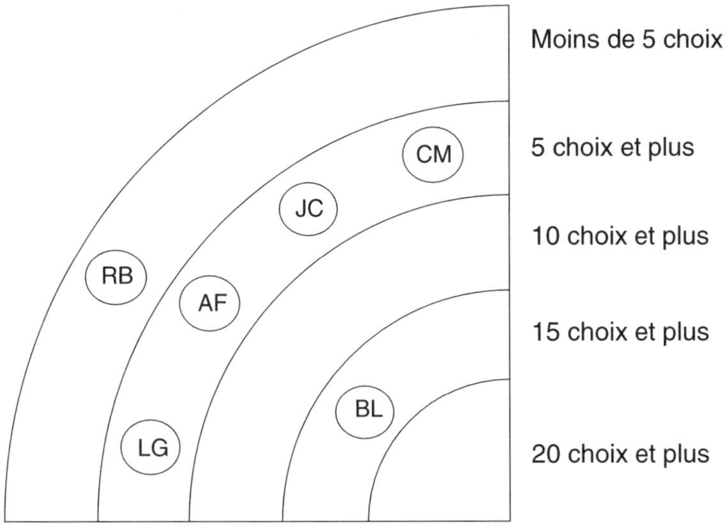

MESURE DE L'ATTRACTIVITÉ DES ÉQUIPIERS

Cette technique, intéressante pour bien visualiser les opinions, ne sert qu'au consultant pour son étude de l'équipe, et les informations recueillies doivent rester totalement confidentielles et anonymes quant aux auteurs et aux résultats. Ce que les équipiers déclarent à un consultant externe est plus proche de ce qu'ils pensent au fond d'eux-mêmes que ce qu'ils sont prêts à exprimer devant leurs collègues. Par ailleurs, la représentation des résultats a un effet amplificateur qui peut se révéler désastreux pour un individu. Cet outil n'est utile que pour renseigner l'intervenant (c'est lui qui le remplit lors d'un entretien individuel) et lui faciliter un choix tactique d'intervention. Dans certains cas la même méthode employée par l'entreprise elle-même ne donnerait pas les mêmes résultats, soit par crainte d'une exploitation détournée, soit par simple pression de conformité s'exerçant sur les avis individuels. Ajoutons enfin qu'une trop grande inquiétude des équipiers quant à l'utilisation de ces grilles est, le cas échéant, une contre-indication à l'égard de la démarche de teambuilding car la confiance, insuffisante, voue le résultat à l'échec. Il convient donc de la reporter et d'orienter l'action vers un coaching visant l'évolution du style managérial.

2.3.2. La décristallisation et le seuil d'ouverture

Pour une équipe existante, le teambuilding lève les freins qui s'opposent à un fonctionnement satisfaisant et stimule les ressources internes. Aucun travail de fond ne peut prétendre à une réelle efficacité si la qualité des relations dans l'équipe n'a pas été préalablement améliorée. La réduction des obstacles s'obtient par une régulation des relations interpersonnelles et par un feed-back sur le fonctionnement managérial. Cette intervention vise en premier à faire accéder les participants à un mode de relations franches et directes. Pour cela, il faut sortir de ce qui s'est cristallisé dans du non-dit pour trouver un type de relation plus sain. La première étape consiste donc à « décristalliser », selon une expression de K. Lewin, les relations interpersonnelles au travers de discussions sur la vie et le fonctionnement de l'équipe, ou à partir d'une présentation personnelle de ce qui a été vécu par chacun lors de bouleversements récents dans la vie du groupe.

Faire franchir ce seuil au-delà duquel le groupe s'ouvre est l'une des difficultés majeures du teambuilding et conditionne toute la suite. C'est parfois là que s'installe une véritable confrontation entre l'animateur et l'un des membres du groupe ou une partie d'entre eux. Ce peut être le cas soit avec des équipiers qui résistent à sortir d'un isolement dont ils tirent avantage personnel, soit avec des leaders auxiliaires cantonnés longtemps dans un rôle d'opposition auquel ils se sont identifiés : ceux-ci sont dans ce statut comme dans une seconde peau, c'est leur rôle dans le groupe et lâcher ce rôle serait risquer de n'avoir plus rien. Inconsciemment, ils exigent une compensation et résistent tant qu'ils ne sont pas assurés que le manager est vraiment prêt à fonctionner en équipe et à changer de mode managérial ; lorsqu'ils comprennent qu'ils pourront avoir un autre rôle dans l'équipe, positif cette fois, ils cessent alors leur opposition.

Le seuil d'ouverture peut aussi bien être franchi en quelques heures – c'est le cas le plus général – qu'au bout d'un jour et demi – c'est le cas le plus difficile. S'il n'était pas du tout franchi, ce serait le signe que le teambuilding a échoué. En quinze ans, nous avons connu cette situation à deux reprises. A chaque fois, il s'agissait de cas pour lesquels il aurait fallu refuser de tenir le séminaire. Le premier manager ne recherchait pas la cohésion de son équipe mais voulait expérimenter une « nouvelle technique » ; le second n'était pas à même de manager une équipe mature. Dans ces deux exemples, il y avait, à côté de la demande explicite, une demande latente que nous n'avons pas appréciée à sa juste valeur : l'une de se substituer au manque de charisme et à la déficience de leadership du manager, l'autre d'opérer une captation des collaborateurs qui se maintenaient sur la défensive et de les ramener dans le giron du manager. Dans le premier cas, nous avons appris qu'il ne pouvait y avoir d'équipe sans un manager exerçant un réel pouvoir, dans le second que le teambuilding doit être refusé à des managers ayant un autre but qu'opérationnel.

Une fois franchi le seuil d'ouverture, les participants ont décidé d'adopter une attitude ouverte : la parole est plus directe, les relations entre les membres sont prises en compte et le groupe est constitué en tant que tel. C'est bien souvent le passage du seuil d'ouverture qui constitue lui-même l'expérience d'unité : un véritable échange autour des difficultés dont on ne parlait pas provoque ce sentiment commun, parfois avec un instant d'émotion qui réunit les personnes.

La différence de qualité et d'efficacité entre un mode de relations restreintes et un mode de relations ouvertes est l'un des éléments clés de la durée des effets du teambuilding ; l'équipe qui a expérimenté cette nouvelle manière de fonctionner n'a plus envie de revenir à l'ancienne : le climat général s'est allégé, des comportements inhibés se sont libérés et des relations nouvelles se sont établies.

2.3.3. La résolution d'un comportement d'entrave

Certaines personnes passives ou réticentes résistent à intégrer un nouveau fonctionnement. Les deux premières périodes du teambuilding, décristallisation et expérience d'unité, sont difficiles à traverser pour elles. Pour s'assurer que cela se déroule bien lors de l'intervention, il est préférable d'anticiper ces étapes et de commencer à en parler avec elles lors des entretiens préalables. Durant le séminaire lui-même, l'une des méthodes adaptées à ce cas consiste à laisser réagir le groupe : attendre le moment où quelques participants, sentant qu'ils n'avanceront collectivement que si tous s'investissent activement, vont confronter celui qui reste sur sa réserve. Cette confrontation ne doit surtout pas prendre la forme d'un affrontement. La confrontation s'apparente à un rappel du contrat qui lie les équipiers entre eux, des règles auxquelles ils doivent se conformer ou de l'intérêt qu'ils ont chacun à faciliter une coopération ouverte.

Dans le cas, d'une opposition personnelle d'un coéquipier vis-à-vis du manager, le comportement rebelle disparaît lorsqu'il a perdu son étayage essentiel : le soupçon d'incompétence ou de mauvaise foi qu'il faisait peser sur le manager. Un responsable qui sait reconnaître une erreur, ou n'avoir pas agi comme on pouvait s'y attendre, fait montre d'une grande force et reçoit en retour estime et considération. L'opposition s'éteint alors d'elle-même.

2.3.4 L'évolution du management

Une équipe est une structure humaine fragile et les conditions de sa performance sont complexes. Cela tient à la multiplicité des conditions de réussite : compétence des acteurs, aptitude à la coopération, qualité du management, adhésion à l'objectif, rigueur dans l'application des procédures, sens de l'intérêt commun, etc.

La performance sportive découle aussi d'un équilibre entre des éléments très diversifiés : entraînement, forme physique, régime alimentaire, qualité de l'entourage, adaptation climatique, concentration, expérience des situations de compétition, etc. Pour réussir, les managers doivent avoir conscience que l'atteinte de l'objectif dépend de l'attention qu'ils portent à chacun des paramètres.

> « Quand maintenant je me rends compte de l'influence de mon comportement sur celui de mes collaborateurs, j'ai l'impression d'avoir passé vingt ans à côté de la plaque » nous confiait un directeur d'une division industrielle de onze cents personnes ! Aimé Jacquet, entraîneur de l'équipe de France de football pour la Coupe du monde de 1998, témoigne : « Je notais tout, je pensais au lendemain, à la cheville de l'un, à la tête de l'autre. Tout est détail dans le haut niveau » (2).

Les séminaires de teambuilding mettent en évidence les effets de cet intérêt porté aux détails. Au cours de ce type de séminaire, le manager développe la conscience de ces détails qui au final font la différence. « Je n'imaginais pas qu'ils y tenaient tant » ou bien « j'avais complètement sous-estimé l'impact de ce changement pour eux » sont des phrases que l'on entend continuellement lors des sessions de teambuilding. La manière dont l'animateur externe conduit le groupe pendant deux jours, sous les yeux du manager, met en évidence des dysfonctionnements qui sont passés inaperçus dans le quotidien. La présence du consultant permet une vision différente que le manager et son équipe expérimentent de manière intensive, et ils en tirent nécessairement de nouvelles pratiques.

2.4. Les avantages des séminaires d'équipe

Tout séminaire d'équipe fournit aux équipiers une expérience de groupe réussie qui marque leur histoire et qu'ils veulent entretenir. Le premier présente un effet déterminant sur la vie du groupe, tant par les possibilités managériales qu'il ouvre que par ses conséquences sur les relations. En facilitant la mise en commun des représentations individuelles, il offre à chacun l'occasion de prendre sa place dans le groupe et en améliore la synergie. De plus il démontre concrètement la possibilité de vivre une évolution collective et donne l'occasion d'appréhender les conditions nécessaires au changement d'un système collectif.

Le séminaire d'équipe libère la dynamique d'équipe. Cette libération provoque un « effet de série » à l'origine de changements sur tous les plans : comportements individuels, réseaux de relations, climat, procédures, objectifs, modes opératoires, management, etc.

2.4.1. Le séminaire d'équipe traite la globalité du système

Régis par la loi d'homéostasie, les systèmes se préservent et cherchent à maintenir leur équilibre en compensant une évolution ponctuelle par une autre jusqu'à retrouver l'équilibre habituel. Cet équilibre tend à garder constant le rapport des forces en présence. Des résistances s'exercent tant que le rapport entre les éléments n'est pas rétabli ou compensé. Il est donc très difficile de faire changer un système. Nous avons observé ce phénomène dans une équipe de direction d'une entreprise métallurgique, en assistant à des réunions qui duraient bien au-delà du temps nécessaire. C'étaient en fait les seuls moments gratifiants et agréables entre les différents collaborateurs. Toutes les formations possibles à la conduite de réunion n'y pouvaient rien changer tant que ce déficit de relations humaines n'était pas levé : le système global continuait à se donner des satisfactions compensatoires en détournant les réunions. Est-il possible de rendre efficaces des réunions dans une entreprise où l'aspect humain est nié, alors qu'elles servent justement à compenser les manques de convivialité ?

Une action de teambuilding traite l'ensemble du système – organisation, fonctionnement, relations, management – et passe d'un mode de fonctionnement à un autre en une seule fois. On évite ainsi l'inconvénient présenté par la réaction ultérieure du système.

2.4.2. Une grande réunion

En plus d'agir sur la globalité du fonctionnement systémique, le séminaire d'équipe est une grande réunion d'organisation et de planification commune du travail de l'année. L'équipe y anticipe les phases qu'elle prévoit de traverser, élabore des scénarios et segmente les objectifs. Même si les événements ne se présentent pas comme cela a été prévu, le fait d'y avoir réfléchi et de s'être préparé améliore la capacité de réactivité.

2.4.3. La prévention des résistances

Les séminaires d'équipe présentent des avantages liés aux aspects opérationnels et fonctionnels du groupe. L'abord des difficultés humaines ou managériales de manière « diplomatique » et non de front facilite leur approche.

> A l'occasion d'une intervention pour la mise en place de l'informatique dans une préfecture de région, nous avons été amenés à traiter les modes relationnels et managériaux dont tous les collaborateurs se plaignaient.
>
> Ces plaintes, tout à fait justifiées, dissimulaient cependant des résistances individuelles de ces mêmes collaborateurs. En fait le management avait bon dos car, derrière leurs plaintes, les fonctionnaires se dissimulaient leurs craintes de devoir ouvrir leurs dossiers aux autres. Le désir affiché par chacun d'un fonctionnement coopératif ne tenait que tant qu'il n'avait aucune chance d'être mis en place ! Lors du passage à l'informatique chacun allait à l'évidence devoir perdre une forme d'autonomie pour devenir plus transparent. Le séminaire de teambuilding, centré sur l'informatique, a débordé à un moment sur le cloisonnement qui régnait entre les services et la nécessité de le remplacer par une vraie coopération. En fait, traiter ensemble les interfaces liées au passage à l'informatique permettait de progresser sur les nécessités de fonctionner de façon plus coopérative.
>
> Un second exemple illustre bien la résistance humaine d'un ensemble. Conscient d'appartenir à une équipe de direction qui délègue généralement peu, un cadre décide de montrer l'exemple et s'inscrit à un stage de formation à la délégation. Il revient bien résolu à déléguer puisqu'il en avait découvert les avantages pour lui et l'entreprise. Cependant il se heurte à certains collègues qui exigent sa signature et non celle d'un de ses collaborateurs pour donner une suite favorable !

Les autres cadres de l'entreprise n'avaient pas évolué dans l'idée qu'ils se faisaient de l'exercice de la responsabilité par les collaborateurs, rendant difficile, voire impossible, la mise en œuvre de ce qui avait été appris par l'un d'eux. Dans le cas du séminaire d'équipe, une décision de cette nature, étudiée et travaillée ensemble, risque beaucoup moins de rencontrer d'opposition puisque toute évolution d'un point particulier est envisagée comme évolution du système total. Dans ce cas, la délégation deviendrait une décision commune, une nouvelle norme collective du système. Avec beaucoup plus de chances de réussite.

2.4.4. Faire émerger les spécificités dynamiques de l'équipe

La même équipe conduite par un autre fonctionne autrement. Un séminaire d'équipe, mené par un consultant sous la présidence du manager, libère celui-ci de l'aspect logistique de la conduite de réunion et permet de mettre à jour les spécificités dynamiques propres au groupe en dehors des inputs habituels du manager. S'ouvre alors devant le manager un champ riche d'observations : en regardant son équipe fonctionner selon d'autres inductions et atteindre des résultats qu'elle n'approche habituellement pas, il est le témoin privilégié des différences induites et y puise d'autres modèles dynamiques que ceux qu'il met habituellement en œuvre. Le style de l'intervenant et ses pratiques mettent à jour des comportements-réponses de la part des équipiers qui n'émergent pas dans le système habituel. Le changement de conduite du groupe renouvelle la donne. La prise de recul par rapport au quotidien, la solennité donnée à l'événement, la position d'écoute du manager, l'absence de compétence du consultant sur l'aspect opérationnel des échanges introduisent un décalage qui modifie les points de repère et bouscule les interactions habituelles. Cette même équipe, soumise à un autre mode de management, change aussitôt ses réactions. On n'imagine pas à quel point un même groupe peut agir aussi différemment, simplement en modifiant la nature des « entrées » dans la relation avec lui. C'est cependant le cas et le manager qui mesure cette différence en tire pour lui un profit comparable à une formation au management.

2.4.5. Développer l'efficacité collective

Pour constituer le groupe en équipe lors du séminaire de teambuilding, ce sont essentiellement le manager et le consultant qui ont été les moteurs. Par la suite, lors des séminaires de Teamdevelopment, l'état d'esprit d'équipe étant établi, on assiste à un concours plus actif de chacun des coéquipiers. Engagés dans la démarche d'équipe, après avoir apprécié un fonctionnement plus participatif, ils cherchent à faire progresser leur pratique commune et entrent dans une volonté d'interdépendance. Celle-ci ne leur apparaît plus comme une contrainte mais au contraire comme une opportunité. Leur fonctionnement individuel est devenu plus riche grâce à l'articulation avec autrui. Il leur est apparu que l'interdépendance ne constitue pas une abdication de sa souveraineté personnelle mais un moyen de l'intégrer dans un ensemble et d'en tirer plus grand profit. C'est ce qui nous fait affirmer que la participation à une véritable équipe constitue un degré supérieur du développement individuel.

La cohésion humaine ne suffit pas pour établir la cohésion technique. Si cette dernière est forte, elle entraîne satisfaction et réussite ; si elle est faible, elle diminue la vigilance de l'équipe, qui se trouve à nouveau tentée par le jeu individuel et des forces internes, guidées par l'intérêt personnel, peuvent se remettre à jouer les unes contre les autres. Les séminaires de Teamdevelopment trouvent là une partie de leur justification.

Le deuxième séminaire d'équipe, organisé généralement un an après le premier, renforce la pratique d'évaluation en revenant sur les méthodes adoptées, en en faisant le bilan et en les améliorant encore. Chacun ressent peu à peu la nécessité d'exercer sa responsabilité vis-à-vis des autres et de passer à une conception plurielle de l'atteinte de l'objectif. Les séminaires servent alors à renforcer les modes de travail concerté, les scénarios de réponse rapide et à mettre en œuvre des habitudes d'hygiène (régulation, médiation sur les conflits, explication sur les difficultés, etc.).

Une « révision » régulière du fonctionnement d'équipe est indispensable pour la maintenir en état. Invoquer le manque de temps pour y échapper équivaudrait à ne pas prendre le temps de changer l'huile du moteur de sa voiture ! Il n'y a pas de commune mesure entre le temps passé à réguler le fonctionnement de l'équipe et les déperditions de temps et d'énergie infiniment plus grandes entraînées par l'absence de cette régulation.

Un manager qui veut utiliser l'effet dynamique doit être attentif à trois aspects : le cadre du fonctionnement, l'hygiène de l'équipe et l'amélioration des relations opératoires. Nous avons abordé le cadre en montrant l'importance de la ligne d'objectifs, qui s'étend du projet d'entreprise au projet individuel en passant par toutes les catégories d'objectifs, ainsi que l'importance de la réunion comme matrice du fonctionnement concerté. Dans un deuxième temps, nous avons montré que les séminaires annuels d'équipe sont un moyen essentiel d'hygiène de la cohésion et un temps fort de la réflexion sur les progrès et le plan lié aux objectifs. Il nous reste à présenter un moyen relativement récent, mais essentiel pour obtenir et maintenir de bons résultats : le coaching d'équipe.

3. Le coaching d'équipe

Le coaching d'équipe constitue une méthode encore peu courante, même si quelques grandes entreprises, tout à fait conscientes de la plus-value économique d'un management professionnel des équipes, mettent en place un service interne de coaching.

L'équilibre des conditions qui concourent à la réussite d'une équipe est fragile. Cette fragilité ne tient pas tant aux fortes pressions qu'elle subit qu'aux raisons subtiles de son efficacité. Si, du fait de la complexité, les conditions de réussite viennent à faire défaut, l'équipe entre dans un processus coûteux de déperdition d'énergie. En offrant le moyen d'optimiser les effets dynamiques, le coaching d'équipe répond au besoin d'efficacité et évite les effets d'inertie.

Le coaching stimule des ressources inexploitées et prend appui sur des aspects de la situation qui offrent des espaces de liberté pour améliorer le rendement (talents, interfaces, maillage, synergie, etc.). C'est l'un des aspects les plus novateurs de cette pratique que de dégager du potentiel masqué, y compris pour des équipes qui présentent déjà de bons résultats. En permettant que s'améliore significativement la plus-value du management, le coach stimule la production de l'équipe à l'instar de l'entraîneur sportif. Par contre, le pouvoir reste bien entendu exercé par le seul manager puisque le coach n'est centré que sur le « comment » de l'action de l'équipe.

Il est évident qu'un manager n'a pas besoin de coach pour exercer son métier ; pas plus qu'un sportif moyen n'a besoin d'un entraîneur pour pratiquer son sport préféré. Croire que le coaching serait réservé à des managers peu autonomes serait se méprendre. Ceux qui font appel à un coach sont en recherche de qualité et de performance et apprécient les effets de miroir, la prise de recul, la stimulation et le training qui leur sont offerts.

Notre propos n'est pas de préconiser pour les équipes d'entreprises la présence d'un coach à temps plein à côté du manager, mais de souligner l'utilité de cette fonction partielle. Issus du métier même de l'entreprise, les managers sont souvent peu préparés à leur nouveau rôle de meneur d'hommes. Un conseiller rompu aux pratiques managériales et auquel ils peuvent s'adresser facilement représente pour l'entreprise autant une sécurité qu'un atout dans la main de ses managers, susceptible de leur éviter des expériences aussi inutiles que nuisibles.

Le coaching d'équipe s'intéresse à la réalité collective et à la façon dont elle est managée. Son but est l'adéquation des pratiques des équipiers aux conditions de réussite. Portant sur le savoir-faire collectif, la dynamique de mobilisation et le renforcement de la focalisation, il traite :

- de l'exploitation optimale des ressources des équipiers,
- de l'amélioration des interactions techniques,
- du style managérial,
- du maintien des conditions de réussite.

3.1. L'exploitation optimale des ressources

La capacité de performance d'une équipe repose à la fois sur les qualités individuelles des équipiers et sur leur maillage. Ce sont, avec la recherche de synergie, les trois sources du coaching d'équipe. L'expérience montre que fréquemment des qualités certaines, qui ne demandent qu'à s'exercer, restent inexploitées parce qu'inconnues. Il n'est pas rare, lors de séminaires d'équipe, de constater que des managers découvrent pour la première fois des talents cachés de l'un des leurs, talents auxquels le mode de fonctionnement habituel ne laissait pas de place. Nous avons vus des équipiers, bons professionnels mais jugés insipides par les autres, se mettre à les passionner par la vision qu'ils avaient ou les histoires qu'ils se mettaient à raconter. Certaines de ces qualités, bien qu'elles représentent une opportunité pour l'équipe, demeurent dissimulées du fait du mode de fonctionnement. La culture d'une équipe ou d'une entreprise limite parfois le potentiel. Les qualités liées à l'innovation ou au fonctionnement collectif en sont les exemples les plus fréquents. Une équipe qui ne prenait pas le temps de préparer tactiquement ses actions, se retrouvait continuellement submergée par des urgences qu'elle aurait pu prévenir, puisqu'elle disposait en son sein d'un excellent organisateur, mais celui-ci, pour des raisons de caractère personnel, ne s'exprimait qu'à la demande des autres. Alors ce talent restait à un état latent.

Il est des potentiels qui ne se révèlent que dans la coaction et dans l'interdépendance. Certaines formes, certains états ne se fécondent que dans le mélange. Dans l'équipe se produit une spirale de renforcements qui se développent les uns par les autres : l'audace de l'un renforce la confiance de l'autre.

3.2. L'amélioration des interactions techniques

Le coaching d'équipe n'apporte pas de nouvelles techniques au management, il n'est qu'un moyen pour les mettre toutes en œuvre. Les interactions techniques nécessitent une amélioration constante, soit pour être connues des nouveaux, soit pour être améliorées au fur et à mesure de la montée en compétence de l'équipe. Comme l'entraîneur sportif, le coach élabore son plan de développement pendant que le manager a une action directe sur le résultat.

Pour que les interactions se passent bien, le coach réalise en amont un travail auprès des équipiers pour développer les qualités qui concourent à la mise en place des interactions techniques :

- amélioration des attitudes liées à l'interdépendance : confiance en soi et en l'autre, coopération active, désir de faire gagner l'autre, écoute et respect mais aussi flexibilité et ouverture ;
- sens de la responsabilité, qu'elle soit collective, individuelle, opérationnelle ou humaine.

Il peut alors élaborer avec les équipiers des règles de fonctionnement, des scénarios de réponse, des nouveaux modes de réaction, des démarches de progrès.

3.3. Le style managérial

Nous avons vu avec les expériences sur les styles de commandement (chapitre 2) que ceux-ci influent directement sur le climat, le rendement, la prise d'initiative et la créativité. Le coach, qui en est témoin, peut affiner avec le manager la façon d'articuler son style et les différents modes de management dictés par les obligations opérationnelles.

Les exemples de ce travail sont multiples : comment ne pas tomber dans l'autoritarisme lorsqu'on est impatient ou anxieux ? Comment accepter les prises d'initiatives ou la délégation si on manque de confiance en autrui ? Comment libérer le potentiel des autres si l'on est soi-même un expert dont l'expertise les intimide ? Des questions comme celles-la, il y en a autant que d'individus et de situations. C'est autour d'elles que s'articulent intimement savoir-être et savoir-faire et que le coach se révèle être une personne fiable pour y réfléchir.

3.4. Le maintien des conditions de réussite

Les équipes qui utilisent les services d'un coach savent que c'est un excellent moyen pour lutter contre l'usure. Les frictions inévitables qu'engendre la vie quotidienne ou les morosités produites par des difficultés répétées doivent être traitées, faute de quoi elles peuvent atteindre son moral. L'accroissement de la pression professionnelle elle-même nécessite une augmentation de l'accompagement dont bénéficient les équipes pour prévenir des ruptures.

Maintenir les conditions de réussite nécessite une vigilance permanente. A côté des frictions possibles, d'autres dangers guettent la continuité de la réussite. La diminution de l'application des bonnes règles, l'assurance que donne la réussite et qui provoque un relâchement de l'attention, la monotonie, la baisse de la mobilisation qui fait suite à une perte de motivation sont autant de facteurs que le coach perçoit d'autant mieux qu'il n'y est pas soumis directement.

Pour le manager, il n'est pas facile d'être dedans et dehors. Bien sûr il peut prendre sur lui et mettre en place des pratiques d'hygiène qui facilitent l'évacuation des sentiments négatifs, mais force est de constater qu'il est aussi pris dedans et que comme tel, il n'est pas bien placé pour tenir ce rôle. Par des interventions qui restent ponctuelles, le coach favorise le ressourcement.

3.5. La pratique du coaching d'équipe

A la différence de celui du manager, le positionnement du coach est externe à l'équipe dont il assure la montée en puissance. Dégagé du souci d'atteindre un résultat opérationnel immédiat et situé en dehors de l'enjeu, il se concentre sur les méthodes employées. Son extériorité lui offre une vision globale : ne participant pas à l'action directe, il peut se centrer entièrement sur le « comment », les pratiques et les comportements aptes à favoriser le résultat. A partir de cette position de « tiers externe » il analyse le fonctionnement du système global, recherche les points aveugles qui limitent la puissance du groupe et établit son plan de développement en fonction du stade où en est l'équipe.

Le manager, engagé dans la conduite de l'action, peut rarement couvrir la totalité des rôles liés à la performance. C'est pourquoi il est utile de segmenter le management, pour différencier les rôles destinés à assurer la réussite de l'équipe : le manager couvre la responsabilité globale et se fait accompagner d'un autre dont l'objectif est de maintenir l'ensemble au meilleur niveau.

3.5.1. Le travail du coach

Le coach agit sur l'équipe par délégation du manager et sous sa responsabilité. Il a en fait deux rôles : d'une part il est une sorte d'ego-auxiliaire du manager, en servant d'entraîneur aux équipiers, et par ailleurs il sert de miroir du fonctionnement entre le manager et son groupe. Cette double action celle du manager et celle du coach qui s'exerce sur l'équipe est beaucoup plus efficiente en provenant de deux sources plutôt que d'une seule.

Lorsque les collaborateurs sont soumis à des changements continuels, cet effet d'étayage renforce la capacité d'adaptation de l'équipe à l'évolution de son environnement. Il évite aussi au plus dynamique des managers de fonctionner toujours selon les mêmes principes car le dispositif à deux voix met les protagonistes en position d'ouverture et d'innovation.

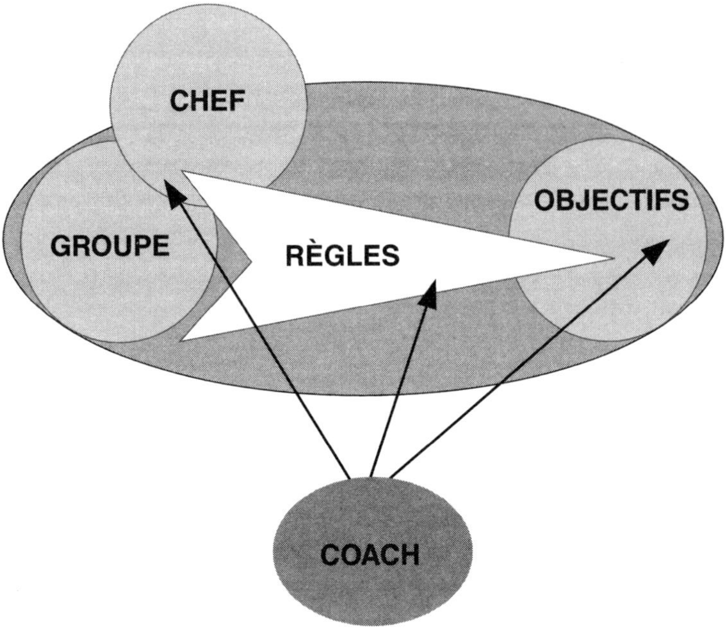

LE POSITIONNEMENT DU COACH

3.5.2. Le déroulement du coaching d'équipe

Le processus général d'accompagnement d'une équipe se déroule sur des cycles annuels et selon des étapes qui ménagent des temps de prise d'informations et des temps d'entraînement.

Le coaching d'équipe s'articule autour de deux grandes réunions annuelles : le séminaire d'équipe et la journée de rappel. En amont du séminaire d'équipe prennent place différents entretiens avec les protagonistes et des observations de réunions. Un rapport sur l'état de l'équipe et ses besoins est établi à cette occasion : il sert de base au travail du coach et prépare le séminaire annuel au cours duquel l'équipe élabore son plan. Une fois ce séminaire tenu, selon une méthode propre au stade de maturité, le coach assure, en concertation constante avec le manager, la facilitation de la mise en œuvre des décisions concernant les pratiques de fonctionnement. Parallèlement, il maintient des séances de coaching ou de tutorat

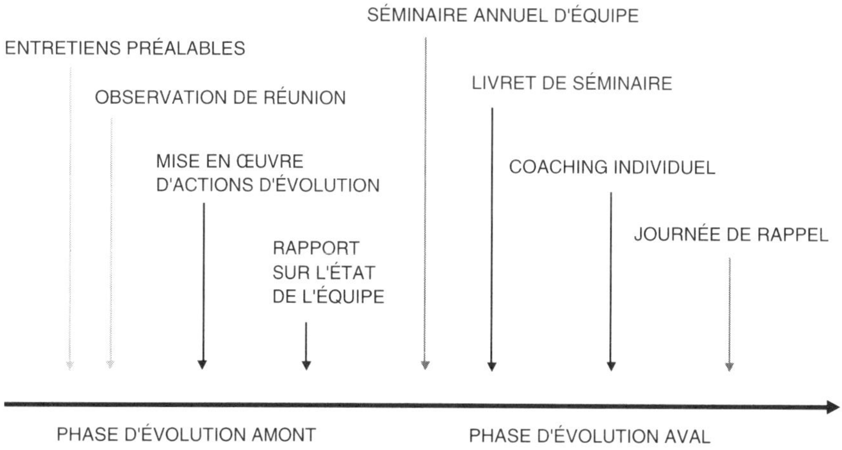

LE CYCLE DU COACHING D'ÉQUIPE

avec le manager, s'il y a lieu. A mi-année, une journée de rappel permet d'évaluer l'avancement du plan et de prendre les mesures correctives.

L'essentiel

A) Stimuler la dynamique d'équipe vise un double but : renforcer l'engagement du collaborateur et obtenir les meilleurs résultats. Pour cela, il faut focaliser les équipiers, mobiliser de façon pérenne et maintenir la qualité d'action concertée. En trois mots le but du manager consiste à unifier l'équipe, la mobiliser et la focaliser.

B) Focaliser est le seul moyen d'obtenir de façon assurée la meilleure contribution prévisible de la part des collaborateurs. Pour y parvenir, le manager doit poser le cadre de l'action en partant :

- du projet d'entreprise,
- des objectifs stratégiques,
- de la mission d'équipe.

.../...

.../...

pour aboutir :

- aux objectifs de l'équipe,
- à la fonction de l'équipier,
- à l'objectif individuel.

Afin de maintenir l'équipe en état de performance, le manager doit utiliser, d'une part, des moyens participatifs :

- réunions,
- débats,
- délégation.

et d'autre part des moyens d'évaluation et d'anticipation :

- plan annuel d'équipe,
- séminaires d'équipe,
- préparation fine des actions,
- évaluation des modes de fonctionnement.

C) Les avantages du débat

La réunion mensuelle d'équipe est un modèle de fonctionnement de l'équipe. Le débat sur un sujet d'intérêt général constitue dans ce cadre un élément exemplaire du style managérial. De plus il est à la base de toute une série de conséquences techniques ou cohésives pour les équipiers et la vie de l'équipe. La liste de ses avantages, dans une équipe réelle, est instructive. Il permet de :

- renforcer la cohésion humaine,
- faciliter les changements d'attitudes,
- développer le sentiment d'appartenance,
- anticiper les obstacles et favoriser une coordination a priori,
- augmenter la prise de risque de la part de l'équipe,
- focaliser sur les objectifs et de prioritiser,
- engager les participants.

CONCLUSION

Peut-on assimiler l'entreprise à un sport collectif ou à une grande aventure ? Parfois oui. L'équipe est alors faite pour elle. Mais l'équipe est une configuration subtile, voire complexe, et mérite de bien considérer comment on la conduit. Elle articule des éléments et des qualités dont les logiques sont antagonistes, comme le besoin d'être différencié et celui de faire corps. La fonction professionnelle, l'objectif opérationnel, la motivation, l'autorité ou le sentiment d'appartenance y conjuguent leurs effets alors même qu'ils ont peu en commun. L'avancement du projet renforce la motivation, laquelle pousse en retour l'équipier à maintenir son degré d'efficacité à la hauteur de celle de ses pairs pour continuer à appartenir. Tout agit sur tout, tout fonctionne en boucle : chaque mouvement est, à la fois, le résultat de ce qui a précédé et la cause de ce qui suit. De cet enchaînement de processus différents découlent aussi bien l'effet dynamique que la difficulté de manager une équipe authentique.

Nous avons beaucoup insisté sur le fait que l'équipe tire sa vitalité de son fonctionnement mixte – elle est centrée à la fois sur la tâche et sur les hommes – et de l'aptitude du manager à stimuler différents niveaux d'initiative chez ses équipiers. Cette capacité à faire s'exprimer professionnellement ses collaborateurs nécessite un important développement du savoir-être du manager. Mais aussi une connaissance suffisante des systèmes d'action concertée, de l'analyse des transactions interpersonnelles, des conditions de la mobilisation et de celles de la focalisation.

Le Management de la Dynamique® suppose un changement profond de la perception du rôle de chef. Cela ne veut pas dire que les perceptions actuelles soient mauvaises (elles sont même dans certaines situations les seules possibles) mais elles ne laissent pas assez de place à l'engagement des acteurs, moyennant quoi l'entreprise y perd un tiers de son potentiel de ressources. Le chef d'équipe est à la tête d'un système intelligent, c'est-à-dire un système dans lequel chaque membre a un cerveau. Il dirige un ensemble de cerveaux et non un réseau de machines ou d'ordinateurs. Par conséquent, on ne peut conduire l'équipe comme un système mécanique dont la seule responsabilité consisterait à fonctionner de façon qualitative en respectant des procédures. Les procédures sont utiles mais elles ne doivent pas être opposées à l'intelligence. C'est le grand intérêt des équipes que de fonctionner sur une logique de procédure et de s'adapter immédiatement aux aléas qui se présentent tout en respectant les consignes. C'est le cas des grandes équipes sportives que d'être continuellement et à la fois dans un respect pointu des règles du jeu tout en laissant la place à l'inévitable prise d'initiative. En résumé, on ne peut pas gouverner une équipe intelligente à la façon dont le cerveau commande au bras ou à une jambe, faute de quoi on perdrait les avantages dynamiques. Le manager doit mesurer comment son mode d'encadrement agit directement sur les résultats du groupe de ses collaborateurs. Contrairement à certains positionnements de management qui font du chef le moteur essentiel de l'équipe, la recherche de dynamique pousse à lui donner une position de catalyseur (attitude Méta) permettant beaucoup mieux de développer des pouvoirs internes et de stimuler l'énergie. Différent types de pouvoirs, distincts du pouvoir hiérarchique, comme le pouvoir personnel d'influence ou le pouvoir du groupe doivent être articulés pour maintenir la mobilisation.

Peut-on continuer à diriger des hommes sans connaître les conséquences essentielles dans lesquelles certaines pratiques emmènent ? Peut-on continuer, dans une entreprise qui se veut rationnelle et organisée, de laisser se développer des phénomènes de groupes complètement paradoxaux, comme l'effet « *Primus inter pares* » ou la « *group think* » ?

Le Management de la Dynamique® des équipes oblige à réviser le rôle des équipiers. Pour qu'il y ait une réelle dynamique, le collaborateur doit être considéré et se considérer comme un acteur de l'entreprise. L'équilibre initiative-autorité a ses contraintes. Appartenir à une équipe demande un véritable travail personnel et le développement d'un certain nombre de qualités.

L'ensemble des concepts passés en revue dans cet ouvrage et élaborés depuis plusieurs décades par les sciences humaines et sociales confère au management une importance bien supérieure à ce qui est en général convenu de lui accorder. Depuis plusieurs années nous développons auprès de nos clients le Management de la Dynamique®. Cette méthode repose sur tous les aspects qui concourent à la mobilisation, à la focalisation et à la cohésion. A la fois management de la motivation, conduite de projet, exploitation des talents, responsabilisation opérationnelle et direction par objectif, il permet aux équipes qui l'utilisent des améliorations de leur rendement de près d'un tiers. La finalité de cette méthode est l'efficacité collective à partir d'un principe de base simple : viser l'objectif opérationnel d'une équipe en s'appuyant sur ces forces dynamiques.

NOTES BIBLIOGRAPHIQUES

CHAPITRE 1

(1) Ludwig von Bertalanffy, *Théorie générale des systèmes,* Dunod.

(2) Edmond Marc, *L'École de Palo Alto,* Retz.

(3) « Théorie des systèmes » *Encyclopédia Universalis,* tome X.

(4) J.L. Lemoigne, *La théorie du système général,* PUF.

(5) G. Le Cardinal, J.-F. Guyonnet et B. Pouzoullic, *La dynamique de la confiance,* Dunod.

(6) R.B. Zajonc, *Psychologie sociale et expérimentale,* Dunod.

(7) W.R. Bion, *Recherches sur les petits groupes,* PUF.

(8) Blake et Mouton, *Les deux dimensions du management,* Éditions d'Organisation.

CHAPITRE 2

(1) Christophe Midler, *L'auto qui n'existait pas,* InterÉditions.

(2) Ch. Margerisson, D. McCann, *Team Management,* InterÉditions. C. G. Jung, *Types psychologiques,* Librairie de l'université Georg et Cie SA. Genève.

(3) A. Jacquet, *Ma vie pour une étoile,* Laffont/Plon.

(4) R. Mucchielli, *Le travail en Équipe,* ESF.

(5) V. Aebisher et D. Oberlé, *Le groupe en psychologie sociale,* Dunod.

(6) B. Latane, Causes and consequences of social loafing, *Journal of personality and social psychologie,* 1979.

(7) D. Anzieu et J.-Y. Martin, *La Dynamique des Groupes Restreints,* PUF.

(8) A. Maslow, *Motivation and Personnality,* New York, Harper, 1954.

(9) Sandra Michel, *Peut-on gérer la motivation,* PUF.

(10) M. Crozier et H. Sérieyx, *Du management panique à l'entreprise du XXIe siècle,* Maxima.

(11) F. Herzberg, *Work and the nature of man*, New York, The Mentor Executive Library, 1966.

(12) V. Vroom, *Work and Motivation*, New York, John Wiley and Sons, 1964.

(13) P. Diel, *Psychologie de la motivation*, Payot.

(14) J. Laplanche et J.B. Pontalis, *Vocabulaire de la psychanalyse*, PUF.

(15) Wilhelm Reich, *L'analyse caractérielle*, Payot.

(16) Op. cité.

(17) R. Chappuis, *Les équipes sportives*, PUF.

Chapitre 3

(1) Festinguer et Schachter, *Social pressures in informal groups*, 1950, Harper and Row, New york.

(2) R. Chappuis, *L'équipe sportive*, PUF.

(3) R.T. Pascale et A.G. Athos, *Le management est-il un art japonais*, Éditions d'Organisation.

(4) Robert Waterman, *Les champions du renouveau*, InterÉditions.

(5) D. Anzieu et J.-Y. Martin, *La Dynamique des Groupes Restreints*, PUF.

(6) Cité par D. Anzieu et J.-Y. Martin.

(7) Cité par D. Anzieu et J.-Y. Martin.

(8) Jon Katzenbach, Douglas Smith, *Les équipes de haute performance*, Dunod.

(9) Michael Hammer et James Champy, *Le réengineering*, Dunod.

(10) Peter Senge, *La cinquième discipline*, First.

(11) Chappuis et Thomas, *L'équipe sportive*, PUF.

(12) Ash, *Social Psychology*, Prentice Hall, New York.

(13) M. Deutsch et H. Gerard, *Journal of Abnormal and Social Psychology*, 1969.

(14) V.L. Allen et J.-M. Levine, *Journal of Expérimental Social Psychology*, 1969.

(15) Stoner J.A.F., *A comparaison of individual and group decisions involving risk, Massachussetts Institute of Technology, School of Industriel Management*, Mémoire de maîtrise inédit cité par W. Doise et S. Moscovici dans *Psychologie Sociale*, PUF.

(16) S. Moscovici et coll., *Psychologie sociale*, PUF.

(17) Max Pagès, *La vie affective des groupes*, Dunod.

(18) I. Janis, *Victims of Groupthink*, Boston.

(19) H. Laroche, *Management, aspects humains et organisationnels*, PUF.

(20) Didier Anzieu, *Le groupe et l'inconscient*, Dunod.

Chapitre 4

(1) James Champy, *Le réengineering du Management,* Dunod.

(2) Jan Carlzon, *Renversons la pyramide !,* Dunod.

(3) Blake et Mouton, *La troisième dimension du management,* Éditions d'Organisation.

(4) J. Brilman, *L'Entreprise réinventée,* Éditions d'Organisation.

(5) G.-N. Fischer, *La dynamique du social,* Dunod.

(6) D. Anzieu et J.-Y. Martin, *La dynamique des groupes restreints,* PUF.

(7) S. Moscovici et C. Faucheux, Bulletin du CERP, 1967.

(8) R. Sainsaulieu, *Sociologie de l'Organisation et de l'Entreprise,* Presses de la Fondation Nationale des Sciences Politiques.

(9) R.T. Pascale et A.-G. Athos, *Le management est-il un art japonais ?,* Éditions d'Organisation.

(10) Op. cité.

(11) Léandre Maillet, *Psychologie et organisations,* Vigot.

Chapitre 5

(1) Jon Katzenbach, Douglas Smith, *Les équipes de haute performance,* Dunod.

(2) R. Mucchielli, *La dynamique des groupes,* Librairies Techniques, Entreprise Moderne d'édition.

(3) K. Lewin, *Psychologie Dynamique,* PUF.

(4) Christophe Midler, *L'auto qui n'existait pas,* InterÉditions.

(5) R. Waterman, *Les champions du renouveau,* InterÉditions.

Chapitre 7

(1) S. Moscovici et W. Doise, *Psychologie sociale,* 1972, PUF, p. 224.

(2) Le Monde du 18 juillet 1998, Les coups de cœur et les colères, d'Aimé Jacquet.

BIBLIOGRAPHIE

AEBISCHER Verena, OBERLÉ Dominique, *Le groupe en psychologie sociale*, Dunod.

ALBERT Éric et EMERY Jean Luc, *Le manager est un psy*, Éditions d'Organisation.

AMADO G. GUITTET A., *Dynamique des communications dans les groupes*, Armand Collin.

ANZIEU Didier, *Le groupe et l'inconscient*, Dunod.

ANZIEU D. et J.-Y. MARTIN, *Dynamique des groupes restreints*, PUF.

ARGYRIS Chris, *Savoir pour agir*, InterÉditions.

AUBERT N., GRUÈRE J.-P., JABES J., LAROCHE H., MICHEL S., Management, *Aspects humains et organisationnels*, PUF.

BAECHLER Jean, *Le pouvoir pur*, Calmann-Lévy.

BELLENGER L. et COUCHAERE MJ., *Animer et gérer un projet*, ESF.

BERNOUX Philippe, *La sociologie des organisations*, Seuil.

BERTALANFFY L. von, *Théorie générale des systèmes*, Dunod, 1993.

BION W. R., *Recherches sur les petits groupes*, PUF.

BION W. R., *Aux sources de l'expérience*, Dunod.

BLAKE et MOUTON, *La troisième dimension du management*, Éditions d'Organisation.

BRILMAN J., *L'Entreprise réinventée*, Éditions d'Organisation.

BRUNNER Roland, *Le psychanalyste et l'entreprise*, Syros.

CARDINAL G. Le, J.-F. Guyonnet et B. POUZOULLIC, *La dynamique de la confiance*, Dunod.

CARDON Alain, *Profils d'équipes et cultures d'entreprises*, Éditions d'Organisation.

CARLZON Jan, *Renversons la pyramide !* Dunod, 1986.

CAUVIN Pierre, *La cohésion des équipes*, ESF.

CHAMPY James, *Reengineering du management,* Dunod.
CHANGEUX J.-P., *L'homme neuronal,* Fayard.
CHAPPUIS R. et THOMAS, *L'équipe sportive,* PUF.
COMMARMOND G. et EXIGA A., *Manager par les objectifs,* Dunod.
CRINELLI Philippe, *Réussir au pluriel,* Éditions d'Organisation.
CROZIER M. et FRIEDBERG, *L'acteur et le système,* Seuil.
CROZIER M., *L'entreprise à l'écoute,* InterÉditions.
CROZIER M., SÉRIEYX H., *Du management panique à l'entreprise du XXIe siècle,* Maxima.
DIEL Paul, *Psychologie de la motivation,* Payot.
DOISE W. et S. MOSCOVICI, *Psychologie sociale,* PUF.
DOISE W., DESCHAMPS J.-C., MUGNY G., *Psychologie sociale expérimentale.*
DRUCKER Peter, *Au-delà du capitalisme,* Dunod.
DRUCKER Peter, *Structures et changements,* Village Mondial.
FAUVET J.-C et X. STÉPHANI, *La sociodynamique : un art de gouverner,* Éditions d'Organisation.
FISCHER G. N., *La dynamique du social,* Dunod.
FISCHER G. N., *Les concepts fondamentaux de la psychologie sociale,* Dunod.
FAUVET J.-C et N. BÜHLER, *La socio-dynamique du changement,* Éditions d'Organisation.
FOULKES S., *Psychothérapie et analyse de groupe,* Payot, 1970.
GODARD Alain, V. LENHARDT, *Engagements, espoirs, rêves,* Village Mondial.
GOFFMAN E, *Les rites d'interaction,* Minuit, 1974.
HERMEL Philippe, *Le management participatif,* Éditions d'Organisation.
HERSEY Paul, *Le leader situationnel,* Éditions d'Organisation.
IRIBARNE Philippe d', *La logique de l'honneur,* Seuil.
KATZENBACH Jon, Douglas SMITH, *Les équipes de haute performance,* Dunod.
LAFLAMME Marcel, *Le management : approche systémique.*
LANDIER Hubert, *L'entreprise polycellulaire*, Entreprise Moderne d'Édition.
LANDIER Hubert, *L'entreprise intelligente,* Calman-Lévy.
LELEU Pascal, *Le développement du potentiel des managers,* L'harmattan.
LENHARDT Vincent, *Les responsables porteurs de sens,* Insep. Éditions.
LEWIN K, *Psychologie dynamique,* PUF, Paris, 1959.
LONGIN Pierre, *Coachez votre équipe,* Dunod.
LOWEN Alexander, *Le corps bafoué,* Tchou.
MAILLET Léandre, *Psychologie et organisations,* Vigot.
MARC Edmond, *L'école de Palo Alto,* Retz.
MARC Edmond, PICARD Dominique, *L'interaction sociale,* PUF.

MARGERISON Charles, MCCANN Dick, *Team Management*, InterÉditions.

MICHEL Sandra, *Peut-on gérer les motivations*, PUF.

MORIN Edgard, *Science avec conscience*, Fayard.

MORIN Pierre, *Le management et le pouvoir*, Éditions d'Organisation.

MORIN Pierre, *Le développement des organisations*, Dunod.

MOSCOVICI S. et W. DOISE, *Psychologie sociale*, 1972, PUF.

MOSCOVICI S., *Psychologie des minorités actives*, PUF.

MIDLER Christophe, *L'auto qui n'existait pas*, InterÉditions.

MUCCHIELLI R., *La Dynamique des groupes*, ESF.

MUCCHIELLI R., *Le travail en équipe*, ESF.

MUGNY G., OBERLÉ D., BEAUVOIS J.-L, *Relations humaines, groupes et influence sociale*, PUG.

NAISBITT John, *Coup d'état dans l'entreprise*, InterÉditions.

NUTTIN Joseph, *Théorie de la motivation humaine*, PUF.

OUCHY William, *Théorie Z*, InterÉditions.

ORGOGOZO Isabelle, *Les paradoxes du management*, Éditions d'Organisation.

PAGÈS Max, *La vie affective des groupes*, Dunod.

PARLEBAS Pierre, *Sociométrie, réseaux et communication*, PUF.

PASCALE R.T. et A.G. ATHOS, *Le management est-il un art japonais ?*, Éditions d'Organisation.

PATER Robert, *Les arts martiaux et l'art du management*, Albin Michel.

PETERS Tom, *Le chaos management*, InterÉditions.

PETIT Michel, *Management d'équipe*, Dunod, 1999.

PIERRAKOS John C, *Le noyau énergétique de l'être humain*, Sand.

KETS de VRIES M., MILLER Danny, *L'entreprise névrosée*, Mcgraw-Hill.

RAMOND Philippe, *Le management opérationnel des équipes*, Maxima.

REICH Wilhelm, *L'analyse caractérielle*, Payot.

ROSNAY J. de, *Le macroscope*, Seuil, 1975.

SAINSAULIEU Renaud, *L'identité au travail*, Presses de la fondation nationale des sciences politiques.

SAINSAULIEU Renaud, *Sociologie de l'organisation et de l'entreprise*, Presses de la fondation nationale des sciences politiques.

SENGE Peter, *La cinquième discipline*, First.

SÉRIEYX Hervé, *Le big bang des organisations*, Calmann-Lévy.

SPERRY Roger, « Hemisphere deconnection and unity of consciouness », *American Psychologist* 23.

TISSIER Dominique, *Management situationnel,* Insep.

WATERMAN Robert, *Les champions du renouveau,* InterÉditions.

WATZLAWICK Paul, *Le langage du changement,* Points, 1980.

WIGAN Arthur, *A new view of insanity. The duality of the mind,* 1844, Longman Londres.

ZAJONC R.B., *Psychologie sociale expérimentale,* Dunod, 1967.

Composé par Andassa
Achevé d'imprimer : Jouve, Paris

N° d'éditeur : 2235
N° d'imprimeur : 291725P
Dépôt légal : février 2001
Imprimé en France